中小学特色发展
理论基础与实践案例

杨海燕 ◎ 著

中国人民大学出版社
· 北京 ·

本成果受到中国人民大学2017年度
"中央高校建设世界一流大学（学科）和特色发展引导专项资金"支持

前 言

　　21世纪的最初20年,是我国教育发展最为迅猛的20年。基础教育研究经历了从应试教育向素质教育的转型,课程体系和课堂教学也发生了重大的变革,中小学教育质量明显提升,城乡教育差距持续减小。基础教育的快速发展既得益于我国教育行政在治理体系和治理方式上的锐意改革和强力优化,也归功于全国30多万所中小学校在区县教育行政部门的领导下,踏实稳健地落实国家和地方的教育政策,持续不断地开展着从教学、课程到文化的改革,从行动、理念和价值追求方面不断凝练出自己的办学特色和风格,走向用精神价值来引领师生实现有特色的集体人格的发展之路。

　　对于中小学校长,实现从经验治校到制度治校,再到文化治校,是一个持续学习和砥砺实践的过程。如果说"一位好校长就是一所好学校"是对校长人格及其管理经验在学校发展中的价值体现的充分描述,那么,"用完善而精细的制度体系规范师生行为"就是管理科学化在学校运行中的集中体现。今天,在人本主义理论、结构功能思想和终身教育思想逐步渗入社会发展的各个行业时,教育,尤其是基础教育,又如何通过以人为本、结构决定功能的现代学校治理来体现学校文化对其办学历史的尊重、对其价值追求的落实及对其集体人格的形塑呢?

改革开放以来，我国经济社会的快速发展在规模上取得了举世瞩目的成就，但是结构上的过度集中、形式单一、缺乏活力也是制约各行各业可持续发展的普遍症结。具体到基础教育领域，有不少中小学校出现了办学同质化、育人过程流水线化、培养结果单一产品化的问题，学校缺乏有内生活力的文化体系，缺乏因着自己独特的办学历史、独特的价值追求、独特的课程体系而塑造出独特的集体人格的办学思想和办学实践。2010 年《国家中长期教育改革和发展规划纲要（2010—2020 年）》提出："树立以提高质量为核心的教育发展观，注重教育内涵发展，鼓励学校办出特色、办出水平，出名师，育英才。"这一政策的提出促进了中小学校通过特色课程、特色活动、特色社团等形式开展学校特色建设。培养全面发展、个性鲜明的人，逐渐成为基础教育领域转变教育观念、提高素质教育质量的思想和方法之一。2015 年，为了进一步拓宽学校特色的发展空间，鼓励学校从特色课程和特色活动中发展出学校特色，教育部陆续公布"全国青少年校园足球特色学校""全国中小学心理健康教育特色学校"等名单，通过对入选学校提供物质、人员、政策等方面的支持，引导和鼓励学校实现特色办学、内涵发展。2018 年 9 月，习近平总书记在全国教育大会上提出：教育要承担凝聚人心、完善人格、开发人力、培育人才、造福人民的新使命。中小学校的特色发展，首先，能够通过为学生提供适合其成长的教育而发挥凝聚人心的作用，通过围绕本校的育人目标而构建出的课程体系发挥完善人格的作用；其次，通过有特色的课程和活动发现学生的潜质并给予支持和开发，则又发挥了开发人力和培育人才的作用；最后，通过满足人民群众日益增长的对优质教育的需求而发挥了造福人民的作用。文化治校、特色办学是回归校本、立足人本、内涵发展、文化强校的必然选择。故此，对其的研究和探索有助于学校找寻自己的文化内生点，并沿着文化内生点构建出自己的价值观体系、课程体系、制度体系、符号体系、仪式和活动体系，研究探索出能有效帮助学校通过立根子（挖掘并确立学校的精神价值之原点）、定调子（构建学校的魂、神、形体系）、搭架子（搭建文化与课程相整合的文化治校体系）来实现学校特色发展的方法，将直接有助于中小学校实现从经验治校到文化治校的转变，实现从制度治校到文化治校的升级，从而更好地完成凝聚人心、完善人格、开发人力、培育人才、造福人民的"五人"教育工作目标。

杨海燕

于中国人民大学国学馆434室

2021年1月15日

目 录

第一章 学校特色发展的时代背景与理论基础 / 1

 第一节 学校特色的基本概念 / 1
 第二节 管理思想的演变与学校自主管理 / 21
 第三节 人本主义理论与学校特色发展 / 29

第二章 学校的特色文化与课程体系 / 33

 第一节 学校特色文化体系 / 33
 第二节 学校特色课程体系 / 50
 第三节 学校特色课程文化整合 / 56
 第四节 学校特色课程体系构建 / 68

第三章 社会组织参与下的学校特色发展 / 74

 第一节 社会组织的概念及参与教育治理的身份演变 / 74
 第二节 社会组织参与教育治理现状 / 81
 第三节 社会组织参与学校特色发展实践案例 / 89

第四章 U-S 合作下的学校文化变革与特色发展 / 111

 第一节 学校文化变革的背景及内涵 / 111

第二节　U-S协同共治的理论基础及模式 / 116
第三节　学校文化变革的实践案例（一）/ 123
第四节　学校文化变革的实践案例（二）/ 129
第五节　U-S合作时出现的问题及解决对策 / 144

第五章　农村学校课程文化及特色发展 / 153

第一节　农村学校特色发展的理论基础 / 153
第二节　农村学校特色阅读文化体系构建 / 158
第三节　农村学校特色文化发展实践案例 / 170
第四节　农村学校阅读特色发展策略 / 187

第六章　农村学校特色发展的实践案例及推进策略 / 205

第一节　农村学校特色发展的实践案例 / 205
第二节　农村学校特色发展的效果和问题分析 / 229
第三节　农村学校特色发展的推进策略 / 239

参考文献 / 253

第一章　学校特色发展的时代背景与理论基础

第一节　学校特色的基本概念

一、学校特色

"特色"按照解词法分解就是"独特"和"出色"的意思，独特就是与众不同的，出色就是非常优秀、超越他物。陈建华认为特色指的是事物所表现的独特的色彩、风格等[①]。孙孔懿认为事物的特色，体现着事物本身的价值即内在价值[②]。本书中的特色强调的是特色结果，不是停留在特色建设表面的口号性语句，而是在实践过程中被广泛知晓并认可的特色，是学校以此为优势来吸引学生、家长注意力的特色。

学校特色是一个偏正性词语，重点在于特色，而非学校，学校只是限定特色的修饰语。马翠微认为学校特色是指学校在办学过程中发展形成的有突出特征的优势项目，主要包含三层含义：学校发展中的强势项目，学校发展中具有显著成效的建设项目，学校的一种或一部分的发展[③]。刘文静、任顺元认为学校特色是指学校在国家

[①] 陈建华. 论学校特色的内涵及其创建原则 [J]. 教育科学研究，2006（8）：15-21.
[②] 孙孔懿. 学校特色论 [M]. 北京：人民教育出版社，1998：25.
[③] 马翠微. 中小学特色学校概念探析 [J]. 教育科学研究，2005（11）：9-13.

总的教育方针的统领下，在学校各项工作的总体推进下，结合自身的优良办学传统和学校的现实情况，发挥学校中领导者、普通教师、在校学生的主体作用，在长期的教育教学实践中逐步形成的一种区别于其他同类学校的独特、优质、整体且相对稳定的办学特质和风格[1]。这些学者对学校特色的定义重点指向学校办学特色，主要体现在运行机制、办学特色、风格和教育教学模式等方面，他们对于学校特色的概念形成了比较一致的观点，认为学校特色即办学特色，或体现于教育教学，或体现于运行机制，或体现于办学理念，这是一种比较片面的观点，学校特色与办学特色是有区别的，学校特色包括办学特色，而办学特色仅是展现学校特色的一个方面。

邢真认为学校特色就是学校在长期的教育实践活动过程中，所形成的独特办学风格或学校风貌，学校特色的本质是创优[2]。他认为这个"独特"，指的是学校整体的个性，它是学校整体中最具典型意义的个性风格或个性风貌[3]。"学校特色"指的是一所学校与其他同类学校相比所具有的独特品质与风貌[4]。学校特色是某一所学校独具的个性与差异，是一所学校赖以生存与发展的生命力，是其发展的优势所在。这个角度的定义中，学校特色有着最为广泛的涵盖对象，即学校中的任何要素，包括教学、课程、管理、环境、文化、特长等，能体现与众不同的异样的优质特征均可以被称为学校特色。

部分学者将学校特色划分为几个不同的发展阶段，如表1-1所示。丁林兴认为，学校特色就是从局部性的特色到整体性的特色，再到品牌性的特色，这基本反映了学界对于学校特色发展阶段的认识。陈建华认为学校特色是学校发展的初创阶段，是特色学校的基础，由此衍生出了学校特色和特色学校概念内涵区分的问题。本书认同学校特色是特色学校的前期阶段这种观点，认为该种分类方式可以较好地把握学校特色的发展过程。

---

[1] 刘文静，任顺元. 我国学校特色研究的反思性回顾与前瞻[J]. 基础教育研究，2010 (22): 12-14.
[2] 邢真. 学校特色不等于特色学校[J]. 中小学管理，1991 (1): 31.
[3] 邢真. 学校特色建设理论的探讨[J]. 中国教育学刊，1995 (5): 31-34.
[4] 邬志辉. 学校特色化发展的重新认识[J]. 教育科学研究，2011 (3): 26-37.

表 1-1　部分学者对学校特色的定义

学者	内容
丁林兴	局部性（学校特色）—整体性（特色学校）—品牌性（著名学校）
陈建华	初创阶段（局部性）—成熟阶段（整体性）

资料来源：丁林兴.论学校特色的球形结构理论［J］.教学与管理，2014（6）：5-8；陈建华.论学校特色的内涵及其创建原则［J］.教育科学研究，2006（8）：15-21.

归纳以上几类对学校特色的定义，虽然对学校特色概念的界定还没有形成统一的结论，但我们大致可以从上述学者对学校特色的理解中找出以下共同点：学校特色是学校在长期的教育实践活动过程中所形成的办学风貌、教育风格、运行机制或其他方面的特色，学校特色是学校落实教育政策的表现，学校特色有局部性和整体性之分，学校特色是广泛被社会所承认的独特、稳定、优质的特色，学校特色建设能促进学校发展。

本书认为学校特色是在学校发展的过程中自然形成或自主构建并落实而形成的，是挖掘和提炼学校的历史传承、精神要素、价值体系和课程特点，结合学校所处外围环境的文化核心和风土人情，因地制宜产生的学校特质，并且在学校的发展过程中得到不断提炼和升华，最终可以起到提升学校综合实力的作用。学校特色是学校创新发展方式的表现，是在新的时代背景下学校发展战略规划中与时俱进的内容，主要目的在于促进学校发展。本书认同的学校特色是学校从特色的本质和目的出发，根据教育政策，结合本校发展规划，在长期的教育实践活动中自主创新形成的较为稳定的能促进学校发展的学校风格和特质，主要体现在办学特色、管理特色、教学特色、育人特色、课程特色、文化特色、人员特色、活动特色等方面，而特色的基础是得到多数人的好评，多数人认可的特色才是真正意义上的特色。

（一）学校特色与特色学校

学界经常进行关于学校特色概念的讨论和争辩，"学校特色"和"特色学校"是两个经常被混淆的概念。这两个概念的区分是难度最大并且争议最大的，下面概括了三种主要观点，本书在此做简单界定。

第一种观点认为学校特色与特色学校是两个完全相同的概念，在本质上没有任何区别，只是词语顺序不同。第二种观点认为学校特色与特色学校是两个联系密切但又不完全相同的概念，但对于两者的种属关系又有两种截然相反的观点。其一，认为学校特色是种概念，特色学校是属概念，即先有特色学校，后上升到学校整体特色。其二，认为特色学校是种概念，学校特色是属概念，即先办出学校特色，后形成特色学校，特色学校建设是一个渐进的过程。第三种观点认为学校特色和特色学校是两个完全不同的概念，分别有各自不同的适用情况。邢真认为建设学校特色定位于学校人文环境与学校教育文化氛围范畴的学校建设，因此它对中小学校具有广泛的适用性；它注重以内涵式发展来提高教育质量的学校建设，因此它对"穷国办大教育"并加快教育事业发展具有较强的现实性；它着眼于提高学校的整体教育质量——学生发展质量、教育工作质量、办学条件质量，因此它对中小学校的发展具有长远的指导性。而建设特色学校定位于对某些特殊教育内容与某些课程设置进行充实范畴的学校建设，是以注重外延式发展为主的学校建设，是着眼于满足社会某些人群特殊需要的学校建设，所以这种建设具有相对的局限性。二者是两个根本不同的、不能相互替代的概念[1]。谢志强指出学校特色是指一般化学校在教育、教学、科研、管理和活动等方面具有一种或多种特色，而特色学校是指特色化学校在某一学科、某一专业、某一方面成为学校教育主要内容[2]。

不管是学校特色还是特色学校，本质上都是学校对"特色"的追求。任何一所学校的"特色"发展，都必然会经历从无特色到有特色、从特色较少到特色较多、从特色不鲜明到特色鲜明的动态发展过程。特色建设是一个不断追求、不断进步、不断完善的过程。本书认为特色学校是学校特色发展的高级阶段，两个概念中特色才

---

[1] 邢真. 学校特色不等于特色学校 [J]. 中小学管理，1991 (1)：31.
[2] 谢志强. 传承和创新：学校特色形成的思考 [J]. 新课程，2012 (7)：155-156.

是强调的重点和根本，学校特色只是某种特色，而特色学校是在长期的学校发展实践中将特色融入学校发展各个方面的学校。

（二）学校特色认识误区

认识误区一：学校在某方面有特色、学校有特长班的就是特色学校。

分析：这是两个同质但不同层次的概念，也是学校发展的两个不同的阶段。

学校特色是就学校的局部而言的，是学校在某个方面形成和表现出来的特色，也就是习惯上所谓的特色项目或优势项目，如艺术教育、书法教育、英语教育、计算机教育等。而特色学校是就学校整体而言的，是以特色办学理念为核心，向学校各个方面辐射而形成的独特的整体风貌。

当然，学校特色与特色学校也是有联系的，二者是个性与共性、局部与整体、发展与稳定的关系。一方面，学校特色是构成特色学校的基础和保障，特色学校是学校特色的发展和升华，没有学校特色就不会有特色学校，而特色学校在更高层次上的整合，使这些孤立的特色成为彼此联系的整体。另一方面，学校特色可以而且应当发展为特色学校，这是一个"由点到面"、"以面促整体"和"以核心带动全局"的，最终使学校全方位地反映出某种特色的、复杂的、渐进的过程，需要学校全体教职员工在教育教学实践中有意识、有目的、有计划地去培养和创建。目前，各地中小学的特色创建，大多数只是处于学校特色（优势项目）阶段，创建特色学校尤其是创建在全国范围内具有一定影响力的特色学校仍需要广大教育工作者尤其是学校管理者继续努力、不断探索。

认识误区二：学校特色就是特色学校。

分析：它们都属于学校创建特色的范畴，但二者是不同的概念为了区别"学校特色"和"特色学校"的概念，现将二者的本质特征做进一步的剖析。

(1) 学校特色是教育者在实施教育过程中所表现出来的某一方面或几方面独特的、优化的、稳定的教育特征。比如学校文化特色、办学模式特色、学科建设特色、教育科研特色、教师队伍建设特色、课堂教学特色、学校管理特色等。

相对特色学校而言，学校特色体现着个别性、局部性和发展性等基本特征。第一，个别性。所谓个别性特征，可以从以下两个方面理解：一是学校创建特色实践中的项目定位，制约了学校群体成员参与的面和程序，制约着它们发生作用的范围；二是受到学校中各个体成员的素质、才能等差异的影响，制约了"项目"的成效。第二，局部性。局部是相对于整体而言的。在学校创建特色的研究范围里，办学特色的形成和事物的发展运动规律一样，都是一个从量到质、由局部到整体的进化过程。学校特色往往指由于个别差异性等办学策略因素，学校在全面育人工作中总是首先出现局部的或几个"强项"，在学校中独占鳌头。第三，发展性。发展是相对于静止而言的。整个物质世界都是不断发展的，物质存在的具体形态是不断由初级向高级变化、转化和发展的。

（2）特色学校。学校特色向特色学校发展是一个长期又艰巨的过程，因为特色学校的形成，意味着一套文化模式的构建、一种组织精神的确立、一所学校个性风貌的形成。它要求在长期的办学实践中不断扬弃、提炼、扩散和升华，产生质的飞跃，因此特色学校具有全面性、整体性和稳定性等基本特征。第一，全面性。特色学校标志着一所学校的综合个性的形成，并成功地营造出一种区别于他校的特殊的学校文化氛围。它必须以全面贯彻教育方针，面向全体学生，全面提高教育质量为前提，创造性劳动，个性化办学，使全体学生充分、和谐、全面地发展。第二，整体性。整体是由若干相互联系、相互作用的要素与部分组成的统一体。创建特色学校是一个学校整体优化的系统工程，因此，特色学校一定表现出一所学校的全面优化，能够发挥学校整体效能。第三，稳定性。学校特色到特色学校，它是遵循教育规律，结合本校实际，顺应时代要求，是以特定的办学价值观为宗旨的办学思想，是由学校全体成员参与的办学活动，是一个经常性地进行肯定和否定，不断修正轨迹、推陈出新，使学校形成一种独特的、规范化的教育活动和管理活动的过程。可见,稳定性就是指办学独特性风格的形成和学校成果能够长期地显示、保持和发展,能够经受住时间和实践的检验,并在校内外产生深远的影响,它标志着学校教育个性和管理个性的成熟。

(三)学校特色不是什么——对误解的辨正

(1)不是孤立地突出一点。

我们常常看到有的学校急于创建特色,不惜集中力量于一点,甚至放松其他工作,以为这就是创造特色,这就能创造特色。其实,这是一种误解。学校特色之花既需要肥沃土壤孕育,需要阳光雨露滋润,也需要小草衬托和绿叶扶持。这就需要以生态学的观点看待学校特色。生态学的观点要求:把任何事件、信息或知识放置于它们与其环境的不可分离的联系之中,这个环境是文化的、社会的、经济的、政治的,当然还是自然的。它不满足于把任何事物或事件纳入一个"框架"或一个"视界"之中,而总是寻求在任何现象与其背景之间的相互的、反馈的作用关系,整体与部分之间的相互作用——一个局部的改变怎样在整体上引起反应,和一个整体的改变怎样在各个部分上引起反应。学校工作中的重点与非重点的关系也是这样,要处理好特色与非特色的关系,不能孤立地突出某一点而忽视和放松学校其他方面的工作,要在做好各方面工作的基础上,相对地集中精力突出重点,这样才能逐步形成基础雄厚的学校特色。

学校教育特色、办学特色与学校特色

学校教育特色是学校办学思想和学校文化的一种外在体现。它是在不断探索教育规律、探索培养社会所需人才的办学模式的过程中自然形成的。一所学校在发展过程中,首先是要考虑如何遵从教育规律,认真研究学生、教师,研究学校的环境、历史和传统,发现学校的优势、认识学校的不足,扬长补短,在不断的改革和探索中形成有特色的学校。

> 办学特色与学校特色是指学校在办学理念和管理手段上都力求探索、创造、保持和发展学校的特色,最终在整体上形成与众不同的学校。学校特色只是学校在办学特色、教育特色的某一方面表现出的不同。

(2) 不是片面地标新立异。

所谓"特色",在历时性上意味着"标新",表示与以往不同;在共时性上意味着"立异",表示与他人不同。学校特色需要发扬创新精神,需要不断地树立新的目标,确定新的立意、新的角度、新的思路,采取新的方法、新的措施,取得新的经验,进入新的境界。然而,新与旧相互参照、相互依存。提倡创新并不是"唯新论",不等于一味地喜新厌旧、迎新弃旧。创新并不只是形式上的追求,新的东西不一定都能称得上创造。求新求异必须以求真求是为前提。而且,就其内容而言,特色也并非一定是新奇的。例如,人们在谈到某地的特色时,不是常常想到那些"老字号"吗?坚持和发扬光荣传统,是学校特色建设的重要内容。一些在重大历史时期建立过功勋、产生过重大影响的学校,一些以著名人物名字命名的学校,一些著名的革命家、思想家、教育家创办或长期工作过的学校,无不具有值得继承和发扬光大的历史传统,丢弃了这些传统也就丢弃了应有的特色。再从特色形成的过程看,由于教育工作周期长、见效慢,因而需要有"十年磨一剑"的思想准备。要形成显著的学校特色,除了创新精神以外,更需要的是坚定不移的信心、坚韧不拔的毅力和"咬定青山不放松""任尔东西南北风"的执着精神。离开了执着精神,常会使人误入心血来潮、朝三暮四、见异思迁的歧途。因此,从某种意义上说,在学校特色建设过程中,执着精神常常显得更为难得、更为需要。

(3) 不是浮华的外在装饰。

现实中我们不难看到,有的学校常常把特色误解为像颜色那样单纯作用于人的视觉器官的东西,热衷于表面文章,或者用目前流行的话说,就是热衷于"包装",忽视了内在质量。这是形式与内容错位的形式主义。学校特色建设中的形式主义常表现为一种思想方法和工作作风：想问题、做事情喜欢停留在外在形式上，不讲究实际效果。学习理论不求全面理解，而是寻章摘句，为我所用。宏伟蓝图和规章制度仅仅写在纸上、贴在墙上，不能落实到行动上。爱搞"花架子"，擅长造声势、讲排场、图热闹、务虚名，追求"轰动效应"。更有甚者，形式主义还每每蜕变为弄虚作假。所有这些，除了与领导作风、社会风气等因素有关以外，还主要与办学主体对学校特色内涵的错误理解有关。

(4) 不是短暂流行的时尚。

与"特色"相似，时尚也颇有些"人无我有"的味道，能够体现出某种个性与特殊性，其直接目的和实际效果，就是将个人与他人区别开来。迫切希望将自己与他人区别开来的诉求，是所有时尚产生的最重要的因素之一。

尽管时尚有其存在的足够理由，尽管时尚与特色存在某些相似性，但是"鱼目"不宜"混珠"，特色毕竟与时尚有本质区别。其一，特色的本质是"独胜"，即它的优异的内在品质，而时尚流于表面形式，对现世的价值标准满不在乎，甚至某些丑陋的和令人讨厌的事物也能变成时尚。其二，特色是自觉地日积月累地形成的，时尚则是盲目冲动的爆发式的，常常在意料之外甚至情理之外。其三，特色是对传统的扬弃，有继承有发展，而时尚则是对较早形式的全盘否定与彻底抛弃，它作为短暂的片段，既没有过去，也没有未来。其四，二者最重要的区别是，特色经得起时间检验，并随时间流逝而越发鲜明，而时尚只与变化有关，它是短暂的。

> **理念确认：学校特色不是什么？**
> ➢ 不是孤立地突出一点。
> ➢ 不是片面地标新立异。
> ➢ 不是浮华的外在装饰。
> ➢ 不是短暂流行的时尚。

二、学校特色发展的时代背景

1993年《中国教育改革与发展纲要》指出："中小学要由'应试教育'转向全面提高国民素质的轨道，面向全体学生，全面提高学生的思想道德、文化科学、劳动技能和身体心理素质，促进学生生动活泼地发展。办出各自的特色。"这是政府首次在国家文件中提出学校要办出各自的特色，随后学界掀起了研究学校特色的热潮，由此，在理论指导下的学校特色建设实践得以广泛开展并逐步推广，然而初始阶段的学校特色建设涉及面较窄，未能形成全面系统的学校特色，各个学校采取的策略也各不相同，未能形成规范的体系。《国家中长期教育改革和发展规划纲要（2010—2020年）》提出："树立以提高质量为核心的教育发展观，注重教育内涵发展，鼓励学校办出特色、办出水平，出名师、育英才。"这一政策的提出，进一步鼓励了学校开展特色建设，通过学校特色建设来促进学校发展，提升学校综合实力。经过多年的发展和提升，一些学校的特色建设成果已愈发显著。2015年，教育部陆续公布"全国青少年校园足球特色学校""全国青少年校园足球试点县（区）""全国中小学心理健康教育特色学校"等名单，国家对入选学校提供物质、人员、政策、智力等方面的支持，旨在通过对已初步形成特色建设体系的学校的认可和规范来鼓励更多的学校参与到特色建设的大潮中，通过提倡个性化的素质教育，鼓励学校培养全面发展的人才，最终实现凸显学校发展特色、提升学校竞争实力的目标。

仅重视学校学业成果和学生成绩排名的应试教育正逐渐为素质教育所取代，素质教育成为学校教育的新导向，传统以教师为中心的课堂逐渐向以学生为中心的课堂转变，培养学生的创新能力、独立能力、适应能力成为学校教育的重要目的。在知识社会，不仅是作为培养高素质人才的高等学校要重视学校特色建设，而且作为承载着培养"社会人"目标的义务教育阶段学校也要逐步将学校特色建设列入学校发展规划，在学校发展战略层面提出学校特色建设的战略目标，并落实到学校建设的实际举措上。在不断提倡教育多元化的环境下，学校"去同质化"成为大势所趋，中小学校特色建设成为现代学校重要的发展趋势，学校特色的重要性日益显现。

从现行的学校发展评估和管理标准体系中我们可以发现，无论是《中小学校素质教育督导评估指标体系框架》，或者是《义务教育学校校长专业标准（试行）（征求意见稿）》，还是《义务教育学校管理标准（试行）》，这些条例都凸显了学校特色建设的重要性。《中小学校素质教育督导评估指标体系框架》突出对办学成效的考核，在这一项指标的具体内容中明确指出学生的学习和活动得到保障，学校办学特色突出，教育教学效果显著，学生良好品质逐步形成，学习、实践和创新能力提高。《义务教育学校校长专业标准（试行）（征求意见稿）》要求校长能引领学校发展，指出"校长作为学校改革发展的带头人，担负着引领学校和教师发展，促进学生全面发展与个性发展的重任"。在规划学校发展标准方面对校长提出了"尊重学校传统和学校实际，提炼学校办学理念，办出学校特色"的要求。《义务教育学校管理标准（试行）》中促进学生全面发展、建设现代学校制度等指标内容均体现了学校开展特色建设是学校提升科学治理水平、促进教育公平的重要途径。

在当前教育改革的浪潮中，教育逐渐走向多元化，学校要实现多样化发展必须具备特色意识，紧密结合时代背景，应用教育新思想和新理念，在思想上做到与时俱进，只有这样才能顺应社会发展的潮流，呈现学校的个性化和多样化格局，更好地满足学生全面发展的需求。学校管理层必须时刻注重理论学习，了解世界教育发展现状，关注教育动态，正确认识教育思想并形成个人观点。如果学校没有意识到特色建设的必要性和重要性，即使在硬件设施非常完备、受社会关注度非常高的情况下，学校也有可能由于办学理念和教育教学与其他学校趋于同质化，而阻碍学校现代化发展。反之，如果一所普通农村学校，即使其硬件设施配备不足、师资力量贫乏，但只要学校管理层和教职工都具有特色建设意识，能在思想上认识到学校特色建设对于学校发展的重要意义，认识到学校特色建设能为学校提供巨大的发展潜力和发展空间，形成"人无我有"的发展优势，从思想上凝聚发展共识，从行动上贯彻落实特色理念，用独特创新的理念引领学校开展各方面的特色建设,终将建成特色鲜明的学校,使学校取得令人满意的发展成果。

三、学校特色发展的类型
(一) 办学思想上的特色

不同的办学思想形成不同的办学风格,并决定着人才培养的质量和特色。要创建学校特色,首先学校要有独特的办学思想。校长作为学校管理的决策者和组织者,决定着学校的价值观和精神追求。一个学校的办学特色,实际上是校长办学思想个性化的表现。校长要利用学校的优势,以正确的教育思想发展自己的独特见解,形成自己的办学理念,并把它贯穿办学的整个过程和各个方面,只有这样才能形成办学特色。

案例展示

湖北省荆门市十里牌小学
"砺行十里,以至千里"的办学思想

湖北省荆门市十里牌小学历经风雨磨砺、岁月变迁,一直秉承"传承与创新"的精神,形成了"砺行十里,以至千里"的办学理念,构建了"十里+"的课程体系,坚持"十里+"的教育探索与实践,全方位培育"实力"少年。学校"砺行十里,以至千里"的办学理念源自荀子的《劝学》,即"不积跬步,无以至千里;不积小流,无以成江海"。学校希冀学生从"十里"出发,积跬步之功,行千里之远,积日月成长,致实力少年。

"十"的含义有两种:其一,"十"字由一横一竖组成,根据其读音,可得出"恒一""树一"。月牙山人指出:"十"的哲学意义在于教育人们树立一个目标或者一个志向,恒下一颗心,坚持十年,必有大成。其二,"十"字横竖交叉,从象形意义上来讲,"十"代表东西南北的交融汇通,表示学问的渊博贯通。陶行知就有"通过四通八达的教育,培养四通八达的人才,建立四通八达的民主社会"的教育思想,他还强调"生活即教育",就是要把纵横交错、纷繁复

杂的真实生活和真实社会展现给学生，培养他们在实践中学习，以解决实践问题的能力。所以"十"代表知识的融会贯通、对真实生活和社会的了解和认知。"牌"的含义有三种：其一，"牌"代表方向和目标，指引着前进的方向。其二，"牌"代表距离和里程，告诉我们已经行进了多远，离目标还有多远，这样既起到指示提醒的作用，也起到激励前行的作用。其三，"牌"即"碑"也，碑文既是一种记录方式，也是一种记录载体，儿童的形成性评价，就如一个一个的石碑，刻录着孩子成长的足迹，记载着童年的欢声笑语。

如此，学校名称——"十里牌"，不仅象征人生道路上的"里程碑"，而且寓意人生奋斗历程中的"加油站"。人生不正是由一段一段的"十里"汇成的吗？人生始于"十里"，不舍"十里"，方能成就"千里"，这就是学校的"十里"精神。

人本主义心理学的领袖人物、美国心理学家马斯洛认为：人的天性中就有满足自身的基本需要和实现自己潜能的倾向，人的最持久的幸福是自我完善和自我实现。只有在不断地追求自我完善的过程中体验自我实现，人才会获得成就感并产生继续自我完善的内生动力。

学校提出"十里+"教育，意在通过让学生体验一个又一个"十里"目标的实现，树立行千里的目标并笃力前行，在不同的阶段体验自我实现的成就感；意在引导学生既要关注前行的目标，又要脚踏实地，用一个又一个里程碑记录自己的成长，激励自己树立新的目标，不断地追求自我完善。

资料来源：陈如平，杨海燕. 学校课程新样态［M］. 南昌：二十一世纪出版社集团，2018.

（二）教育模式上的特色

教育模式，是指教育和教学的组织方式，反映育人活动的独特过程和方法。教育模式在教育实践中逐步形成，是对相对稳定的、较系统的且具有典型意义的教育经验的抽象化、结构化，是在一定的教育理念支配下，对教育过程及其组织方式特征的简洁表述。教育模式并不在于花样翻新，而在于切实有效。

案例展示

湖南省郴州市湘南学院附属小学的"三结合"教育模式

　　湘南学院附属小学从全方位育人的高度，统一了全校教师对"三结合"教育重要性和必要性的认识，强调教育过程中的开放、交流、沟通与合作。学校制定了包括家校联系、家长工作、社区工作等内容的一系列工作制度，将家长教育、家庭教育和社会工作能力列为教师的基本功，将有关工作计入教师工作量，具体拟订了"参与家访率""复访率"等考核指标。在评选优秀教师、优秀班主任时，全校学生家长和社区、村组代表投票的权重高达50%。该校有20%的学生来自农民工家庭，老师们通过家访，深切地体会到他们的艰难处境，使学校教育更具人文关怀。有一位农民工家庭的女孩，刚进校时学习基础、卫生习惯和交往能力都比较差，老师通过经常家访，帮助小姑娘很快地融入了新的集体，取得了较大进步，顺利地升入初中，还被选为班长。学校举办家长会的形式不断创新，家长不仅乐于参加，而且主动出谋划策。在近年来的课程改革中，学校广泛吸收家长的意见和建议，发起"家长看课改"征文活动，并将优秀征文汇编成册，推动了课程改革。该校注意发现家庭教育典型，推广成功的家庭教育经验，促进学习型家庭建设。全校一半家庭有了书房或书柜，40%的家庭为孩子开辟了"科技角"，优化了家庭学习氛围。学校还注意以学生为中介，增进家庭和谐，优化学生成长环境，甚至使一些已经破碎的家庭恩爱如初。学校赢得了家长和社会的参与和支持，教育力量得到增强，教育资源进一步丰富，教育途径更为宽畅，办学质量稳步提升，《人民教育》还专门报道了该校的办学经验。

　　实践证明，"三结合"教育的名称虽老，但卓有成效，能做出新意，做出新成绩，也能形成学校的显著特色。

　　资料来源：程振响，季春美. 特色学校创建的理论与实践［M］. 北京：高等教育出版社，2012.

　　课程是最重要的教育载体。一所学校独到的教育理念与其相应的教育模式，主要体现在特定的课程上。一所学校还可从学校自身实际出发，重点在德育、智育、体育、美育、劳动技术教育等某一方面探索出教育模式，进而形成鲜明特色。

（三）管理上的特色

学校管理特色体现在管理哲学、管理体制改革和具体的管理行为三个层次。

（1）在管理哲学层次体现出的特色。

任何管理者在管理过程中，总是自觉或不自觉地以某种管理哲学为指导。管理哲学是对管理科学的概括和总结，主要研究管理问题的世界观、认识论和方法论。体现于当代学校管理上的一个鲜明特色，就是许多学校管理者以当代管理哲学为指导，高度重视学校文化的建设。

案例展示

北京十一学校的管理思想

北京十一学校是中华人民共和国成立初期在老一辈革命家的直接关怀下创建的，原为中央军委子弟学校。该校近年来在体制改革上力度甚大，并取得了预期成效，产生了令人瞩目的社会影响。

该校从1988年开始实行校长负责制，建立了由正副校长和党总支正副书记组成的决策中心，规定学校的十大重要问题必须通过集体决策，而校长有最后的决定权。学校教职工代表大会每年进行一次对校长的信任投票，若半数以上代表对校长不信任，则校长连同他的干部班子立即辞职。这样的领导体制既赋予校长很大权力，又构成了强有力的监督，保证了决策的科学性，提高了行政效率。在教师队伍管理上，该校坚持四项原则：（1）双向选择。学校和教师有同等的选择权。（2）按需选择。学校不用多余的教师，也不用水平相对不高的教师。对教师在生活上照顾，工作上不照顾。（3）高工作量。达不到相当于两班语文或数学的教学工作量的不予聘用。（4）评聘分开。将校内教师重新划分为七个级别：市、区、校三级学科带头人，一、二、三级骨干教师，合格教师。近几年来，学校对教师的聘任逐步与社会人才市场对接，通过向市内外名牌师范大学和社会公开招聘，引进市内外优秀人才。

该校的结构工资制也颇具特色，它由八个部分构成。（1）年功类工资，含工龄工资、教龄工资和老教师荣誉工资。这是倾向于老教师的。（2）差额工资，即职称工资。这是对国家职评的承认。（3）教学工作量工资。以初中合格教师的单位工作量工资为基础，按骨干教师和学科带头人的不同级别确定不同的增加值，并对现职班主任和高中教师适当提高标准。（4）管理类工资。给予班主任、年级主任、备课组长和行政组长标准较高的津贴。（5）指导类工资。包括对年轻教师指导、对特长学生辅导、对获奖学生指导的教师的奖励。（6）研究类工资。凡承担或参与各级教育科研课题研究的教师，均按课题级别及成果水平给予较高标准的津贴。（7）荣誉类工资。对获得国家、市、区先进荣誉称号者，给予二至三年或一次性的工资奖励。（8）集体绩效类工资，属年度集体奖。这是针对教育劳动成果的集体性特点而设立的。上述工资制度承认了教师的历史劳动和劳动积累，激励了现实劳动，提高了劳动水平，鼓励了面向未来的自我提高和发展。这体现了教师工作既在教书又在育人、既在课内又在课外、既需教育学生又需辅导青年教师的全面性，教育劳动方式的个体性和教育成果的集体性特点，学校对教师成为实践和研究紧密结合的学者型发展方向的希望和引导。这一制度既能鼓励中青年教师多担工作、快速成才，又照顾了老教师。学校利用校园、校舍和社会关系上的优势，充分发挥大量离岗教师的作用，使校办企业迅猛发展，为工资制度的推行提供了雄厚的基础。

资料来源：李希贵. 学校如何运转［M］. 北京：教育科学出版社，2019.

（2）在管理体制改革上体现出的特色。

相对于宏观上的办学和管理体制而言，学校内部管理体制改革主要是从微观上解决学校内部办学活力的问题。传统的学校管理体制存在严重弊端，如干部职务终身制、教师来源配给制、"铁饭碗"、教师工资固定化、利益分配的平均主义等，严重地压抑着教职员工的积极性，影响了教育质量和办学效益的提高。近几年来，随着宏观体制改革不断深入发展，学校内部管理体制的改革越来越受到重视，各地都出现了不少具有管理创新价值的改革典型。

案例展示

北京大学附属中学的书院制（2012年的学校组织结构）

北京大学附属中学以多元、自主为核心观念，打破传统的班级、年级制等僵化的组织形式，设计符合学生真实生活环境的学校育人环境。书院制就是一种体现管理体制改革特色的学校内部管理制度。

根据培养目标的不同，北京大学附属中学将学校分为相对独立的五个学部——初中部、高中部、预科部、国际部、艺体部（艺体中心）。初中部面向义务教育阶段的基础教育；高中部包括高一、高二，面向高中教育；预科部包括高三，面向高考升学；国际部是一个面向国际的窗口；艺体部整合全校艺术体育课程，面向初高中所有学生。五个学部的主任分别由两位副校长、三位校长助理兼任，管理相对独立。

为了给学生的自主发展创造时间、空间和资源条件，学校在高中部废弃了年级、班级与固定教室，实施了书院制。依据不同发展方向，学校设立了理科常规、文科常规、自主创新、出国留学四种体系，之后将每个年级横向划分为若干组，再将高一、高二的学生以及部分出国方向的高三学生纵向对应，组合形成一个书院，即有的书院既有高一学生又有高二学生，出国书院则整体包含高一至高三的学生。因理科常规方向的学生较多，学校设置了格物书院、致知书院、诚意书院，文科常规有正心书院，而元培书院为自主创新书院，普高出国方向设置了博雅书院，国际部设置了道尔顿书院。这样，学校高中部就被划分成了7个书院。

作为学生自我管理的组织，书院的意义在于实现"学生自治"。这主要表现为：各书院自行制订章程，依据章程民主地产生管理机构，确定管理形式。书院内各项事务均由学生自主管理，以此培养学生主动参与、沟通协商、承担责任、民主监督、自我管理的公民意识和相应能力。学校为每一书院聘任一位教师担任书院长，书院长担负引领并指导本书院自治运转的任务。书院制不仅为学生提供了更大的交往范围、活动范围，同时具有很好的文化传承性。高年级学生在校的经历是学校宝贵的教育资源，高年级学生对低年级学生能够起到很好的传承和引领作用。这种传承让不同书院形成了独具个性的文化，也让学校文化多样起来。另外，书院让学生置身其中，经历解决纠纷、合作研讨、谈判妥协等这些未来人际交往中不可或缺的环节。

书院制为学校创造了学生自我教育、合作交流的新型社区。

资料来源：王铮. 学校组织结构变革：助力学生多元自主发展［J］. 中小学管理，2013（9）：4-9.

（3）在宽严有别的管理行为上体现出的特色。

学校管理有两种不同的风格，一种是严，一种是宽。一般说来，处于"打天下"的创业阶段，即在学校集体形成之初，多采用以"法治"为主要手段的严格的刚性管理；当学校集体已经形成，为集体成员所公认的价值观念、道德准则、行为规范、公众舆论已能发挥其作用时，则多采用宽松的柔性管理方法。

深圳实验学校依靠从严管理取得了很大成功，但绝不是说，学校管理只有严格一种风格。事实证明，宽松也可能形成与之相映成趣的另一种卓有成效的管理风格。

案例展示

深圳实验学校从严治校的特色

深圳实验学校的管理者说："严格要求是我们学校的生命之所在。"该校之所以能在短短几年中取得辉煌的办学成就，是因为它具有一种对于"严格"的顽强、韧性、不屈不挠的追求。

该校筹建于1985年，包括中小幼三个部分，共有300多名教职工。要使这样规模的学校高效协调地运转，必须借助于完备的规章制度。校长金式如说：要形成一种机制，这种机制的核心思想就是，校长主要是在制定校内的规章制度方面发挥他的影响，具体处理事情时，他必须援例去办。在这一管理思想指导下，该校在建校之初的四个月里，经教职工代表大会全体会议通过了44项制度，平均不到三天就有一项制度出台。学校将全部制度汇编成小册子，人手一册。所有人员的所有工作，都按小册子的规定严格执行。只要是职责范围内的事，就必须"不分上班下班，不管昼夜寒暑，不论平时假日，努力把它做好"。该校执规也很严，任何违章行为都会受到惩罚。有位教师开会迟到一次，被毫不留情地扣去一个月的奖金。一位副校长说："你既然选择了教师这个职业，选择了实验学校，你就必须准时出现在你的岗位上。扣掉你一个月的奖金，对你个人是一种惩罚，对学校却是追求一种高度的责任感。"校长说："教师无小节。一个自己不守纪律、不讲文明的教师，怎么能培养出高素质的学生？一个不守时间、不讲信用的教师，怎么能培养出将来为社会所器重并委以重任的人？"在制度面前，校长严于责己的精神很有说服力。一次，学校规定八点半开会，老师们在八点钟时就到齐了，几位副校长为了不浪费大家的时间，临时决定提前开会。正好那天校长有事，八点一刻才赶到会场，按八点半的标准不算迟到，但校长认为自己事实上是迟到了，坚持扣去了半个月的"特别服务工资"。

　　深圳实验学校的严格，不单单表现在经济惩罚上，更表现在激励教职工的上进心上。众所周知，国家现行的中小学教师专业技术职务评定的规定，对于调动教师的积极性起了一定作用，但也存在一些需要完善之处，例如，资历因素考虑得多些，而且带有终身制的意味。为了弥补这些不足，深圳实验学校在专业技术职务评定系列之外，独立设置了学校内部的职级评定系列。这个系列不受学历、工龄、教龄等条件限制，着重于现时工作表现、工作能力和实际贡献。这个系列也分初、中、高三级，每个职级都有具体要求。其中，"合格教师"和"称职员工"必须具备起码的敬业精神、专业水平和职业意识。"成熟教师"和"练达员工"必须业务成熟，有经验、有水平，心理成熟，人格健全，有较高的职业修养和道德水平。"星级教师"和"高级员工"必须素质全优，且有一定成就。各种职级的评定，严格按个人申报、基层推荐、部门审议、学校评定委员会评定、校长批准这五个步骤办事。教师被评为某个职级，就获得相应的职级工资。每年评定确认一次，职级工资随着职级变动或升或降。这样的评定是非常严格的。第一次评级时，300多名教职工中，只有60人被评为学校初级职级。即使原本是高级教师，但如果不符合学校有关条件，也不能获得该校哪怕是"合格教师"的资格。这种严格的"职称双轨制"，极大地提高了广大教职工特别是青年教职工的积极性，全面提高了教师队伍的素质。

资料来源：李希贵. 学校如何运转［M］. 北京：教育科学出版社，2019.

我国传统的管理思想是以中国特有的"人学"为理论基础的。我国古代先哲提出过包括知人、养人、取人、任人之道的一系列有关人的管理理论。孔子说："礼之用，和为贵。"孟子进一步将"人和"与其他要素加以比较，提出"天时不如地利，地利不如人和"。这种"人和"，不是一团和气，而是"和而不同"，是差别状态下的协调发展，是使有差别的人各在其位，各谋其事，各得其所。今天，这一传统思想依然可以作为激发和引导学校教职员工主动性、积极性、创造性的理论依据。

学校管理中的严与宽乃相对而言，两者并非水火不容。绝大多数学校是宽严结合、刚柔相济，也都取得了良好的管理效果。

（四）校舍建设上的特色

校舍是专门的教育场所，也是一个特定的物理空间，是学校存在的物质基础，它诉诸人们视觉并形成第一印象。学校在校舍建设上体现出来的特色，处于学校特色中的基本层次，它并不在于外观的豪华，而在于它的教育内涵，在于办学者以独到的理念与匠心，对自身优势的充分利用。

进入21世纪之后，学校校舍建设呈现出新的时代特色，一些地区在中小学推进平安校园、书香校园、生态校园、数字校园、文明校园、人文校园等各具特色的校园。

平安校园的意义显而易见。少年儿童的人身安全和身心健康不但是教育活动的前提，而且是未来社会发展的前提。在校园建设中确立"生命安全第一，责任重于泰山"的观念，注重教育建筑和教育设施质量，杜绝隐患，保护少年儿童安全，促进少年儿童身心健康发展，这是近年来校园建设强调"以人为本"理念的一个重要表现。

书香校园是指为师生提供方便的读书条件与舒适的读书环境，营造读书的风气，培养师生良好的读书习惯，让书籍真正成为师生的精神养料和进步的阶梯。

生态校园是指学校环境与自然环境的和谐，学校从选址到建设，都须注意尽可能地避开危险和污染；保证足够的绿化面积；保证学生有足够的活动场地；对课桌椅的结构和尺寸、室内的自然换气、照明环境、食品与饮水卫生等方面均能符合教育行政部门关于学校环境卫生管理的要求。生态校园特别关注心理环境的优化，强调改善以师生关系为核心的学校人际关系，促进师生身心的健康发展。

数字校园是指以网络为基础，充分利用先进的信息化手段和工具，实现校园环境（教室、办公室、设施设备等硬件）、资源（电子图书、课件等软件）和活动（教学、教科研、管理、服务等）的数字化。这是以有形的物质校园为基础的虚拟校园，大大扩展了传统意义上校园的时空维度，它既是新时期校园建设的一个重要方面，又为平安校园、书香校园、文明校园等建设提供了崭新的现代载体。

至于文明校园、人文校园的内涵，则主要是基于物质层面的精神提升，除了注重传统的教风、学风、校风建设外，特别强调学校文化功能，注重熏陶、积淀式的人文教化。

第二节 管理思想的演变与学校自主管理

学校发展的活力来源于学校组织的不断变革和创新，内外部环境的变化诸如教育思想、教育政策的变化，人员结构和素质的变化，管理制度和方式的改变，学校资源的不断整合与变动，都给学校带来了机遇与挑战，具备传统功能的学校在学校环境发生剧烈变化的情况下必然促使学校做出相应的调整。然而学校变革和发展不是一蹴而就的，在前期阶段，由于变革目标不清晰、制度建设缺失、变革主体动力不足，变革方案缺乏可操作性等，学校可能会陷入变革的困境①。波·达林指出，学校变革的阻力因素是十分复杂的，存在着价值观的冲突，因为重大的创新总是涉及教学、社会、政治或经济目标等方面的变革②。斯科特指出制度逻辑是指一套控制着特定组织场域中各种行为的信念系统③。当个体的活动与组织规范相符时，组织规范就得到强化和巩固；当个体的活动与组织规范不符时，个体将调整自己的文化认知及行为，使之趋于符合组织规范，由此组织规范得以强化和延续，并保持一定的稳定性。

特色在学校变革与发展中具有突出的战略意义，学校发展需要创造特色，以特色取胜，在尊重学校发展一般客观规律的基础上，注重学校的时、地、人等要素的特殊性。要巩固和发展学校特色，就必须赋予其更高的价值定位，将其放入学校发展战略，将学校特色有个性、有内涵、被认可的内容制度化，将学校特色规模、内部作用力和外部影响力扩大化，丰富和创新学校特色的内容，揭示和承载现代化的教育思想，促进学生的全面发展，提高学校的知名度。特色内部建设以特色为动力，需要学校管理层打破原有的学校管理思想，在管理决策上引入民主机制，打破长期自上而下的命令式管控，充分调动各主体积极性，提高各项工作水平，加快学校发展和内涵提升的速度；对外宣传时以特色为吸引点，为社会提供新服务，获取各方面的资源，扩大学校的社会影响力，争取人、财、力的支持，拓宽学校发展的渠道。本书将学校特色发展战略认为是差异化战略在教育领域的应用，它能够调动农村学校特色建设的积极性，使部分学校以特色在众多普通的学校中脱颖而出，在众多学校中形成示范效应，带动整个地区的教育发展。

---

① 孟繁华. 学校发展论［M］. 北京：教育科学出版社，2011：2-7.
② 达林. 理论与战略：国际视野中的学校发展［M］. 北京：教育科学出版社，2002：133.
③ SCOTT W R. Institutions and organizations［M］. California：Sage Publications Inc.，2001：139.

一、战略管理与学校管理的结合

20世纪50年代,战略管理开始逐步走上管理研究和实践的舞台。70年代后,战略管理理论成为继科学管理理论、行为科学管理理论之后伴随着系统科学的发展而日渐成熟的一种新的管理理论。战略管理是指在一定时期内,一个企业或组织通过对自身面临的环境和条件的内外部因素分析所做出的,关系到其未来全局发展的决策,涉及企业的发展目标、中长期任务、资源配置和相关政策制度等内容,其核心是确立企业的战略目标,前提是充分认识企业发展现状和外部环境变化,最终使企业战略目标领先于外部环境变化和企业目前发展。战略管理的对象是组织整体的发展,目的在于组织的长期可持续发展,主要包括战略制定、决策、实施等环节。

学校管理则伴随着学校的出现而产生,走过了较长的发展历程,17世纪捷克教育家夸美纽斯在《大教学论》中对教学内容、方法和艺术进行了详细分析和说明,提出了一套教学原则,为学校管理的后期发展奠定了良好的基础,学校管理的各项内容与教育学的思想密不可分。本书认为的学校管理是微观的学校管理,指"学校管理者采用一定的措施和手段,充分利用学校的有限资源,引导和组织师生员工实现学校育人目标的一种活动"[1],即学校的管理者通过有效地整合学校各项资源和多样的管理方式,有效达成教育目标,保证学校各项制度实施的过程。学校管理的发展历程伴随着社会环境的改变,经济发展速度越快,人民生活水平提升越快,对学校管理提出的要求便越高。

随着社会环境日益变化,学校之间的竞争日趋激烈,教育改革的要求促使政府和教育主管部门逐渐赋予学校更大的自主权,学校管理的难度大大增加,学者们逐渐将战略管理与学校管理相结合,衍生出学校战略管理,包括战略预测、决策、制定、实施、评价等过程。20世纪70年代很多美国学者将战略管理应用于高等学校管理中,也先后发表著作来论述战略管理与高校发展的关系。哈佛大学

---

[1] 孙绵涛. 教育管理原理[M]. 沈阳:辽宁大学出版社,2007.

霍斯默在其著作中完整地提出了战略计划直接用于高等教育的理论，形成了高等学校战略管理的学术思想①。普里迪等人认为，战略管理就是在面临着无秩序的和不确定的环境时，为大学展望、组织正确的长期方向，思考环境中受期待的趋势和发展②。卡内基梅隆大学通过战略规划，在与其他高校的对比下明确该校的比较优势，迎合计算机科技发展的历史潮流，通过内外部因素分析，在独具优势的学科领域取得了巨大进展，最终使卡内基梅隆大学从一个地区性大学跻身于美国一流大学行列。对此，该校前任校长理查德·萨达尔曾说："我相信我们比我所知道的任何一家公司在战略管理方面都做得更好。"③ 美国高校运用战略管理思想处理学校发展问题的能力已经在世界上处于领先地位，一批高等学校陆续通过将战略管理的思想与学校发展实际相结合，调整了学校发展的理念，拓宽了学校发展的思路，通过变革实现了学校的跨越式发展。

20世纪80年代以后我国的学校战略管理思想逐步从高等教育领域进入基础教育领域，越来越多的学校管理者认识到战略管理的重要性和急迫性，制定科学合理的学校发展战略规划已然成为各级各类学校管理的有力举措。

学校是社会的重要组成部分，承担着培养人才的重要任务，学校管理的重要性不言而喻。由于学校教育的对象是学生，学校教育承担着帮助学生在成长过程中树立正确的世界观、人生观、价值观，培养学生创新能力的责任，因而学校管理也就具有不同于其他简单管理的特殊性和重要性，科学的学校战略管理思想能体现学校管理的多元化和学校发展的个性化。面对当前竞争日趋激烈的社会环境，学校管理者必须贯彻战略管理的思想，从全局上对学校长期发展做

---

① HOSMER L T. Academic strategy: the determination and implementation of purpose at new graduate schools of administration [M]. Ann Arbor: The University of Michigan Press, 1978: 110.

② PREEDY M, GLATTER R, WISE C. Strategic leadership and educational improvement [M]. New York: Sage Publications Ltd, 2003.

③ 薛岩松. 基于国家创新体系理论的纺织特色高等学校发展战略研究 [D]. 天津：天津工业大学, 2011.

出战略规划，结合学校自身发展实际，培养学生独立思考、自主创新和适应社会的能力，创造充满活力的校园环境，促进学校发展。学校特色是带动学校各方面发展的重要动力，是学校战略管理的一部分，是提升学校综合实力的重要组成部分。学校特色建设是对原有传统学校管理方式的变革。

二、差异化战略在教育领域的应用

差异化战略是指企业或组织在分析外部环境和资源稀缺程度之后，根据企业或组织自身的优势和目前发展状况，创新性地生产或提供与众不同、更优质、功能更丰富、设计更人性化的产品或服务，使本企业或组织在行业中独树一帜，形成独特优势。差异化产品或服务来源于企业或组织的战略规划，来源于对自身优势的清晰认识，来源于对客户需求的重视，差异化战略的实施可以通过设计独特的品牌形象、应用领先的科学技术、提供优质的客户服务、扩大经销网络等方式来实现。差异化战略并不意味着公司不计成本，只是在当前形势下成本不是公司的首要战略目标，公司可以舍弃必要的成本来换取差异化带来的优势，更有针对性地将特定的产品展销给特定的人，一般而言这样做都能带来较高的收益。

学校特色便是差异化战略在学校教育领域应用的体现。学校特色重点在于特色，特色便是体现某方面差异化的载体。学校特色发展战略以特色为贯穿学校发展的纽带，重视挖掘和发扬学校历史蕴含的潜力及特长，力争将学校办得与众不同，提升学校的整体实力。卡内基梅隆大学的前任校长理查德·M. 西尔特（Richard M. Cyert）非常关注学校发展战略和比较优势，他认为学校战略就是要使学校处于一个与众不同的地位。学校战略的核心就是与众不同的办学思路和建设策略。

三、激发活力铸造管理特色

学校特色建设是学校发展战略中至关重要的一部分，须引入战略管理和学校管理的思想和技术使学校特色建设目标具体化，通过建立科学合理的制度将特色建设的思想和措施用制度条文予以规范，使特色建设工作的开展有章可循，并将特色建设工作的责任落实到学校管理层各个岗位，细化责任分工，使学校特色建设工作不因人员更迭、外在环境的变化而发生变化，保持特色建设的延续性和长期性，强化优势，激发教师潜能，提高其参与的积极性，调动多方主体参与学校特色建设，通过科学的管理激发特色建设的活力。

（一）创新管理思想

管理思想是开展管理工作的理念指引，学校在思想上应适时创新，学习战略管理和学校管理的相关理论，了解当前教育的热点和趋势；挖掘学校独特的历史，通过优劣势的分析，确定特色建设的着力点；虚心学习，引进其他优秀学校先进的管理经验和特色建设方法；整合并更新管理思想，整合相近、相似的活动和内容，提高管理能力。尤其是在学校管理自主权日益扩大的今天，学校管理要摆脱对上级政府和教育主管部门的依赖，从自身实际出发，审时度势、因地制宜。

（二）目标管理细化责任分工

学校领导层应当根据特色思想逐步制定和完善学校的特色建设规划，明确学校特色建设工作的近期、中期和长期目标，成立特色建设领导小组，客观分析、准确定位，从学校自身传统优势出发，充分考虑社区及周边文化、环境特色，以促进学生个性发展为最终落脚点，在学校管理、师资队伍、课程设置、课堂教学等方面，分门别类地制定各项具体发展目标，使之符合学校发展的实际，设立目标负责人，权责落实到个人，从组织和人事上保证目标执行。深入贯彻落实特色办学目标，围绕理念构建起一套具体可行的实施策略，将办学理念落实到每一项措施中，进一步提升学校特色建设水平，健全组织领导，妥善安排经费及人员。根据每一阶段各项特色建设措施执行情况和预期目标的对比，在特色建设的实践中不断反思调整特色目标和策略，使之更符合学校实际情况，确保各项特色建设目标的顺利达成，促进学校特色建设工作取得实效。

（三）人员管理激发个人潜能

学校的育人目标决定了学校管理的特殊性，人员管理在学校特色建设工作中尤为重要。具备良好的专业素质和教学特色的教师队伍是贯彻特色建设思想、提升课堂特色教学水平的关键，也是学校特色建设的重要保证，人员管理要能调动人员学习工作的积极性，尊重每一位师生作为教育主体的地位。

第一，要了解教师的学习需求，给教师提供学习培训的机会，积极培育教师的特色意识，通过学习先进的教育理念和教育思想提升教师的理论水平，认同、理解并支持学校特色思想。第二，在教学科研中赋予教师自主权，鼓励教师运用所学的新方法开展课堂教学和研究，在与学生的课堂互动中深化理论知识。根据教师的年级、学科、学历、职称等合理设置教学研究小组，通过试听和教研活动，使教师展开充分的讨论，有目的、有重点地对教学中的热点、难点进行研究，在思想的碰撞和激荡中产生具有特色的教学模式和教学方案，调动学生参与课堂的积极性，鼓励学生快乐成长。在学校发展规划的制定、各项制度的建设上，鼓励教师参与，增强教师的归属感和责任感，强化主体意识，这有利于凝聚学校特色共识，提高学校特色建设成效，确保达成学校特色建设的目标。第三，通过老少结对的形式帮助各层次教师快速成长，给教师提供广阔的专业发展空间，鼓励各个学科的教师制定各自的职业生涯规划，提供更多走出去的机会展示自己的特色教学方法，同样给予教师快乐的体验，提升教师参与特色建设的热情。积极引进具备特色意识、能独立开设特色课程的高素质人才，通过先进示范效应带动全体教师创建特色课堂。第四，贯彻以人为本的理念，突出教师主体性地位，通过全方位的评价考核机制提升教师行为的有效性，强化教师自我约束和管理，重视对教师情感力量的激发和维持，将教师个体潜在的能量激发出来，在进取心和奋斗精神的作用下使其在教学工作中展现个人风采，实现个人价值最大化。

（四）多方主体共建一方特色

学校不是独立存在的，学校处于一定的社会环境之中，包括政府、社区、学生家长等外部环境因素。学校发展既作用于外部环境也受到外部环境的制约和影响，因此学校发展与外部主体之间密不可分。

中小学校的直接管理主体是当地政府及教育行政部门。政府制定的各类教育政策，均通过教育行政部门的下达、组织实施和督导而在学校得以落实。学校是社会系统的一个子系统，受到政府颁布的各种政策法规的影响，政策环境是学校教育教学有序进行的外部因素和制度保障，是学校制定发展规划、建设学校特色的重要指向和参考标准。教育行政部门的资源支持，包括配套的物质资源、引进的专家资源、提供的展示平台，都会对学校特色的挖掘、体系构建、实施方式产生持久的影响。

学校特色建设需要有良好的社区环境，因此学校要密切关注周围社区环境的变化，与社区建立良性互动机制。学校可以在校园开放日邀请社区居民参观学校的教学、管理工作，使他们对学校特色有直接的感受，并认真听取他们对于学校开展特色建设的意见和建议，增进社区对学校的理解和信任。在社区中招募一些志愿者，帮助和支持学校特色活动的开展，在与师生的互动过程中体验学校特色建设的成果。广泛参与社区活动，积极采取多种形式参与社区建设，在走出去的过程中传播学校特色，树立良好的学校形象，为学校赢得声誉。寻找恰当的方式和时间向社区开放学校的一些特色资源，包括图书馆、运动场等，不仅可以满足社区居民学习、健身等方面的需要，物尽其用，服务所在社区，而且还可以吸引社区将更多的投资资金用于学校特色建设，以获取社区更多的资源支持。

学校通过家长全面了解学生的情况，了解家长的教育观念和思想，了解其对学生的要求，便于更好地开展教育工作。同时，学校特色建设也离不开家长的参与，只有使家长真正参与到学校管理中来，才能促进家长更好地理解学校特色理念，才能与学校形成紧密的联系，由被动的客体转变成学校工作积极主动的参与者和支持者。在学校特色建设的过程中，学校要积极与家长沟通特色理念，尊重家长的意见和建议，鼓励家长为学校的特色发展建言献策，争取得到家长对学校特色思想的理解与认同。完善家长委员会机制，动员家长参与学校决策和班级管理工作，鼓励家长在学校特色建设的重要事项上发挥作用，协助学校做好学生教育和学校管理工作，为学校特色建设争取更多的外部资源。在学校特色课程、学生课堂表现等主题上与家长进行常态化的沟通与交流，帮助家长塑造支持学生个性发展的家庭环境，为学生营造良好的成长氛围。

第三节 人本主义理论与学校特色发展

一、人本主义理论

人本主义思潮兴起于 20 世纪五六十年代，到 70 年代发展到鼎盛时期。人本主义把培养"完整的人"作为教育的至上目标，坚持人性本位的观点，关注学生的情感体验，发展学生的综合能力，使学生完成自我完善，实现自身的成就感[①]。

人本主义理论的主要代表人物有马斯洛（1908—1970）和罗杰斯（1902—1987）。马斯洛从人本主义的立场出发，认为人的需求在不断追求中得到满足，促使人不断完善，实现自我潜能。罗杰斯的《个人形成论》一书，是人本主义教育学的一本具有代表性意义的著作。罗杰斯以"学生为中心"，提出教育要从学生的体验出发，激发学生内在的学习动力，促进学生获得自我成就感，使学生身心得到健康发展。

人本主义理论的主要观点有：（1）人本主义的教育是人性的养成和人格的培养。罗杰斯认为经验的学习更加重要，这种经验的学习不应是知识的直接传授，而应是学习者在实际生活和实践中逐渐感受、体验习得的。经验的学习自然地内化为自身的一种能力，这种能力可以使人发生整体性的改变。（2）人本主义的教育重视情知结合。罗杰斯强调完善的思想体系要包括人在生活中、实践中的知

---

① 黄志成. 西方教育思想的轨迹：国际教育思潮纵览［M］. 上海：华东师范大学出版社，2008：347.

觉和情感，而不只是精神上的认同。（3）人本主义的教育重视个体经验教育。人本主义学者主张教师要引导学生主动参与教学过程中的活动，积极学习、体验，并内化为认识世界和改造世界的经验[1]。

人本主义理论强调整体性的原则，提倡把人视为一个整体进行教育。更多的支持者开始拥护人本主义理论，认同以学生为中心的教育思想，培养全面发展的学生，将提高学生的综合能力作为重要目标，同时关注学生的情感、自尊等。教师转变为引导学生自主选择课程和方式的角色。为促使学生成为全面发展的人，教师要承担起促进、协助和督促的任务，把学生培养成为具备广阔的知识背景，能系统掌握、融会贯通各种知识并综合运用的综合型人才。在此，人本主义理论和课程整合形成契合点，课程整合能够打破学科的界限，把学生生活中的问题和关注点作为教学的出发点，以主题单元的形式，将课程的各个要素重新整合为系统化的综合课程。鼓励学生在学习的过程中，主动体验和探索，主动参与解决生活中的问题，在实践的过程中建立对生活的认识，完成经验的积累，最终成为一个完整的人的发展目标[2]。

人本主义教育把学生作为中心，重视学生体验和情感的整合，课程评价注重过程，指引学生的活动，侧重学生的自我评价以促进其完成自我实现。重点是对学生的认知、情感和心理的发展水平的评价，并非知识的掌握[3]。人本主义理论从三个方面影响课程的建设：其一，课程内容的选择和实施要关注学生的兴趣和情感；其二，课程的实施和评价要促进学生自我完善；其三，课程要使学生体验到自我成就感。

二、人本主义理论与课程整合间的相互关系

人本主义课程理论以"整合"为主要原则，强调以学生的发展

---

[1] 黄志成. 西方教育思想的轨迹：国际教育思潮纵览[M]. 上海：华东师范大学出版社，2008：355.
[2] 黄志红. 课程整合的历史与个案研究[M]. 广州：广东高等教育出版社，2013：3-4.
[3] 同[1]356-358.

需要、兴趣爱好为核心，兼顾课程整合的社会性需要。分割过细的课程难以与学生的生活实际建立联系。通过整合，为学生提供获得"完整的经验"的机会。

人本主义理论提出课程整合的三种方式：其一是整合"知识的结构"；其二是整合"知识内在的逻辑性，使之统一"；其三是整合兴趣问题。

人本主义教育以学习者的经验为基础进行归纳学习。阿尔舒勒洛（Alschuler）提出学习程序包括六个步骤：第一，选择学习者真实体验的内容作为教材，进行设计、编写。第二，根据活动中的行为和情感体验，提供完成的经验。第三，帮助学习者将经验内化。第四，引导学习者将自身学习经验与行为、目标和他人关系紧密联结在一起。第五，实践练习，巩固经验。第六，学习者自主改变行为。

（一）课程设计之初体现人本主义理论

人本主义理论尊重学生的天性及个体差异，强调学生的自我完善和自我成就。课程设计根据学生的现状开设主题探究，征求学生感兴趣的问题，整合在综合学科教学中，激发学生主动探索未知的积极性，在跨学科相关联知识整合基础上，以学生的兴趣点作为重要参考方向，将知识和认知系统的联结在一起。课程整合注重学生的合作和自主探究，让学生自主融入课堂活动中。不断提高学生的知识水平，培养学生独立思考问题的习惯，促进学生的思维发展，提高学生解决问题的综合能力。

（二）教学实施体现人本主义理论

人本主义理论在教育中的应用，主要体现为"以人性为本位"，学生的成就感、情感体验和自我完善成为被强调的内容[①]。人本主义理论的主要代表人物罗杰斯以"学生为中心"，提出驱动人的内在动力，激发主动学习的潜能，引导学生在自我完善中，实现身心的健康发展。

---

① 黄志成. 西方教育思想的轨迹：国际教育思潮纵览［M］. 上海：华东师范大学出版社，2008：347.

在教学实施中，应体现人本主义理论的以下三个方面：（1）人性的养成和人格的培养。在教学实施的策略中，活动的安排应注重学生的分工合作、自主探究等行为，以及学生个性等方面均应整合于其中，产生整合的效应，从而促进人的整体的发展。（2）重视情知结合。教学活动的安排注重学生的认知与情感发展，强调学生作为一个人的整体性发展。（3）重视个体经验教育。人本主义学者主张教师要注意引导学生认识学习材料与个人生活、人生目的的相关性，鼓励学生主动参与教育过程。

（三）课程评价体现人本主义理论

马斯洛从人本主义的立场出发，提出人的活动都是在为实现自我潜能而努力。人的需求是由低到高逐渐变化，在追求中不断实现并得到满足的。课程评价的出发点和采用的方法，应以"人的整体性"为核心，强调"以学生为中心"的原则。有效的评价，能激发学生的学习兴趣，主动展示个性特点，使学生在学习的过程中，获得知识和情感的满足，从而体会自我成就感。充足的自我成就感，反过来促进学生的自我完善，以便将学生培养成一个人格完善的人、一个有所长的为社会所需要的人。

基于以上理论，课程评价可以采用多种方式进行：（1）考试。把学习的内容编写成考试题目，以此来检查学生对知识的掌握情况，评价学生在学习的过程中智力的发展水平。（2）小组研学报告。每个小组完成一份研学报告，汇报学到了什么，有哪些情感体验，是否学会生活、热爱生活，是否学会如何与人合作，同学之间感情是否有所加深，用来评价学生在情感、灵性、交际等方面的发展情况。（3）个人心得体会。在完成阶段性学习后，每个学生上交一份心得体会，以此来评价学生的兴趣是否得到满足，以及学生是否在学习过程中自我完善、体验到成就感。

第二章 学校的特色文化与课程体系

第一节 学校特色文化体系

一、领悟学校文化

过去人们较多地谈论校园文化建设，现在又谈论学校文化建设或重塑。校园文化和学校文化是否同义？两者有什么异同呢？以下是对这些问题的简单回答。

校园文化是以学生为主体、业余文化活动为主要内容、校园为基本活动场所、校园氛围为主要特征的一种独特的群体文化。而学校文化则强调它是学校各种文化的总和，即学校在长期的教育实践中所凝结起来的一种学校精神、价值观和师生员工所认同的道德规范、行为方式。学校文化和校园文化无论怎样界定，都是在一定的社会历史环境下，在各种活动中，根据学校的实际情况，经过倡导、培育和巩固而逐渐形成的观念和行为方式，具有生成性和校本特征。所不同的是，校园文化更偏重于在校园环境内的特定文化活动，具有一定的封闭性和局限性。而学校文化则涵盖面更广，更强调学校的整体价值观，具有一定的统整性。

有人认为，校园文化可以被看作学校文化的一个子系统。目前，更多的人趋向于不在这两词间做区分。只是随着人们对学校文化理解的逐步加深，大家普遍趋向于在字面上使用"学校文化"来表示内涵逐渐广泛的学校的组织文化。很多学者将学校文化分为物质文化、制度文化、精神文化和行为文化。实际上，这种划分，只是从文化的表现形式和附着载体的角度进行的划分，文化是包含精神价值和行为方式的，通过校园景观和符号体系、管理制度、思想观念、师生员工的行为方式表现出来的集体性思想和行为的统一性。

这就产生了下一个问题，"学校文化"是弥散的、虚无缥缈的吗？

人们对"学校文化"的理解和界定首先受对"文化"的理解和界定的影响，而恰恰是这两种普遍性的对文化的理解容易让人对学校文化缺乏明确认识。理解一：文化是人类物质财富和精神财富的总和。理解二：文化的核心或者说狭义的文化是指人们的价值判断。

受这两种观点的影响，学校文化可能出现以下现象：

现象一：学校文化成了物质文化与精神文化的堆砌。有的学校为了体现自己的文化品位，在教室不足的情况下腾出超过一层楼的空间建设"各种文化"的展室：书画室、院士题词室，还有由许多间教室组成的巨大的动物标本室，一不注意，还以为是在博物馆，而不是在学校。

现象二：曾到过一所学校，一进校门，"创建学习型学校"就映入眼帘。进入教室，坐定后不久，校长就提出："您是否能推荐一本关于'学习型组织'的书看看？"当我们问校长，您重视教科研吗？大多数校长的回答都是肯定的，但真正在行为上重视教科研的校长到底有多少呢？校长们唯恐自己观念落后、文化落后，"科研兴校""校本教研""学习型组织"等代表先进价值取向的口号，几乎每个校长都会说，可现实又是怎样的呢？

在这两种现象中，"学校文化"处于一种虚幻的、泡沫的状态，这显然与那个广义的或形而上的对文化的界定相关联。

可是，学校文化的实在性我们也是能感受到的。正如很多文化学家所分析的，文化具有免疫力。它画上一个光灿灿的圈子，将内涵保护在其中……文化使局面几乎完全不一样。那么，如何去表现文化的这种实在性？

学校里的一些现象不得不引发我们对文化的实在性的思考。现象一：一所面积不大的学校，有假山、草坪，有小桥、流水，校长赋予这些假山、草坪、小桥、流水丰富的内涵，可是，学生学习和活动的地方却显得非常拥挤。现象二：一所学校新修了一块很大的草坪。可是，居然有几个调皮捣蛋的学生常常从中穿梭，难道他们不心疼吗？当校长找到其中的某个同学了解情况时，该同学说，他在那个楼的五层上课，如果课间下楼绕过这个草坪去上厕所，回来时肯定要迟到。为了不受班主任的批评，也就顾不上心疼草坪了。现象三：在参观某校时，校长津津有味地给我们介绍学校墙上写着的各种名言警句：这是谁的话，校长是如何理解的，为什么要将它写在墙上。校长介绍过后，问及几位路过的同学，注意过这句名言吗？欣赏这句名言吗？同学们抓耳挠腮。

二、什么是学校文化

学校文化是一所学校在长期的建设、发展和育人活动中所创造的具有本校特色的精神财富及其物质形态，它包括学校的历史传统、文化观念、价值观念和与之相适应的行为准则①。学校文化的最终产品是师生的集体人格。当今，人民的物质和精神生活水平进一步提升，民众对教育的需求从有学上转为有好学上，从单纯的接受文化知识转为希望全面提升个人素质和能力，这对当前的学校教育水平提出了更高的要求。同时，学校文化作为学校核心竞争力的基础，对学校的建设发展起着至关重要的作用。学校在长期的办学实践中，经过自身努力、外部影响、历史积淀逐步形成了自身的学校文化，这种学校文化凝聚和体现在学校所拥有的理念、制度、管理、校风、学风中，能够促进学校良好的教育氛围和综合力量的形成。

---

① 王尧. 大力加强中小学校园文化建设提升学校发展内涵［J］. 宁夏教育，2008（11）：9-11.

精神文化等于精神吗

问题的答案是不等于。

学校墙上的名言警句可能只是校长的一厢情愿甚至是一种强加的意愿,也可能是经过全校师生反复讨论的。精神文化的核心不是名言警句,而是名言警句的生成过程,是其在学校中的合理性和合法性,是人们对待名言警句的态度。在此需要注意的是,一个组织的真实的道德与精神状态是不能简单地在组织的某句口号、某篇文章中去寻找的,而必须在组织成员的做事方式与状态中去寻找。有的组织的道德与精神表现在口号或口头上是非常高调的,但有可能其组织成员连最基本的道德底线都很难保证,而相反,一个在口头表达上低调的组织,其成员却可能具有高尚的情操。

学校文化是由"文化"引申出的专门场域的子文化概念。文化一词最早的阐释可以追溯到爱德华·泰勒,他认为文化就是人们在社会中形成的信仰、道德、知识、风俗、艺术、法律以及其他能力与习惯的复杂整体。霍夫施泰德等人将文化定义为在同一环境下的人们由于共同的教育与生活经验而有别于其他群体成员的、所共同拥有的心智模式的集合[1]。一方面,我们通过文化这副"眼镜"来感知周围的世界,同时也在这种文化的影响下去解释我们的世界[2],文化建构了我们的认知与行为。另一方面,我们的行为也对文化发展产生反向作用。在文化作用机制下,文化形塑我们的价值观进而影响我们的观念态度,而观念态度又制约着我们的行为以适应特定的文化,进而形成我们日常行为的标准依据,又通过行为模式的变化与反馈去影响社会文化,至此,文化与行为之间开始了一个

---

[1] HOFSTEDE G, HOFESTEDE G J, MINKOV M. Cultures and organizations: software of the mind [M]. 3rd ed. New York: McGraw-Hill, 2010.

[2] 威特克尔,格鲁奈特. 如何定义、评估和改变学校文化 [M]. 北京:中国青年出版社,2016:19-31.

新的循环①。文化及其内部各要素有着相当的稳定性、普遍性以及独立性②。任何组织一旦形成其独立的组织文化，它就将反过来对组织产生可观的影响，从一种理念层面具体到一种实质性权力，一种带有强制性的支配力，引导、约束、控制着组织成员的判断与行为，同时，也会让成员对其产生心理依赖。

作为社会大文化系统中的亚文化，学校文化也同样难以用简单的词汇堆叠来诠释，它限于学校这一特殊的教育场域，它受其他社会文化的影响，同时也带有自己的独特性。从目前的研究来看，学者们基于不同的角度和标准将学校文化划分为不同的层次，其中，"三分法"是目前学界较为流行的分法。

在一分法分类中，学者们认为学校文化集中于精神观念层面。哈尔平（Halpin）和克罗夫特（Croft）是早期研究学校组织的学者，他们认为每所学校被人感知到的差异风格就是这所学校的气氛和文化。美国威斯康星大学麦迪逊分校彼得森教授等人持类似观点，赞成学校文化就是一所学校不同于其他学校的个性③。学校文化不是凭空产生的，而是学校对外部加以适应和生存并在内部加以整合的反应发展形式，是学校成员共享的价值和信仰④。亨利对学校文化的解释更为具体，认为学校文化是由组成学校的成员所共同享有的一组价值、信念、感觉、关系，涵盖了学校内部的行政文化、师生文化以及社区文化等次级文化，学校中的所有成员及学生家长共同创造了学校各类文化的意义⑤。国内部分学者观点与国外学者类似，认为学校文化是一系列关于学校使命的假设、信念、规范等意识形态的有机整体，是成员所共有的价值观、理想、信念、追求以及普遍持

---

① 王有升. 理念的力量：基于教育社会学的思考［M］. 北京：教育科学出版社，2007.
② 张立新. 组织变革：重建学校管理"新关系"［M］. 南京：江苏教育出版社，2011：109-117.
③ PETERSON, KENT D. Shaping school culture［M］. San Francisco：Jossey-Bass，2002.
④ 费妮娜. 学校文化变革中的价值危机研究［D］. 上海：华东师范大学，2007.
⑤ 吴增强. 积极的组织文化：学校发展的深层动力［J］. 上海教育科研，2003（9）：19-23.

有的态度与观点[1];认为学校文化是学校成员在整个学校场域中所形成的具有独特性和凝聚力的学校氛围面貌、学校精神气质,而共享的价值观则是学校文化的内核[2]。通过学校内部的教学、管理、科研、经营等活动与外部社会环境变化的互动、适应、调整过程,学校文化得以继承、创造和更新[3]。

　　秉持二分法的学者认为,学校文化可分为精神层面及物质层面。在精神层面,与一分法学者的观点类似,认为学校文化是一种观念形态,具有核心价值[4],但同时也十分强调学校文化的外显形式,这种外显主要表现为行为或制度方面。如学者张军凤的观点,学校文化就是学校在教育实践中形成的、被学校成员所认可和践行的关于教育理念、育人目标等价值观念与其他外显行为的内在综合体[5]。欧文斯同样强调,除了代表学校成员特征的价值观、思维方式、信仰系统外,学校文化还表现为学校成员在学校这一场域内做事的方式和特点,这种价值及其外显的行为总和就是学校文化[6]。学校成员的做事方式深深根植于学校文化的价值形态之中,是他们应对和处理学校团体内外部存在各种问题的根本依据[7]。除此之外,还有部分学者认为学校文化就是学校成员交互作用而创生出来的观念文化和制度文化的集合,制度文化具体表现为学校的管理制度、各项行为规范准则、人际交往模式等[8]。

　　三分法把学校文化更具体地划分为精神层面、制度层面、物质

---

[1] 郅庭瑾. 从管理伦理看学校文化重建[J]. 河南大学学报(社会科学版), 2007 (2): 151-154.

[2] 林海河. 校长:学校文化的缔造者:中小学校长在学校文化建设中的能动作用[J]. 内蒙古师范大学学报(教育科学版), 2004, 17 (6): 10-11.

[3] 王新如, 郑文. 谈学校组织文化与学校效能[J]. 教育科学, 1997 (3): 53-57.

[4] 王天晓. 美国近年学校文化研究简述[J]. 教育科学, 2005, 21 (4): 57-60.

[5] 张军凤. 校长的使命:在学校变革中生成学校文化[J]. 中国教育学刊, 2008 (1): 38-41.

[6] 欧文斯. 教育组织行为学:适应型领导与学校改革[M]. 北京:中国人民大学出版社, 2007: 151.

[7] 孟宪乐. 教师文化与教师专业化发展[J]. 今日教育, 2005 (6): 17-18.

[8] 李小红, 邓友超. 教师反思何以可能:以学校组织文化为视角[J]. 教师教育研究, 2003, 15 (3): 43-48.

层面，这也是目前学界比较流行的分法。学校制度与其他物质形式是学校文化的表现形式，是学校价值观与精神理念实践活动的结果①。综合三分法学者的观点，学校文化具体展现为：学校核心理念和办学宗旨、传统习惯、成员共有的价值观、行为规范和作风、规章制度以及学校典礼仪式等其他物质载体②。

在四分法中，学校文化被进一步细分为了精神层、制度层、物质层、行为层，如图 2-1 所示。在先前学者的基础之上，持四分法观点的学者把制度与行为从物质层剥离出来被独立强调，而物质层则主要表现为学校建筑、环境设计、教学设施、课堂等实物，只要进入校园，便可直观感知，它是学校文化最为直接的表现载体。

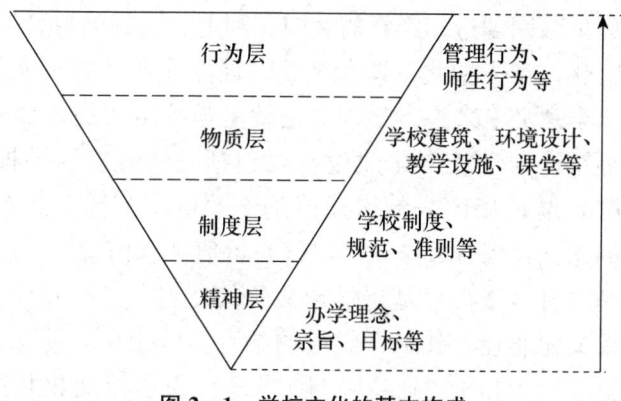

图 2-1 学校文化的基本构成

学者们从不同层次、不同深度对文化内涵进行了界定，为我们理解和把握学校文化提供了十分有益的帮助。虽然学者们对学校文化具体界定方式各有看法，但他们之间也有一个共同点，即都认为学校文化是一种集体文化，体现在所有学校成员的价值观念当中并深刻影响他们的行为方式。结合其他学者们的研究结论，本书所称的学校文化是指在学校历史与实践过程中形成的，由学校全体成员

---

① 王定华. 试论新形势下学校文化建设 [J]. 教育研究，2012 (1)：4-8.
② 殷磊. 学校文化建设与教师专业发展 [J]. 中国高教研究，2005，2 (3)：53-55.

共同凝聚、共同分享的关于学校精神文化、制度文化、物质行为文化等的复杂集合，其核心是学校的价值观。

沙恩认为，组织文化用于描述组织独具特色的感觉，可以分为人工环境、价值观和基本假设三个层面①。它是指一个团体始终存在的内部和外部问题的方法实体，并把它作为看待、思考和感觉这些问题的正确方法去教育新成员。组织文化决定着组织参与者的假定、价值观、信仰、规范等②。赫尔雷格尔认为组织文化是组织成员共享的信仰和期望，包括准则、共同价值观、公司哲学、相处和做事的规则、同外界打交道的方式。组织文化的有些方面是由文化象征、模范、仪式、典礼所暗示的。组织文化是对外部适应、生存及内部整合的反应形式。

学校是教育组织，因此必然有其自身的组织文化。学校文化是学校全体成员共同创造和经营的文明、和谐、美好的教育生活方式，包括教师文化、学生文化、课程文化、课堂文化、管理文化和环境文化。从这个意义上来说，学校文化就是学校生活的全部和本身③。谢翌、丁福军认为学校文化建设主要包括三大任务：寻根、聚魂、布道。首先，通过局内人的讲述找到学校的"文脉"所在，其次，找到共享的意义，聚合成学校的"核心价值观和信念"，以此作为学校发展的精气神，最后，基于学校文化的"魂"进行相应的课程规划，让学校文化彰显、扎根于学校的教育实践之中，使课程成为学校文化的核心路径和主要通道④。顾明远认为学校文化是整个社会文化的亚文化，可以将其定义为：经过长期发展历史积淀而形成的全校师生（包括员工）的教育实践活动方式及其所创造的成果的总和。这里面同样包含了物质层面（校园建设）、制度建设（各种规章制度）、精神层面和行为层面（师生的行为举止），而其核心

---

① 赫尔雷格尔，等. 组织行为学：第9版［M］. 上海：华东师范大学出版社，2001：822.
② 欧文斯. 教育组织行为学：第7版［M］. 上海：华东师范大学出版社，2001：194.
③ 张东娇. 学校文化建设成就美好教育生活［J］. 中国教育学刊，2019（4）：54-58.
④ 谢翌，丁福军. 寻根、聚魂与布道：基于"听见"的学校文化建设［J］. 教育发展研究，2018（4）：71-78.

是精神层面的价值观念、办学思想、教育理念、群体的心理意识等①。

从已有的研究可以看出，虽然学界对学校文化尚未形成统一的定义，但是学校文化主要包括以下三个方面：办学理念、课程体系建设、制度建设。因此本书将学校文化定义为：学校教师（包括校长和其他教育工作人员）根据国家的教育方针和学生的成长规律有意识地营造并且经过学校全体师生长时间的教育实践活动积淀起来的、以办学理念为核心、以课程体系构建和制度建设为框架的一整套行为模式。

> **一种发人深省的观点**
>
> 学校文化的表象是学校中大多数人在组织中表现出来的做事方式和处世态度，其核心是这些做事方式和处世态度的"内隐规矩"和"内隐概念"。
>
> 文化的核心是一个组织中人们的价值判断，但它不是人们"说的"价值判断，而是人们行为中体现出来的价值判断，行为中体现的价值判断才是真实可靠的。
>
> "做的"价值判断有可能是主体意识到的，也有可能是主体没有意识到的。在一个组织中，大多数组织成员在主导的或者强势的做事方式的左右下不约而同形成的某种做事方式，我们称其为"内隐规矩"，而做事方式中体现的对于某个问题的价值判断，我们称其为"内隐概念"。我们认为，这种"内隐规矩"和"内隐概念"才是文化的真正的、真实的内容。
>
> 每一个人做事时都有自己的"内隐规矩"和"内隐概念"，也就是说，每一个人都有自己独特的文化内涵。那么，一个组织的文化如何判断呢？一个组织中大多数人不约而同的做事方式以

---

① 顾明远. 论学校文化建设 [J]. 西南大学学报（社会科学版），2006，32（5）：67-70.

及"对多发问题的一套标准化适应方式"就是这个组织的文化。

因此,学校文化的核心和主干就是学校大多数成员做事方式和处世态度的"内隐规矩"和"内隐概念"。北京大学的学术文化是在蔡元培的"兼容并包"的思想下形成的。兼容并包不是具体的学术观点,而是对待学术的一种态度和方式。学术的繁荣、精神的丰富是学术自由、精神民主的必然结果。学校对待物质、行为、制度、精神的态度和方式越开放、越民主、越科学、越人本,学校的物质、行为、制度、精神的状态就越健康、越亲和、越有效和越丰富。

三、学校文化体系的作用

(一) 健康的学校文化能调动人的积极性

健康的学校文化至少应包括四个方面:积极健康的精神文化、健全有效的制度文化、标准规范的行为文化、全面良好的物质文化。健康的学校文化可以从不同方面调动全校人员的积极性。学校文化是随着学校的发展、随着历史的沉积而形成的一种稳定而有内涵的力量,生活在一个具有悠久历史文化的校园中,无论是教师还是学生,都会从心底产生一种由衷的自豪感。他们穿梭于校园,会觉得漫步于时光,他们知道自己所走的路是哪些先辈曾走过的,他们将自己与中国的时代发展通过学校这座桥梁联结起来,从而具有一种更深厚的使命感。他们知道自己是在继承和发展学校的精神,从而也是在继承和发扬中国的历史,这样一种无形的动力,会促使教师和学生在治学和求学时有更高的自觉性、自主性和创造性;人性化的规章制度,可以为教师的教学研究工作创造便捷、标准一致的行为规范,可以为人与人之间的相处和交往创造和谐;当精神价值通过外显的校园物质景观或符号体系、通过学校的规章制度体系,凝练成师生的行为准则时,他们的言行举止自然就表现出了学校的价值追求和共同信念。此外,优秀的学校物质文化能提供给人们一种舒适的感官感受，给人一种有意义的感情熏陶和启迪，是一种物质形态层面的学校文化。当这些都内化为一种学校文化时，学校就更加具备了发展的蓬勃动力，因为人是学校的主体，也是教育的主体，一旦人的积极性得到发挥和调动，学校的发展就可以乘风破浪。

马斯洛提出了人的需求层次理论，提出人有生存的需要（经济人），因而人需要物质和金钱；人有得到别人承认的需要（社会人），因而需要有成就感；人有实现自己理想的需要（文化人），因而需要寻求志同道合的人，获得内心的幸福；等等。在健康的学校文化中，大多数人都有相同的价值追求并以相似的方式实现着这种价值追求。

（二）学校文化使学校走向成熟

一所学校的发展一般经历三个阶段：以人治校、以制度治校和以文化治校。在学校发展的初级阶段，学校的发展在很大程度上取决于学校领导者的管理能力和决策能力。一个有远见和魄力的校长可以通过对校风校纪的治理、对教师的指引激励和对学生的严格管理将学校引入良性发展轨道。进入以制度治校的阶段，系统全面的规章制度为全校师生员工提供了一个可衡量比较的标准，可提高每个人的规范性和自律性，使学校秩序井然。然而只有当学校进一步进入以文化治校的阶段时，学校才真正走向成熟。形成特定文化氛围的学校，像一个四肢强壮、思想成熟的中年人，不仅具备了可以成就一番事业的体格素质，更重要的是有了判断和思考问题的逻辑框架和准则，有一种自我成长的积极需求和感染他人的能力。一旦一所学校的制度经过长期建构而积淀出学校精神文化时，学校就具有了一种无坚不摧、无往不胜的核心竞争力。这样的学校培育出来的人才不仅是学术的巨人，更是社会的栋梁。如南开中学创始人张伯苓，治校严谨，校规严格。他在学校一面大穿衣镜上端横匾上镌刻了40字箴言："面必净，发必理，衣必整，纽必结；头容正，肩容平，胸容宽，背容直。气象：勿傲，勿暴，勿怠。颜色：宜和，宜静，宜庄。"这种对师生穿着、仪表、举止、气质的规范和要求，随着岁月的积淀,逐渐融汇成学校的文化精神,而这种文化精神为中华人民共和国培养出周恩来、温家宝两位总理。由此可见,当一所学校由制度管理升华为文化精神时,便具备了一种坚强深厚的品格力量。

(三)学校文化是学校的核心竞争力

学校的核心竞争力是一个学校与其他学校相区别、相抗衡、相竞争的根本力量和独特优势。一个学校只有在具备了核心竞争力的境况下,才能适应当今日益复杂多变的社会环境和多样化的民众需求。不同的学校之间,制度可以相互借鉴,硬件设施可以相互仿效,学科设置可以相同或相似,甚至教师也可以相互交流访问,然而只有学校文化必定是不同和不可复制的。独特的学校文化是一所学校的生命力之所在,它是一种独特、优质、稳定的学校系统模式,那些成绩卓著、个性突出的学校,总有一种既能被学校成员所接受,又能对学校成员产生激励作用的文化特色,它内容丰富、信念明确、感召力强、激励作用突出,学校成员无时无刻不置身于其中并接受其影响。学校文化和学校办学特色的形成是一个相辅相成、互相促进的过程。在学校办学特色形成的过程中,校风、传统逐步积淀形成学校特有的文化,学校文化一旦形成,又将有力地推进办学特色的深化。学校文化建设必须以战略目光进行审视、思考、规划和设计。

(四)学校文化的核心是凝聚学校精神

学校文化的建设与发展,最重要的是应当传承与弘扬、凝练与培育全体师生"精、气、神"的学校精神文化,即以全体师生的文化观念、思维方式为主要特质的共同价值观。学校精神是在诠释一所学校的个性,学校精神一旦形成,将为学校的立足与发展注入坚强的生命底蕴,发挥强有力的价值导向、群体凝聚和社会辐射等一系列极其重要的作用。学校精神实际上反映了一所学校所特有的哲学思想,它本质上是学校办学理念、育人方针、学术追求、管理模式的哲学抽象,是对学校"文化体"和"文化群"的意识形态的整合、凝练和升华。有学者认为,新时代学校文化的建构,要注重树立正确的校园文化观，要立足学校的基本特征，努力铸造具有个性特色的学校文化的灵魂——学校精神，以这种精神建设来推进学校竞争力的提高。校长必须从学校实际出发，从发掘传承学校文化底蕴、形成学校办学特色上，概括出让每个师生易记、易懂、易实践的学校精神，将其凝练为一两句话，以校训的形式体现。如清华大学的校训"自强不息 厚德载物"体现的就是清华学人追求的一种奋发进取又胸怀天下的精神，北京大学老校长蔡元培当年制定的"兼容并包，思想自由"的办学理念，一直延续至今，成就了北京大学独特的育人取向和学校文化，也成就了北京大学长期以来的社会地位和教育品牌。

（五）学校文化对学校战略管理起着重要作用

（1）学校文化以其综合性和核心价值理念推动战略的形成。

苏联著名教育家苏霍姆林斯基说："我们在努力做到，使学校的墙壁也说话。"学校文化涉及方方面面，是制定学校发展战略必须把握的重点。学校文化不仅可以促进教学、科研及管理活动，而且可以影响学校的办学方向和活动方式。学校文化特别是学校精神、校训、校风，就是一面鲜明的旗帜，是引导广大师生学习、工作的道路和方向。学校文化设计指向学校未来的愿景，愿景为学校师生描述了一个现实的、可信的和有吸引力的未来，美好的愿景有助于形成优秀的发展战略。

（2）学校文化以其激励性和强烈的渗透力推动战略的实施。

学校文化会渗透到每一个学校成员的精神和行为方式中，使校园生活得到丰富，使每个校园人的精神得以振奋和升华。学校文化能较好地调节和激励师生的思想行为，培养和激发师生的群体意识和集体精神，促进师生的自我约束、自我管理和自我完善，推动师生自觉实施战略，较好地促进学校的持续发展。

（3）学校文化以其导向性和影响的长远性推动战略的评估。

战略评估与战略制定、战略实施共同构成战略管理过程。学校文化建设必然面对学校的各种重要问题，并以其正确导向维护学校正常的秩序，促使师生养成良好的习惯。如某中学于1995年开始实施"科研兴校"战略，用重金奖励发表论文的教职工，至 2003 年，大多数教师都有了科研的自觉性。该校对此战略进行评估，认为学校已经形成良好的科研氛围，教师中已经有一种"科研文化"，学校做出了变重金奖励为一般资助的政策调整。

四、学校文化的结构

学校文化由精神、制度、物质三个维度的文化构成，反映学校独特的意识形态，是一所学校特有的"亚文化"。精神文化决定着全校师生的价值观，同时也是全体师生进行教育实践创造活动的动力源泉；制度文化为学校全体成员的一言一行提供了规范和惯例；物质文化通过学校的办学条件、环境等得以反映，是学校文化中比较表层的部分[1]。

全体师生一同培育学校价值观的过程即为学校文化的建设过程。通过学校文化的建设，全体师生形成共同的做事规则和方式，建立起对于学校这个组织的认同感，并且可以在学校里找到归属感[2]。具体到学校文化的建设环节，王新如、郑文认为我们应该对学校的组织文化和环境有一个初步了解，然后我们应该在组织中明确价值标准，通过各种实践活动强化员工的认同感[3]。领导者在提升组织文化中发挥着重要的作用，领导者应该具备比较高的文化鉴赏能力并且具有转化组织文化的能力，这种能力可以促使本组织的文化内化为组织成员共同遵守的信念和原则。因此，要想有效地提高大学的组织文化，塑造组织形象，应该做好以下几方面的工作：领导者必须率先垂范，积极发挥舆论的导向作用，充分发挥榜样的示范带动作用，努力开发和利用学校的文化资源，对员工在工作过程中遇到的困难和挫折给予积极帮助[4]。何长平则认为现代中小学学校文化建设的核心是学校价值观的建设，关键在于构建创新型的教师

---

[1] 徐建培. 论学校组织文化建设 [J]. 当代教育科学, 2004 (12): 7-9.
[2] 杨全印. 学校文化建设: 组织文化的视角 [D]. 上海: 华东师范大学, 2005.
[3] 王新如, 郑文. 谈学校组织文化与学校效能 [J]. 教育科学, 1997 (3): 53-57.
[4] 郭祖仪. 试论大学组织文化的提升与组织形象的塑造 [J]. 高等教育研究, 2001 (5): 41-45.

文化，有效途径是构建学习型学校，目标是提升学校品位，打造学校品牌，争创品牌学校、精品学校，迎接知识经济时代的挑战①。

　　学校文化对一所学校的健康发展有着重要的作用。实证研究证明学校里形成人本导向的、对学校文化比较认同的氛围能够对教师满意度和教学效能产生积极的、显著的影响②。因此拥有积极向上的校园文化是一所学校必需的核心竞争力，全校师生能够以此为契机，实现共同发展③。学校作为教育组织具有自身的选择机制，并借此构建学校制度文化，再通过学校活动的内化与传播功能，将制度文化内化成全校师生的内在素养④。徐建培将学校组织文化比喻为传播知识的导航器、生产知识的加能站、整合知识的黏合剂以及有助于学校管理高效进行的催生床⑤。

　　我国的学校文化建设工作仍存在一些问题，主要包括理念层面的失真现象、价值层面的失范现象、制度层面的失常现象、行为层面的失控现象、物质层面的失意现象。基于此，我们应该明晰基本的理念和价值观，规范和加强学校的组织和制度文化建设，注重塑造学校的形象，进而建立良好的学校形象⑥。在针对一所学校的个案研究中，唐丽芳认为不能营造一种有利于组织变革的文化环境是学校文化变革失败的原因。因此，我们在充分理解和评估当下文化的基础上，要积极寻找重塑学校文化的路径和方法，抓住机遇并且时刻关注权力关系的变化，在教师培训与发展方面下足力气，给予全力支持⑦。学校文化的建设工作还要求我们处理好：传承与创新、学

---

　　① 何长平. 现代中小学学校文化建设研究［D］. 南昌：江西师范大学，2006.
　　② 徐志勇，张东娇. 学校文化认同、组织文化氛围与教师满意度对学校效能的影响效应：基于结构方程模型（SEM）的实证研究［J］. 教育学报，2011（5）：118-130.
　　③ 陈文海. 学校组织文化的探索与实践［D］. 武汉：华中师范大学，2008.
　　④ 乐传永. 学校组织文化功能的探讨［J］. 教育理论与实践，2000（1）：29-32.
　　⑤ 徐建培. 论学校组织文化建设［J］. 当代教育科学，2004（12）：7-9.
　　⑥ 胡苑姗. 现代学校文化建设研究［J］. 知识经济，2013（12）：177-178.
　　⑦ 唐丽芳. 课程改革中的学校文化：一所学校的个案研究［M］. 长春：东北师范大学出版社，2015.

习与借鉴、校内与社会、主导与主体的关系①。

五、农村小规模学校文化建设

在关于课程体系建设的研究中,宋星、雷晓燕认为校本课程本身所具有的文化价值是学校进行课程建设的立足点,除此之外,文化品牌的形成还要依靠对文化实践和文化精神的提炼总结,并且以文化发展的需要打造品牌化的课程产品或服务,进而基于文化元素制定文化品牌标示②。在针对学校信息化建设所进行的研究中,王欣指出农村小规模学校的信息化建设存在以下问题:未设立专项经费资金、基础设施建设不完善且在全国东中西部地区差异较大、信息化设施的利用率不高且后续的维修保护不到位、校长信息化的领导力缺乏且老年教师的信息化素养不高等。除了政府政策制定和执行存在偏差以外,农村小规模学校自身信息化建设的不健全也是阻碍学校发展的关键因素。因此,农村小规模学校应该注重实际应用和学生需求,分类发展;多个渠道筹集资金,以此来拓展信息化的发展空间;重视信息化人才的培养,扩大信息化的应用范围;加强校际的信息化交流,最大限度共享优质资源③。

在学校文化建设过程中,农村小规模学校存在的问题是,作为教育主体,学校的地位却得不到保证,主要是因为学校形成了以教育行政部门为主导、专家团队为主体的"展示文化"。究其根源,是教育行政部门的过分干预削弱了学校文化的积淀性;学校对地方文化和校本文化的忽视,对学校文化的传承性不够;校长领导团队或专家团队的垄断性地位,剥夺了学校之中其他成员的参与性④。除此之外,王强在《农村小规模学校班级课堂文化建设的思考》一文中

---

① 丛惠春. 学校文化建设中需要处理好的几方面关系[J]. 现代教育管理,2018(7):33-37.

② 宋星,雷晓燕. 校本课程的文化价值与文化品牌建设研究[J]. 教学与管理,2019(24):83-85.

③ 王欣. 农村小规模学校信息化建设调查研究[D]. 长春:东北师范大学,2018.

④ 张霄,汪飞,杨飞. 学校文化建设中学校主体性地位缺失的原因探析:兼论"学校主体、专家辅助"的学校文化建设机制[J]. 教育理论与实践,2019(2):15-18.

通过分析农村中小学课堂文化建设的现状，总结出以下问题：学校的文化建设常常忽视课堂文化建设，学校的文化建设重硬件轻软件、重外部轻内容；学校领导没有精力关注课堂文化建设，一是因为学校领导从思想上认为课堂建设是小事，二是因为学校领导没有时间和精力去管课堂文化建设；传统的教育观念与教学模式依然主导着教学活动，主要表现在正常教学课和示范教学课的巨大反差上①。在对图们市的特色学校进行调研时，朴红华发现图们市的学校文化建设存在以下不足：学校不会根据自身情况挖掘办学特色，学校有名目繁多的校园活动但是缺少内涵，学校重视对校园物质环境的建设而非文化生活方面的建设。同时值得我们注意的是以课程研究带动学校文化建设内涵式发展的实践已经取得了一定的成效②。

在农村小规模学校课程建设方面，东北师范大学中国农村教育发展研究院通过对全国115所小学开展调查得出以下结论：超过40%的农村学校不具备开设英语、体育、科学等相关课程的能力③。

因此，为了更好地落实农村小规模学校文化体系，我们要做到立足实际，探究解决策略。对于不重视课堂文化建设的情况，我们应该从精神、制度、物质三个层面加强建设④。对于在合作过程中学校主体性地位缺失的现象，我们应该建立起"学校主体、专家辅助"的学校文化建设机制，这样可以厘清校长领导团队与专家团队的身份和责任，恢复学校的主体地位⑤。除此之外，李恺、詹绍文、邢思珍认为想要加强乡村中小学学校文化建设，应该做到以下四点：一是建立共同愿景，培养共同价值观；二是构建教师文化，形成乡土

---

① 王强. 农村小规模学校班级课堂文化建设的思考[J]. 亚太教育，2019（7）：35.
② 朴红华. 特色学校文化建设的实践探索[J]. 现代教育科学，2019（8）：51-54.
③ 赵复婧. 农村小规模学校的课程与教学问题研究综述[J]. 西北成人教育学院报，2018（1）：95-100.
④ 同①.
⑤ 张霄，汪飞，杨飞. 学校文化建设中学校主体性地位缺失的原因探析：兼论"学校主体、专家辅助"的学校文化建设机制[J]. 教育理论与实践，2019（2）：15-18.

情怀；三是强化制度约束，养成文化自觉；四是根植乡土文化，形成学校个性①。

第二节 学校特色课程体系

一、课程概述

在华东师范大学出版社出版的《教育学教材全解》对"课程"做出如下概述：课程是指课业及其进程。在国外，"课程"一词最早出自拉丁语，被翻译为"跑马道"，意思是让学生遵循固有的轨道进行学习。教育科学的先行者——英国教育家赫伯特·斯宾塞，首次将"课程"用作教育术语，认为课程是教学内容的系统组成②。夸美纽斯将课程等同于教材，认为课程是向学生传递知识，教材是知识传递的重要依据。拉尔夫·泰勒把课程定义为学习经验，主张教育要向学生提供教学经验，要以学生为主体开展教学活动，同时学生的学习质量受外部因素的影响。约翰·杜威将课程定义为活动，认为学科间联系的中心点是儿童本身的社会活动，他将社会需求转化为课程目标，再进一步分解为学生的学习活动，将课程的实施与社会的发展需要紧密联系在一起。

我国对课程的定义，分为广义和狭义两种。狭义的课程是指某一门学科。广义的课程是指在学校范围内，学生学习的全部内容以及学习进度的安排。本书中的"课程"是广义的概念，意为学校为了实现综合教学目标，对学生学习科目的制定，以及对具体学习进度的安排的总和。具体内容包括：（1）学校对学习科目的规定，以及对学习进度的安排。（2）各种校内外实践活动。（3）教学计划的制订、教学方法的选择等。课程是学校教育活动中最基本的要素，要遵循教育与个体发展相适应的基本原则，一切课程的安排要以培养社会需要的人才为目标，服务于社会的发展。

---

① 李恺，詹绍文，邢思珍. 乡村中小学学校文化建设的价值取向与推进路径 [J]. 信阳师范学院学报（哲学社会科学版），2019（4）：95-99.

② 王海萍. 教育学教材全解 [M]. 上海：华东师范大学出版社，2007：88-89.

二、国内外综合实践活动课程概述

"综合实践活动课程"是 2001 年国家课程改革中的新增课程,是我国基础教育新课程改革的亮点之一。综合实践活动课程是指在教师的引导下,学生自主开展的综合性学习活动,是基于学生的直接经验,密切联系学生的自身生活和社会生活,注重对知识技能的综合运用,体现经验和生活对学生发展价值的实践性课程[①]。根据定义,可以看出综合实践活动课程并不是一门学科课程,它的基本属性应该是一门经验性课程、实践性课程。当然作为新课程改革中的亮点课程,综合实践活动课程还集中体现了我国基础教育新的课程管理和发展制度:国家、地方、学校对课程的三级管理。因此,综合实践活动课程是最能体现学校特色、满足学生个性差异的发展性课程[②]。

以综合实践活动课程为关键词查阅文献,我们发现:20 世纪 90 年代以来,美国、英国、法国等在基础教育课程改革中,都比较重视开设综合实践活动类课程,但各国对这一课程的称谓、主要内容、开设形式、课程目标等不尽相同。如美国各州的课程标准中,并没有明确提出"综合实践活动"这一课程,但各州都有具体可行的综合实践性课程,例如,"自然·技术·社会"课、设计学习课程和社会参与性学习。这些课程涉及自然现象、社会经济、政治、文化环境以及艺术设计、产品设计、社区公益服务等内容,但无一例外地体现了学生主体研究性,社会参与性与生活实际相结合等特征。英国国家课程标准中对综合实践活动课程的设计,与美国类似,开设有社会研究、设计学习等主题探究活动课程。通过国外综合实践活动课程的开设,可以清晰地看到国外开设这类课程的课程内容、课程属性、课程特点等信息,他们都有比较类似的课程目标与课程内容,这对我国的综合实践活动课程的开设起到了示范作用。但这些课程还缺乏与中国实际国情的

---

① 郭元祥,伍远岳. 中学综合实践活动 [M]. 北京:高等教育出版社,2016:4.
② 同①5-6.

结合，课程目标的设定也不完全符合中国学生的实际情况，因此，在综述国外的综合实践活动课程的同时，应该思考如何借鉴国外的综合实践活动课程形式来设置符合我国国情、地方特点和学校实际情况的课程，而非直接照搬国外经验。此外，国外综合实践活动课程的组织形式、评价方式等也可以做进一步调整，以适应我国实际情况。

相较于国外的综合实践活动课程，我国的综合实践活动课程起步较晚，2001年国家新课程改革首次提出在义务教育阶段设置综合实践活动课程的要求。2010年随着高中新课程改革的发展，综合实践活动课程——研究性学习课程才开始成为我国高中阶段的必修科目。虽然我国的综合实践活动课程是新课程改革后才出现的国家、地方、校本相结合的三级课程，但我国的综合实践活动课程研究成果丰富、形式多样。

首先，是关于我国综合实践活动课程基本理论的研究。目前关于这方面的专著有很多，其中较具代表性的有：郭元祥和伍香平编著的《综合实践活动课程的理念》[1]、张华的《综合实践活动课程研究》[2]、陈树杰的《综合实践活动课程引论》[3]。这些专著论述了综合实践活动课程的概念、特点、基本理论、活动要素等方面的内容。通过这些理论性专著，可以从多个角度认识我国的综合实践活动课程，并进一步明确综合实践活动在育人方面的重要作用。

其次，是关于我国综合实践活动课程实施状况的研究。除了对综合实践活动的含义进行研究的文章外，还有一些通过问卷调查、访谈、口述等方式进行实施状况研究的文章。这些文章的作者在不同地区和学校进行相关调查，并针对调查过程中出现的问题进行总结和建议。例如：郭元祥、姜平的《当前综合实践活动课程的现状与问题》[4]、杨启亮的《追寻意义：对课程改革实践的思考：基于对

---

[1] 郭元祥，伍香平. 综合实践活动课程的理念 [M]. 北京：高等教育出版社，2003：7.
[2] 张华. 综合实践活动课程研究 [M]. 上海：科技教育出版社，2009：6.
[3] 陈树杰. 综合实践活动课程引论 [M]. 北京：首都师范大学出版社，2010：7.
[4] 郭元祥，姜平. 当前综合实践活动课程的现状与问题 [J]. 基础教育课程，2006(8)：4-7.

某市小学综合实践活动课程的实地考察》①、冯新瑞和王薇的《我国综合实践活动课程实施现状调研报告》②。这些文章中提出的普遍性问题包括：一些地方不重视综合实践活动，学校落实不到位，出现不开课、少开课、假开课等影响综合实践活动课程效果的现象。其存在的原因则包括各地区客观条件不同，参与综合实践活动课程的教师水平差距大，地方落实不到位等。另外，一些论文以某地区的某所学校为研究对象，通过调查分析当地综合实践活动课程的实施情况。例如，黄雪然的《综合实践活动课程社区资源的开发与利用研究：重庆市北碚区个案分析》③、张伟的《农村学校综合实践活动课程区域推动研究：以枣庄市山亭区为例》④。以上文章从不同地区的实际情况出发，以个别学校为研究对象，对学校的老师和领导进行问卷调查并通过相关案例进行综合分析，具体说明了综合实践活动课程的实施现状，并对各地区的综合实践活动课程提出了合理性建议。综合上述文献，我们不难发现，我国的综合实践活动课程虽然起步晚，但由于我国的新课程改革十分重视综合实践活动课程的探索，所以取得了许多成果。同时我国的综合实践活动课程的开设情况，存在着明显的地区差异，开设效果参差不齐。综合实践活动课程依托于三级课程管理体系，因而国内学校对综合实践活动课程的实施所做的评述更多采用的是案例分析的形式。对以上文献的分析，为本书以案例方式进行的研究做出了借鉴与参考，本书将会深度观察和研究 BA 中学的阅历课程，以案例的方式来探讨综合实践活动课程开设的效果并进行反思。

最后，是关于我国综合实践活动课程评价的研究。众所周知，

---

① 杨启亮. 追寻意义：对课程改革实践的思考：基于对某市小学综合实践活动课程的实地考察［J］. 课程·教材·教法，2003（12）：6-10.

② 冯新瑞，王薇. 我国综合实践活动课程实施现状调研报告［J］. 课程·教材·教法，2009（1）：16-21.

③ 黄雪然. 综合实践活动课程社区资源的开发与利用研究：重庆市北碚区个案分析［D］. 重庆：西南师范大学，2005.

④ 张伟. 农村学校综合实践活动课程区域推动研究：以枣庄市山亭区为例［D］. 济南：山东师范大学，2014.

课程评价是影响和制约课程实施的主要因素。也有不少学者对综合实践活动课程的评价进行了探索与论述，比较有代表性的有张华的《综合实践活动课程研究》[①]、洪明和张俊峰的《综合实践活动课程导论》[②]、李树培的《综合实践活动课程评价从何处入手》[③]、胡婷婷的《综合实践活动课程评价的特质与表现性评价》[④]、翟晓菊的《对综合实践活动课程学生评价的几点思考》[⑤]、张丽非的《综合实践活动课程学生评价方法探究》[⑥]和任永力的《综合实践活动课程评价的研究》[⑦]等。通过研读以上文献，不难看出，在综合实践活动课程的评价方面，学者们有这样的共同认识：综合实践活动课程的评价与学科课程评价有着本质的区别，它不再以考试和分数为评价的主要方式和手段；综合实践活动课程的评价更加关注学生的学习过程以及情感态度价值观的变化，具有全面性、多元性和多样化的特点。这就要求综合实践活动课程的评价应该具有整体性特点，即应该在评价时把课程、教学和评价统一在一起，贯彻到各个活动中去。一方面，积极收集、记录和整理学生在综合实践活动课程中的表现和活动产品，如学生的研究报告、模型等，从学生成果的角度来观察评价课程；另一方面也应该把评价作为师生共同学习的机会，让学生成果成为学生生成性学习资源。此外，综合性实践活动课程的评价也应该特别强调学生参与，实现评价主体的多元化，坚持过程与结果的平衡。在评价的方式方法上，强调质性评价，实现定性评价与定量评价相结合。在上述文献中，很多学者都提到了用建

---

① 张华. 综合实践活动课程研究［M］. 上海：科技教育出版社，2009：269.
② 洪明，张俊峰. 综合实践活动课程导论［M］. 福州：福建高等教育出版社，2007：170.
③ 李树培. 综合实践活动课程评价从何处入手［J］. 中小学管理，2017（12）：13-14.
④ 胡婷婷. 综合实践活动课程评价的特质与表现性评价［J］. 教育测量与评价（理论版），2014（11）：35-40.
⑤ 翟晓菊. 对综合实践活动课程学生评价的几点思考［J］. 科教文化（上旬刊），2009（5）：85-89.
⑥ 张丽非. 综合实践活动课程学生评价方法探究［J］. 中小学教学研究，2017（5）：58-60.
⑦ 任永力. 综合实践活动课程评价的研究［J］. 学园，2016（3）：9-11.

立学生综合实践活动成长档案袋的方法来评价和记录学生的综合实践活动课程。这些评价的原则和方法对本书的研究有很大启发，在后文中将采取上述原则和方法来观察、评价 BA 中学的综合实践活动课程。

三、综合实践活动课程与学生素养之间的关系

课程评价是影响和制约课程实施的主要因素，对综合实践活动课程进行评价，是直接关系到综合实践活动课程把学生培养成什么样的人的重要问题，因此对综合实践活动课程进行评价应该特别把握对学生发展的重要作用。对于综合实践活动课程而言，它所具备的综合性、实践性、开放性特点，决定了这一课程对学生的全面发展有着重要的作用，因此，学生的全面发展水平是衡量综合实践活动课程实施效果的一个重要指标。对学生参与综合实践活动课程的态度、参与的次数、主题活动的探究方法、学生个人能力的发挥情况、相互协作的情况等方面的评价，是综合实践活动课程学生评价的重要内容，也是综合实践活动课程价值判断的重要依据[1]。

研究综合实践活动课程与学生核心素养或综合素质关系的文章并不多，代表性的有李宝敏的《核心素养视域下综合实践活动课程实施现状与对策研究》[2]和周金宇的《核心素养视域下小学综合实践活动模式探究》[3]等。这些研究肯定了综合实践活动课程对学生核心素养提升有着非常重要的作用，且综合实践活动课程的独特属性使这门课程对提升学生核心素养中的创新精神、实践能力、社会责任感以及良好的个性品质等方面都有着非常重要的作用。此外，还有部分研究者以课程案例的方式呈现了综合实践活动课程与学科学生核心素养的关系，例如，纪成涛的《让孩子自由选择课程：基于学

---

[1] 杜建群. 综合实践活动课程理论与实践 [M]. 北京：北京师范大学出版社，2014：132.

[2] 李宝敏. 核心素养视域下综合实践活动课程实施现状与对策研究 [J]. 教育发展研究，2016，36 (18)：46-54.

[3] 周金宇. 核心素养视域下小学综合实践活动模式探究 [J]. 人生十六七，2018 (2).

生核心素养的"2+X"共生课程的构建》①和徐欣的《开展多彩活动日 点燃缤纷梦想秀》②等。这些文章都是以学校开设的校本综合实践活动课程为例,介绍课程设计方案,呈现学生在课程中的实际表现,通过质性分析与评价的方式来描述和分析综合实践活动课程与学生核心素养提升效果之间的关系。

第三节 学校特色课程文化整合

一、课程整合概述

"课程整合"(curriculum integration)也被称为"课程统整",是一个复合名词,由"课程"和"整合"两个词组合而成。"整合"是将单独的要素综合成一个整体。课程整合的含义是为了实现课程的特定目标,对不同课程具有关联性的知识重新建构的过程。不同学科的知识通过课程整合被整合为一个系统的有机整体。

专家学者们从不同角度将课程整合界定为以下几个方面:

(1) 课程整合是课程的一种形态。课程整合是基于知识的关联性,把孤立的多学科知识整合为综合性课程③。为了实现特定的课程目标,郭元祥提出"课程一体化",强调不同课程和学习实践活动联系在一起,实现课程的完整性④。

(2) 整合学生的学习经验和知识。课程整合应给予学生更多自主学习的机会,让学生根据自身特点对所学知识和学习经验进行整合,达到知识与经验相结合的目的。泰勒认为课程整合不仅应该是对自身所学知识与经验的整合,而且应该是将学习经验应用到另一个领域中,最终完成知识与经验相结合的体系⑤。

(3) 课程整合是课程的一种设计方式。黄甫全认为课程整合

---

① 纪成涛. 让孩子自由选择课程:基于学生核心素养的"2+X"共生课程的构建 [J]. 山东教育,2017 (6):12-15.
② 徐欣. 开展多彩活动日 点燃缤纷梦想秀 [J]. 基础教育参考,2017 (9):26-28.
③ 庞红卫. 香港"课程统整计划"及其启示 [J]. 上海教育科研,2001 (7):24-27.
④ 郭元祥. 新课程中课程整合的理念与策略 [J]. 语文建设,2002 (3):4-6.
⑤ 林智中,陈健生,张爽. 课程组织 [M]. 北京:教育科学出版社,2006:11-12.

是课程设计的一种方式,学生和老师是课程的主体①,单独的学科知识通过课程重新构建和整合,变为整体性的综合性的知识体系。

本书中的课程整合是基于多学科关联性的知识,采纳学生的建议,在科学知识、社会经验、情感体验等多个层面整合设计,将其整合为综合性的课程形态。

课程整合已经成为国际组织倡导和各国实行的课程改革中一项非常重要的议题。一方面,新科技的兴起,新问题的产生,新领域的形成,信息量知识量的增加,知识更新速度的提高,要求学校培养更高标准的"完人"②。"完人"是指人格完善的人。把一个人的情感、智力和体力等因素全部整合起来,培养一个人格完善的人。"完人"的充分发展是具有整体性的,在课程发展中必须不断地学习新知识并进行整合,实现整体提升。另一方面,学校科目繁多,新知识无法归入现有的科目,零散的知识不能满足学生实际社会生活的需要;学科之间缺乏横的衔接和纵的连贯,造成脱节和重复的现象;学科跟学生的校园生活、社会生活脱节。"现代世界,在某种全新意义上,已经成为一个互动体系,而我们对此却知之甚少。"③

二、国外的课程整合理论

课程整合作为一种课程理论和新形态,产生于19世纪中期的欧洲。据考察,最先提出教学整合的是德国教育家德里希·赫尔巴特和英国教育家赫伯特·斯宾塞。赫尔巴特提出"统觉整合"(integration of apperception),认为统觉过程是把许多感觉散片结合成整体。其弟子齐勒创造性地提出了以历史、文学和宗教为中心的"学科整合法",从而开创了课程整合的历史。斯宾塞提出"心理机能整

---

① 黄甫全. 现代课程与教学论[M]. 北京:人民教育出版社,2011:69.
② 联合国教科文组织,国际教育发展委员会. 学会生存[M]. 北京:教育科学出版社,1996:192-195.
③ 汪辉,陈燕谷. 文化与公共性[M]. 北京:生活·读书·新知三联书店,1998:521.

合论"，认为事物的发展都经历了分化过程以及整合过程。任何事物都是在分化与综合中实现进化①。从 20 世纪 20 年代末开始的进步主义教育运动兴盛至今，课程整合已经成为课程研究与实践领域的一个重要议题②。

在课程整合的发展阶段划分问题上，董诞黎等人在《课程整合：课堂教学新变局》中按照以下三个阶段进行阐述：近代西方课程理论—现代西方课程理论—世纪之交的课程整合理论。其中，近代西方课程理论分为：发轫（以赫尔巴特为代表的课程整合论）、发展（以杜威为代表的课程整合论）、争鸣（三大基础课程整合理论并举）。在三大基础课程整合理论中分别介绍了以知识为中心、以儿童为中心、以社会为中心的整合理论。区别于董诞黎等人在时间维度上的概述，黄志红在《课程整合的历史与个案研究》一书中采用"目的·方式·内容"的三维分析，对课程整合进行历史回溯，即从"为什么进行课程整合？""如何实现课程整合？""课程整合什么？"三个维度阐述。这三个维度，把课程整合的起源和发展归结为四个时期：以知识为中心的起源期、以儿童为中心的兴盛期、以社会为中心的式微期和多元取向的复兴期。对此，高凌飚在《课程整合的历史与个案研究》的序中评价：黄志红从这三个维度阐明了 20 世纪以来课程整合的起源、兴盛、式微和复兴的历史，在国内是首次。

1918 年到 1948 年，美国掀起课程改革的热潮，课程改革的起因是学校教育的社会实践性被教育界人士否认。社会需要具有特定习惯、能力、态度和知识的人，已有的课程不能满足这个需求，课程改革势在必行③。20 世纪 60 年代，泰勒在《课程与教学的基本原理》一书中，对课程理论加以阐述，提出了著名的"泰勒原理"。推动了课程理论的飞速发展。泰勒采用了行为科学的研究方法，其教育目标的确定、教育经验和教育评价等都建立在实证研究的基础上，

---

① 许建领. 高校课程综合化的渊源及实质 [J]. 教育研究，2000（3）：25.
② 黄志红. 课程整合的历史与个案研究 [M]. 广州：广东高等教育出版社，2013：30-31.
③ 艾兴. 建构主义课程研究 [D]. 重庆：西南大学，2007.

为后来的课程理论的研究奠定了强大的理论基础①。

由于近年各国、各地区的课程改革运动极为活跃,相应的,新的课程理论不断涌现,主要有:结构课程理论,强调以学术为中心;改造课程理论,重视社会问题;人本主义课程理论,以学生发展为中心;等等。以儿童生活经验为中心的课程理论弥补了以学科为中心的缺点,发现了学习中学生所起的作用,对现代课程的改革起到了必要的理论引导作用。

三、课程整合的学理依据

(1) 哲学依据。

哲学是整体的学问,客观世界具有不可分割的系统性与整体性,关于客观世界的知识也是一个联系紧密的整体。在哲学的视野中,认识的价值追求在于整体把握认识客体,具有一般性和普遍性的内核。哲学提倡以文化的统一性来整合教育和课程,要把学生与课程整合于人的学习生命存在及其活动中。因此,在哲学视域下,课程整合是对于"不断地将人、万事万物、各种形式的运作以及物质与精神生活上的各种情境相互碰撞在一起,以促进思想及行为准则进化到更高层次的整合"②。

(2) 社会学依据。

在开放的社会中,多元化的知识结构的存在推动着知识走向"整合",同时也使学科失去了固有的界限③。从社会学的观点来看,课程整合可以降低知识彼此孤立的关系,降低个别分离内容的权威,重视社会和个人的关系,弱化社会中的权威结构。

(3) 心理学依据。

诸多心理学派及心理学家对人的观念和认知活动进行过实证和思辨的研究,其中关于观念和认知活动的整合性在不同层面已达成共识。从赫尔巴特的"意识动力结构学说"中"统觉团"的"复合"

---

① 艾兴. 建构主义课程研究 [D]. 重庆:西南大学,2007.
② 黄译莹. 统整课程系统 [M]. 台北:巨流图书公司,2003:49.
③ 吴康宁. 课程社会学研究 [M]. 南京:江苏教育出版社,2003:56-57.

或"融合"到"格式塔"中的"心物同型论",课程整合的产生以此为基础,综合课程的发展更加以此为基础①。多数课程理论学者认为,课程整合为学生提供了认知现实世界整体性的机会,能帮助学生学会运用多种观点分析问题,能提高学生对知识进行迁移性运用的能力,还能使学生更好地掌握知识。课程整合能够适应学生学习的心理特征和认知特点。

四、课程整合的发展

课程整合能够突破学科间的壁垒,整合课程内容,围绕主题进行教学,形成合理的结构,减少冗余内容,构筑清晰的框架。课程设计关注学生个体的综合学习,课程以知识的关联性、个体儿童的体验和社会生活为基础进行整合。因此,以下从多个方面阐述课程整合的发展:

(1)以知识为中心。

课程整合的起源可以追溯到19世纪末,赫尔巴特提出"统觉整合"。赫尔巴特认为心灵是一个统一体,提出人的自我意识的统一性(unity of self-consciousness)概念。因此,在教育中应注重心智和灵性的融合,以及新旧经验的相互关系。他认为教育的最终目的是学生的意志力得到培养,同时注重美德的形成。孤立的学科不利于学生形成全面发展的完整人格②。他的弟子继续发展这一观点,成立了赫尔巴特学派,倡导整合运动(integration movement),主张将单独学科整合联系,促进学校教育的发展。早期的人类发展历史与儿童的发展有关,所以为儿童设计的不同科目就应该与早期的历史相互联系③。齐勒把历史作为课程整合的线索,结合宗教和文学内容,并以此为整合的中心,再和多学科加以关联④。麦克默里(MacMurray)也是赫尔巴特思想的支持者,在修正齐勒观点的基础上,认为

---

① 有宝华. 综合课程论[M]. 上海:上海教育出版社,2002:36-67.
② 张华. 课程与教学论[M]. 上海:上海教育出版社,2000:46.
③ BEANE J A. 课程统整[M]. 上海:华东师范大学出版社,2003:28.
④ 钟启泉. 现代课程论[M]. 上海:上海教育出版社,1989:88.

课程整合应以地理为中心。他将地理看作中心学科,整合其他多学科①。

20世纪前期,赫尔巴特和他的支持者提出的知识本位,在课程整合方面有了一定的发展。在关联、广域和融合课程方面,他们做了深入的研究。以知识为中心的整合课程,已经在一些国家实行。美国、日本等国家开设了以知识为中心、整合自然与社会的科目②。以知识为中心的课程整合缺陷在于:仅仅将学科内容作为课程的核心内容,学生、环境和教师等课程要素被忽视,特别是学生这一学习主体的缺失,容易进入"教科目,而不是教孩子"的误区。

(2) 以儿童为中心。

课程整合兴盛于20世纪初,主要是以儿童为中心进行课程整合。当时,人们反对保守的教育政策和以宗教、历史等领域为教育中心的偏激思想和行为,开始质疑齐勒的课程理论。更多的专家学者开始以儿童发展为出发点,从儿童的立场出发,重新进行课程的整合,逐渐形成了新的课程整合理论,即儿童中心论。这个理论的支持者有教育家帕克,他提出课程整合应该尊重和遵循儿童的成长需要,并以此为设计原则,对以儿童为中心的教育方法给予详细解释,认为学校应该把学生作为教育工作的核心,有效整合课程学习和实践活动。帕克的《中心整合法的理论》一书更加系统地阐述了这一理论。帕克的观点为这一时期的课程整合运动提供了理论基础③。20世纪三四十年代,课程整合得到了更加快速的发展。代表人物杜威认为,教育就是生活,学校就是社会,需要将学生的发展作为中心进行课程设计,通过各种各样的互助合作活动,培养儿童的生活方式。杜威提出:"目前所分离出的多门学科,并不是以儿童为中心的经验产物,而是科学研究发展的产物。繁多的科目把知识

---

① 布鲁巴克. 西方课程的历史发展:下 [M] //瞿葆奎. 教育学文集:课程与教材:上册. 北京:人民教育出版社,1988:121.

② 董诞黎,胡早娣,邵亦冰,等. 课程整合:课堂教学新变局 [M]. 杭州:浙江大学出版社,2012:74.

③ 黄译莹. 统整课程系统 [M]. 台北:巨流图书公司,2003:39.

分类分解，儿童的知识体系也随之被割裂，完全忽略了儿童作为一个整体需要什么样的教育，需要什么样的课程。"因此，杜威主张不能把教材视为一成不变的东西，教材不是孤立存在的，而是要把儿童的需要和经验结合在课程中，形成整合性的教材①。这个时期的课程整合，出发点为儿童的经验，旨在培养儿童的个性发展，将学科知识整合到学生的活动中。

以儿童为中心的课程整合缺陷在于：课程整合的出发点是儿童的兴趣，课程的内容和结构由儿童的兴趣决定，但儿童的兴趣存在偶发性和个别性，将很难形成一个共同的学习计划，而且知识的深度、广度也难以保证。儿童中心学校的活动很大程度上是为活动而活动的，很少是为了一个明确的目标而开展活动。在这种情况下，完全由儿童自己去创生课程，其结果只能是令人失望的②。

（3）以社会为中心。

20世纪中后期，以多种科目为核心课程的形式代替了学科本位的课程整合模式。例如，语文学科取代了语法知识、写作方法、阅读等科目，社会学科取代了地理、历史学科，整合学科取代了原本固定的孤立的学科。课程整合的原则开始以社会的需要为出发点，以社会作为中心③。20世纪40年代中期，整合课程的取向被保守派批判，保守派认为学生的学术水平发展受到局限，对社会的发展不能起到促进的作用。美国的一些中等学校，将整合的课程又分割到单科形态，对综合课程的重视程度下降。1960年，布鲁纳的《教育过程》出版，更加强调了学科本位的思想，学科结构又取代了整合课程④。

（4）多元取向。

20世纪八九十年代，人们开始重新重视整合课程。由于课程的

---

① 杜威. 杜威教育论著选[M]. 上海：华东师范大学出版社，1981：116-117.
② 坦纳. 学校课程史[M]. 北京：教育科学出版社，2005：170.
③ 熊梅. 当代综合课程的新范式：综合性学习的理论与实践[M]. 北京：教育科学出版社，2001：12.
④ BEANE J A. 课程统整[M]. 上海：华东师范大学出版社，2003：35-38.

科目不断增加，知识琐碎、重复的问题越发严重。学生负担加重，教学效果受到影响。同时，社会发展的需求，给学校课程提出更高的要求，课程改革势在必行①。由此课程改革拉开序幕，课程整合重新得到重视，并开始多元发展。课程整合更加侧重多学科和科际整合，以"跨学科"（trans disciplinary）、"超学科"（supra disciplinary）、"科际"（inter disciplinary）、"多学科"（multidisciplinary）的形式出现在各个文献中②。

20世纪90年代，课程改革在世界各国以及各地区开始推行。各国、各地区逐步追求以儿童生活和经验为导向的综合课程，开始深入研究综合课程。尤其值得一提的是美国学者H.H.雅克布斯（H. H. Jacobs），他把课程整合的设计策略分成六个类别，在理论层面提出全部的综合课程都与其他科目相关联，开始用多种方法来思考跨学科课程，从具有广泛学科基础的单元发展到完全的整合课程计划。

20世纪末至今，多元取向的课程整合开始盛行，这种形式将学生和知识相联结，社会和知识相联结，知识和知识相联结，各个学科内部知识相联结，不同学科间知识相联结，等等。

五、我国课程整合的实践历程

我国的课程整合研究起步较晚，却表现出积极发展的态势。1992年，我国正式颁布《九年义务教育全日制小学、初级中学课程计划（试行）》。这是中华人民共和国成立后第一次将"教学计划"更名为"课程计划"。在这个计划中，学校的各种教育活动和社会实践活动课程被正式纳入国家课程计划，在以分科课程为主的前提下，适当设置了综合课程，如小学新增了"社会"课程。

浙江在九年义务教育课程改革中，将"社会"和"自然"两门综合课程纳入初中教学计划。辽宁、上海和广东等地也进行了社会类学科的专门设计，同时也开始研究设计自然类学科。湖南实施了

---

① BEANE J A. 课程统整 [M]. 上海：华东师范大学出版社，2003：145-178.
② 同①41.

小学综合课程试验，在小学多个年级分别开设社会、生活、学习、创造、思考、技术等多门综合课程。学校层面的课程开发也蔚然成风，如上海市大同中学、北京十一学校的综合课程实验[1]。

我国课程整合的产生与推进得益于两个大的社会背景：教育信息化的发展和课程改革。

21世纪的教育课程改革，将课程整合作为重点改革方向。2001年6月，我国颁布了进入21世纪后的第一份课程改革指导文件《基础教育课程改革纲要（试行）》，提出综合课程主要在小学阶段开设，综合课程与分科课程相结合的方式适合初中阶段学生的特点，将以分科为主的课程安排在高中阶段。这次改革的重要目标就是课程整合，重新调整一成不变的课程分类和课程配比，弱化学科本位，简化科目，根据本地区学情和学生的发展特点，实现课程结构的均衡性、选择性和综合性[2]。

2010年发布的《国家中长期教育改革和发展规划纲要（2010—2020年）》提出：减轻学生课业负担是全社会的共同责任，政府、学校、家庭、社会必须共同努力，标本兼治，综合治理。学校要把减负落实到教育教学各个环节，给学生留下了解社会、深入思考、动手实践、健身娱乐的时间。深化课程与教学方法改革，推行小班教学。可见，我国基础教育课程的整合，已在国家政策层面有了明确的指向。

例如，2012年清华大学附属小学依据国家课程标准，在校长窦桂梅的带领下进行了学科内整合、学科间整合、学科内外整合相结合的改革。学科内整合：学校组织专业教师队伍以学情为基础，制定出各个学科的目标体系，重新编制了教材的目标指南。目标指南将总的课程标准细化为具体的学期目标。明确了每个学期每个年级的教学目标和应该达到的学习水准，充分解读了课程标准[3]。学科间

---

[1] 潘洪建. 我国课程试验20年：回顾与展望 [J]. 课程·教材·教法, 2002 (2)：1-7.
[2] 教育部关于印发《基础教育课程改革纲要（试行）》的通知 [EB/OL]. http://www.moe.gov.cn/srcsite/A26/jcj_kcjcgh/200106/t20010608_167343.html.
[3] 窦桂梅. 新课改背景下课程整合的实践探索：清华大学附属小学"1＋X课程"育人体系建构的案例研究 [J]. 教育研究, 2014 (2)：154-159.

整合：把不同学科的相关联的知识，系统地整合在一个主题单元进行学习。学科内外整合：每学期，引导学生针对生活中某些方面的问题展开实际研究，在夯实知识的基础上，提高学生学习能力并发展其个性[1]。

平湖市乍浦镇天妃小学作为浙江省第一批课程整合实验学校之一，自2014年9月起，校长屠园中带领全校教师将12类课程综合化，并归为四大类：（1）把校本课程、综合实践活动课程和地方课程整合为综合实践课。（2）把科学、信息和数学整合为数学与科技课。（3）把英语、品德和语文整合为语言与社会课。（4）把音乐、美术和体育整合为体育与艺术课[2]。

山东省济宁市梁山县第二实验小学在常乐和王军仁的带领下，以"整合课程促进学生内涵发展"为指导思想，整合基础教育课程和拓展实践活动课程，重构独特的课程体系。特别是采用单元整合的策略，将学校开设的全部课程整合为主题化的结构模式，提高学生的综合素质[3]。

六、我国的课程整合方法

我国的课程整合主要分为以下四种整合方法：第一，建立综合课程，即把内容相近的学科整合为一门新的学科。如小学开设的思想品德课程，通过与社会生活实际整合，重建为品德与生活。中学的课程也出现了文科综合和理科综合。第二，学科与信息技术的整合。多媒体的应用与课程知识相结合，生动丰富的多媒体素材，为课程知识的学习提供了生动的呈现方式。第三，学科内部的整合。更多的学校将改编课程作为整合实践的主要方式，梳理学科内部知识结构，联系学科间相关内容。具体方法有以下两种：其一，不同学科相关联的内容，整合再构。其二，主题式教学，即通过把各个

---

[1] 窦桂梅. 新课改背景下课程整合的实践探索：清华大学附属小学"1+X课程"育人体系建构的案例研究［J］. 教育研究，2014（2）：154-159.

[2] 屠园中. 天妃小学课程整合改革的探索［J］. 中小学教材教学，2015（2）：63-65.

[3] 常乐，王军仁. 中小学课程整合的问题与反思：以梁山第二实验小学为例［J］. 教育与管理，2015（4）：40-43.

学科的相联系的内容提列出来，整合为一个主题单元，实现教学内容整体化和资源的优化[①]。第四，学科内外的整合。如清华大学附属小学组织学生研究生活中的问题，以此带动学科内或者学科间的课程整合，在融会贯通知识的基础上，提高学生的综合能力并发展其个性。

2014年《教育研究》刊登了窦桂梅的一篇文章——《新课改背景下课程整合的实践探索：清华大学附属小学"1+X课程"育人体系建构的案例研究》，该文以清华大学附属小学的课程整合实践为案例，提出打破分科教学的固有模式，主张大力开发校本课程，将其与国家基础课程相结合，构建一套新的更具完整性的课程体系；研究展示了清华大学附属小学通过多样化、全方位的课程整合，构建了适合本学校学生发展的育人体系，"1+X课程"实践取得了很好的成效。

浙江省在2014年初由省教研室牵头，在全省32所学校开展了小学课程整合改革试验，2014年11月各课程整合改革试验学校在平湖市乍浦镇天妃小学进行了交流。天妃小学的师生向与会代表展示了他们的课程整合改革成果。2015年《中小学教材教学》刊登了天妃小学校长屠园中的《天妃小学课程整合改革的探索》一文。改革的具体实践方式有：（1）合并学科课程，体现综合化。（2）重组学科课时，体现选择性。（3）调整任课教师，实现生本化。其优势是把多门课程整合为四大学科：校本综合、数学与科技、语言与社会、体育与艺术。但从人本主义理论出发来考虑，学生的自主性发挥和选择还不够充分。

2015年4月，《教学与管理》发表《中小学课程整合的问题与反思：以梁山第二实验小学为例》一文。山东省济宁市梁山县第二实验小学通过构建学校整合系统规划方案、打破学科壁垒、推动教师专业发展等方式，分层次逐步推进本校课程整合的实施，探索出一条适合本校的课程整合体系。以此为鉴，未来中小学课程整合的发展应该树立一体化的理念，将学生的发展水平作为课程整合的评价

---

① 宋松平. 学校层面的课程整合[D]. 上海：上海师范大学，2007.

目标，加强理论与实践的相互融合，建立学校特色课程体系。

2017年6月，《中小学校长》刊登了《课程整合的困境、内涵与路径：以山东省淄博市临淄区晏婴小学为例》一文。文章记录了山东省淄博市临淄区晏婴小学借鉴国内外课程整合的成功经验，科学定位课程整合目标体系，探索多元整合路径，在完善评价保障机制等方面做了研究与探讨。晏婴小学的课程整合实践方式为：（1）开展"学生学习起点调研"，定位课程整合方向。（2）加工学生课程标准，探索课程整合路径。（3）改进学科育人功能，实施主题、阶梯教学。（4）强化课程表现性评价导向，激发学生学习动机。（5）完善制度机制，协同推进课程整合。晏婴小学的整合方式更加鲜明地体现了学生的自主性和参与性。

七、课程整合存在的问题

课程整合作为国内外教育改革的基本趋势，为课程结构的重新建构提供了有效的途径。同时，面对繁杂的科目内容，课程整合可以有效地减轻学生的学习负担和教师的教学压力，培养学生的综合发展能力。纵观国内外的课程整合理论和实践的研究，国外的研究开展得较早一些，研究内容更加丰富，研究的深度和广度均处在领先位置。因此，国内的课程整合研究还需要系统的探索实践。

目前国内的课程整合研究存在的主要问题有：第一，国外的课程理论及实践对我国课程整合的实践产生了重要的影响。中国社会和教育的现代化不得不从学习国外的理论及实践开始[①]。我们应该立足国情，对国外的理论进行选择与改造。第二，学科限制性强。大多数学校难以摒弃学科本位思想，课程整合的实践多以一门主要学科为核心，加上另外几门学科的知识。这种直接拼凑的课程结构，并不能达到系统的整合，只是知识的拼凑、学科内容的累加。这种形式上的整合，没有考虑学生的发展需求，更没有联系社会对人才的需求，并非真正意义上的课程整合。第三，综合课程中，多为叠

---

① 于述胜，刘继清. 课程改革应保持必要的文化张力[J]. 课程·教材·教法，2005(8)：84-86.

加式整合。学校设置的综合课程，综合的内容达不到高度融合，逻辑结构缺乏严谨性和科学性，不能给学生提供完整的知识体系。开设的综合课程没有发挥原本的作用，徒增了教学负担。第四，课程整合以知识重组为主，忽略了学生的兴趣点和参与性。课程整合没有从学生实际的情感和对能力的需求出发，单纯整合教学内容，同时缺乏学生参与的实践活动设计，缺乏统一协调，大都没有达到预期的效果和目标。

针对当前我国课程整合发展存在的问题，可以得出，课程整合的研究方向需要及时得到调整。(1)突破固有的学科间的壁垒。应当淡化学科界限，结合学生的生活和社会体验活动，提列出学习的主题，以主题为中心对多学科进行关联内容整合，达到整体性、科学性、系统性的整合目标。(2)从学生长期发展的角度出发，开展跨年级的课程整合。将不同学段、不同年级的课程进行系统的整合开发，达到更加高效的减负，加强长线的综合课程的开发。(3)加强多地区的协同开发，建立地区性的课程整合体系。

第四节　学校特色课程体系构建

一、构建特色课程载体

课程是指学生学习的学科总和及进程安排，是学校特色目标得以落实的重要载体，也是学校教育的实施载体，课程有着固定的时间、固定的教师、固定的学生和固定的体系知识。要使每位学生都能理解和认可学校特色，学校就必须将这些思想上的理念，通过文字、图片、视频、卡通人物等通俗易懂的形式，以书籍为载体生动形象地展现给学生，将学校特色建设成课程，使学生通过体系化课程的学习贯彻学校特色思想，增强自信，全力支持学校特色建设工作的开展。

"课程体系"更多地包含了系统的意味。也就是说，学校课程体系并不是零散课程的随意堆砌，而是学校课程系统化的总和。可以说，学校课程体系是一个立体式的顶层建构，学校基于自身文化形成特色,将国家课程、地方课程和校本课程三级结构有机地融合在一起,而目标最终指向学校发展。

学校课程体系建设就是一种动态的课程整合过程,需要学校在三级课程的开展中,寻找办学理念与课程目标、内容、资源等的共通点,通过一系列手段使其在目标、内容和资源等方面相互融合,促进课程整体的优化,实现学校整体课程的系统性贯通。从已有研究可以看出,学校的课程体系建设主要聚焦两个方面:第一,学校的课程体系如何将纵向的三级课程进行有机整合,完成立体建构,目标指向学校教育的长远发展以及可持续的优质发展。第二,学校的课程体系如何将横向的不同学科课程进行有机融合,促成更好的教育效果,在渐进过程中通过找寻课程的内在目标、内容以及资源上的相通之处,在实践层面实现层级发展,目标指向课程整体上的贯通和融合。

(一) 特色课程设置

2001年教育部颁布的《基础教育课程改革纲要(试行)》指出:"学校在执行国家课程和地方课程的同时,应视当地社会、经济发展的具体情况,结合本校的传统和优势、学生的兴趣和需要,开发或选用适合本校的课程。"[①] 为更好地适应不同地区、学校、学生的需求,我国实行国家、地方和学校三级课程管理制度,校本课程便是学校特色的载体。校本课程是在有效实施国家和地方课程的前提下,由学校自主设计开发,充分利用学校资源,结合本校实际,展现本校特色的课程。校本课程的开发极其重要,不仅可以弥补国家、地方课程开发的不足,而且可以根据学校独有资源形成特色课程。将学校特色课程化,能满足学校学生个性化、多样化发展的需要,提升教师专业能力,促进学生全面发展。社会和家长也能够通过特色课程体系培养下学生的综合表现,对学校特色建设的成效做出公正的评价。但要注意的是,在校本课程的开发过程中,必须遵循科学和适度的原则,设置校本课程的频率和周期,通过合理的课程体系

---

① 教育部关于印发《基础教育课程改革纲要(试行)》的通知 [EB/OL]. http://www.moe.gov.cn/srcsite/A26/jcj_kcjcgh/200106/t20010608_167343.html.

使学校特色理念得到深化落实。

校本课程的开发可以通过总结教学经验、应用教研成果、参考学校历史传统、邀请专家设计等方式进行。开发过程中应摒弃过去以课本为单一内容来源的课程结构，要综合社会资源、学校特色和学生发展等不同因素构建多元化的学校课程体系，交叉设置国家和地方的校本课程、基础和选修课程、显性和隐性课程、学科和活动课程等不同类型的课程。其中，选修课程和活动课程是学校特色的重要载体，须从学生的真实需求出发设置不同的兴趣选修课程，做好前期调研工作，充分考虑教育对象的身心特点，因材施教，重视每个学生的特长，使学生在选修课的学习中展现其突出的个性，并使其得到进一步的培养和强化。开发课程时须遵从特色办学理念的指导，从教学模式、教案设计、教学用具、教学时间等各方面体现学校特色。在活动课程和校本课程的设计安排上须遵从科学、合理、适度的原则，定期适量地针对每个年级的学生设置符合学生特点和兴趣的课程。

（二）特色课程教学

学校特色建设要求教师在开展教学活动时以学生为中心，促进学生个性化发展，通过系统科学地规划课堂教学活动，形成独具特色的教学计划，通过课堂实施和课后改进，形成独具特色的教学模式，规范备课、上课、作业、辅导和测试等常规环节，通过赛课、听课、评课等方式开展教学研讨，发现问题并解决问题，探索改进教学模式的方法，达到知识与特色并重的教学结果，加强教研人员对教案、学案的研究，使教学活动趋于科学化。

教师应结合自身特点和教学经验，形成具有自身特色的教学方法，展现个性化的教学特色，因材施教。教师应尊重信任学生，引导学生自主发展，重视学生的个性发展，给予学生自主选择权，使学生可以根据自己的学习能力和学习进度自主安排学习节奏，根据学习目标和爱好兴趣自主选择学习课程和内容，根据学生特点对学生进行分组，开展针对性教学，有效利用课堂时间，鼓励学生进行自主思考和推理，开展互动活动，营造开放、活跃的课堂氛围，建立良好的课堂秩序并提高课堂效率。在对学生的评价上，教师应根据学生平时、期末、课堂表现综合、客观、全面地评价学生，促使学生凸显个性，激发学生学习兴趣，提升课堂教学效果。

在特色课程化的过程中，需要加强课程鉴别和整合的能力，根据活动课程的实践效果选择有利于学生全面发展的活动，删减无用活动，在固定时间内适当减少重复活动的数量，加强同类主题活动的合并和协作，增进不同学科之间的联系和交流，在有限的课堂时间内深化学生理论知识的学习，缩减部分活动的时间，提升课堂教学的效率。

二、通过多样化教学落实课程体系

（一）采用主题式教学方法

主题式教学方法，是围绕一个主题将关联的学科知识整合在一起的教学方法。主题式教学方法遵从综合课程的整合思想，可以简化学科、重组知识结构，有效促进学生的整体认识和整体的思维能力。

主题的选择应基于人本主义理论和整体主义思想，结合学生感兴趣的问题，结合当今社会热点问题，完成主题的设定。主题相关知识点的统整，需要遵循当前学生所处的发展阶段和年龄特征。以主题为中心的课堂活动的安排，应采用多种活动方式，提高学生的综合实践能力。

（二）教学实施环节采用探究、实验、讨论等方法

在教学实施过程中可采用多种教学方法，让学生在小组合作、实验、讨论、探究、示范等活动中，体会到小组分工合作中不同角色的任务，以及如何相互配合，共同完成小组目标任务，进而完成小组间信息的交互学习，丰富学生的知识储备，培养学生自主学习的能力。多种教学方法的应用能够激发学生自主探究的热情，提高学生解决问题、与人合作、动手操作、语言表达等综合能力，有效促进学生的综合发展。

（三）不同主题采用不同方法

不同的主题需要采用不同的教学方法，以下三类主题的相关建

议方法如下：

（1）科普类主题。偏重运用语言方式，借助视频、文字等系统地向学生传授知识、传播思想，培养学生的思维能力。可主要采用讲解法、谈话法、讨论法、讲演法等，必要时可加入实验法、模拟法等。

（2）问题探究类主题。问题探究类是学生为了寻求问题的答案，通过自主独立的探究活动来获取知识和信息。可以主要采用问题法、探究法和发现法等，也可通过实验法验证答案。

（3）实践类主题。实践类是学生通过参加实践活动来丰富知识和经验。实践活动主要有研究性学习、实验、社会实践等。以此来帮助学生积累更多的社会经验，提高其解决问题的能力。建议主要采用示范法、模拟法、项目法等。

（四）不同年级采用不同方法

根据整体主义提出的一个完整的人具备的六个基本要素，不同年龄的学生认知水平、情感经验和实践能力有较大差别，针对不同年级建议采用适合学生年龄特点的教学方法。

一二年级的学生，在智力、体力和情感方面刚刚起步，认知水平较低，可以主要采用讲解法、谈话法、讨论法、讲演法，也可加入演示法、模拟法等。

三四年级的学生，特别是在交际、灵性等方面有所提高，可以在科普类主题的基础上，适当加入问题探究类和实践类主题学习。可以增加问题法、发现法、示范法、模拟法等。

五六年级的学生，六个基本要素整体有所发展，特别是体质、审美和交际方面，比低年级有较大的提高。有一定的知识储备，基本具备独立思考能力，行动力也有所提高。建议以问题探究类和实践类主题为主，更多采用探究法、发现法、示范法、模拟法、项目法等。

三、丰富课程资源

班内足够的活动空间会促进学生课堂活动的有效开展。布置综合课的专业教室，便于开展活动，有更多空间上课。增加功能教室还可以保证相关实验的完成。专业教室的开设也体现了对综合课开展的足够重视，课堂教学实施也会更加正规化。

当今互联网可以作为获取教学资源的强大的资料库，合理利用丰富的网络资源，可以为教学提供更加生动的视频、图片和文字讲解，在激发学生兴趣的同时，节省了老师创编的时间，大大提高了教学效率。因此，学校可以适当增加媒体设施和设备的投入，为综合课程的高效教学提供硬件保障和软件支持：（1）班级配备电脑、音响、投影仪、电子白板等。（2）学校统一购买一些专业教育网站的使用权限，为教师和学生提供更加便捷、更加生动的教学资源。（3）可以使用一些应用软件，增加教师和学生的参与性，采用线上线下相结合的教学方式。（4）集体教研组内，可开通网盘及时分享教学资源、教学策略和教学反思等。

可聘请高校教师或科研人员，定期来学校做兼职综合课教师，教学生如何做研究、如何做观察性记录等，以保证综合课的教学质量。还可以请综合课程研究的专家，定期给学校教师做专题讲座。教师们通过学习课程整合的理论和实施策略，提高对综合课程的准确认识能力和整合能力。学校可以为教师安排学习参观的机会或和实验校联谊等，相互交流，共同提高。另外，还可以为教师购买相关著作和期刊，为教师的学习和研究提供强大的理论基础和实践案例资源。

第三章 社会组织参与下的学校特色发展

第一节 社会组织的概念及参与教育治理的身份演变

一、社会组织的概念

从广义上来看,社会组织的概念强调以国家和社会的分野为基础,更多地强调这些组织的民间性,即民间为了实现一定目标而自发组织起来的人的集合。可以说,在政府和企业以外由个人或者是团体形成的,在管理上具有自主性,为了维护社会和谐发展以及个人互益而成立的组织都可以称作社会组织。组织形式可以是正式的,也可以是非正式的。具体说来,美国教授莱斯特·萨拉蒙(Salamon)认为,社会组织具有以下五方面特征:(1)组织性,是合法的组织机构;(2)非政府性,组织的主要资源不是来自政府;(3)非营利性,组织运行不是为组织积累利润,若有营利,也必须用于组织使命规定的事业;(4)自治性,有不受外部控制的内部治理机制;(5)志愿性,组织治理与活动都表现出志愿性[1]。

但是由于我国大多数"社会团体"挂靠在政府主管部门之下,而一些没有挂靠在政府主管部门之下的民间公益组织则选择登记成

---

[1] SALAMON L. Nonprofits: the results are coming in [J]. Foundation news, 1984 (26): 16-32.

为"民办非企业单位",也因此需要纳税。面对如此复杂情形,王名等人认为,研究中国民间组织时,其实不必过于计较是否符合萨拉蒙的标准[1]。因此,结合众多已有理论与实际情况,本书所指的社会组织是指在教育领域,以提供教育类产品和服务为职责,参与公共教育治理活动的各类组织,具体涵盖各种教育中介咨询机构、教育研究院、教育评估机构、教育行业协会、教育基金会及多种多样的代理机构等。

二、教育协同治理

教育协同治理是公共管理中的治理理论在教育领域的延伸概念。根据协同学理论和治理理论,协同治理是指在公共生活中,政府、非政府组织、企业、公民个人等子系统构成开放的整体系统,货币、法律、知识、伦理等作为控制参量,借助系统中诸要素的相互协调、共同作用,调整系统有序、可持续运作所处的战略语境和结构,产生局部或子系统所没有的新能量,实现力量的增值,使整个系统在维持高级序参量的基础上共同治理社会公共事务,最终达到最大限度地维护和增进公共利益之目的[2]。

而教育协同治理强调的是在教育领域,参与公共教育事务的多元主体在相互信任的基础上,通过协调与合作,提高公共教育服务质量,实现教育资源的优化配置,进而最大限度地维护和实现教育公共利益。教育协同治理的主体除了政府之外,还有学校、家长、社会组织等。但它要求重新定义政府部门角色,在增强自身能力建设的基础上积极向社会放权,充分发挥协调各治理主体的作用,试图构建一种更为平等的权力共享体系,使教育管理更加合理化与民主化。

---

[1] 王名,贾西津. 中国 NGO 的发展分析 [J]. 管理世界,2002 (8):30-43.
[2] 郑巧,肖文涛. 协同治理:服务型政府的治道逻辑 [J]. 中国行政管理,2008 (7):48-53.

三、社会组织参与教育治理的身份演变

（一）国外基本情况介绍

产生于19世纪末的官僚制（或称科层制）构建了一个严格的上下级秩序体系，其中的每个下级机构都受到上级的监督。这种公共行政权力自上而下运行的方式曾经在很长一段时间占据各国社会运行的主导地位。然而，发展到20世纪80年代，整个世界都开始意识到传统的以集权为基础的官僚制已不再适应社会发展的需要，这样单向度的以政府政治权威向下属发号施令的管理方式已无法回答和解决政府所面临的财政危机、管理危机和信任危机等困境。新公共管理理论的浪潮开始向世界蔓延，支持者主张以多元协作的方式管理社会公共事务，积极推行政府改革运动，其核心的理念是要将传统的官僚制行政管理模式过渡到以市场为基础的灵活公共管理模式中来。"政府的任务是明确问题的范围和性质，然后把各种资源手段结合起来让其他人去解决⋯⋯政府的职责是掌舵而不是划桨。"[1]这一理论更加强调政府与社会各主体之间的良性互动过程。

在这样的背景下，学校作为一个不断调节适应周边政治社会环境的"自组织"也开始反思。第二次世界大战后国外建立起来的公共教育体制具有强烈的国家垄断色彩，政府举办并向社会提供教育服务，其他组织和个人对于公立学校提供的教育没有发言权，英国前教育大臣贝克把当时的这种公共教育体制称为"生产者主导（producer-dominated）的制度"[2]。1983年，美国中小学教育质量调查委员会发布了《国家在危机中：教育改革势在必行》（*A Nation at Risk：Educational Reform Imperative*）的报告，直指美国公立学校在政府单一管理下面临着缺乏竞争、效率低下、教育资源浪费和学生学业成绩下降等严峻形势。由此，英美等国家开始试图在教育部门引入新公共管理理念，发起教育民营化改革运动，强调市场机制，

---

[1] 奥斯本，盖布勒. 改革政府：企业家精神如何改革着公共部门[M]. 上海：上海译文出版社，2006：159.

[2] 姜美玲. 教育公共治理：内涵、特征与模式[J]. 全球教育展望，2009，38（5）：39-46.

关注市场竞争，尝试解决官僚制管理模式下教育服务由政府垄断、效率和质量堪忧的问题，寻求通过市场竞争开放教育领域自由选择的机会，保障个体教育选择自由权，通过竞争实现教育服务质量的提升。

但是，教育过度市场化引发了教育的公共性危机，"以自由、正义和公平等术语为代表的一些更广泛的人类价值问题正在失去它们作为评判的标准的重要性，取而代之的是一种'成本收益计算'和'手段和目的的计算'。当效率的衡量成为唯一的讨论议题的时候，协商的、沟通的以及参与的功能都将失去它们的重要性"[1]，市场的竞争性和趋利性必然与教育发展的规律相违背，人们对教育公平与教育质量有了新的担忧。因此，如何既能够打破政府垄断，又能够避免市场趋利性，也就是从市场这只"看不见的手"与政府这只"看得见的手"之外建立和发展出"第三只手"，成为研究者们关注的重点。于是，"社会组织"开始被当作一种能同时引进市场竞争和保持教育公共性的管理途径，纳入教育服务的供给方式当中。支持者认为，通过社会组织来提供教育服务，不仅能打破政府对教育服务的垄断供给局面，还能有效避免市场在提供教育服务中的"趋利性"[2]。这与社会管理中协同治理理论的内涵与追求不谋而合。

可以说，教育协同治理是基于"政府失灵"和"市场失灵"而寻求的第三条道路，力图突破政府全局控制与市场趋利性的局限，实现教育公共事业的可持续发展。在治理理论的影响下，国外的教育行政管理出现了明显的结构变化，服务主体更加多元，第三部门蓬勃发展，家长和学生也在这一过程中有了广泛的参与。治理理论延续了凯恩斯"道德人"的假设，对公民道德和政府治理都抱有坚定的信心，认为政府虽然存在着自身的合理利益，但政府是迄今为止最有效最通行的提供公共利益的机构。政府本身的合法性就在于它是保护公共利益、调解社会纠纷的社会仲裁人[3]。在这种理念的支持

---

[1] 登哈特. 公共组织管理 [M]. 北京：中国人民大学出版社，2003：262.
[2] 毛明明. 当代中国政府购买教育服务研究 [D]. 昆明：云南大学，2016.
[3] 刘孙渊，马超. 治理理论视野下的教育公共治理 [J]. 外国教育研究，2008 (6)：15-19.

下,20世纪90年代主要发达国家展开了一系列教育协同治理的实践,在中小学创新管理、学校改进和促进教育资源合理配置方面发挥了重要的作用。

一方面,基础教育领域的公私合作不断深入发展,如美国的特许学校的广泛建立,美国教育委员会将其描述为"由教师、家长、社区团体或私人组织建立的,根据与州、学区或其他实体签订的合同运营的半自治的公立学校"[①]。相较于传统的公立学校,特许学校在管理运营、人事制度、课程设置及财政规划方面享有相当大的自主权,政府允许特许学校摆脱一些教育行政法令法规的束缚,尝试新型管理以提高教育质量。另一方面,教育社会组织开始走向台前,产生了多种具有代表性的教育协同治理形式,如自1990年以来,联合国儿童基金会开始试图与各国政府开展广泛的教育合作,通过提供创新性的资金援助、项目方案与技术支持,以及后期监测进展等帮助受援国发展教育事业,如加强幼儿入学准备以推进适龄儿童接受学前教育,支持教师培训以帮助贫困弱势地区改善教学质量,提供数字化学习资源以提高学习成绩等。

进入21世纪,西方发达国家在教育协同治理方面已经有了较为成熟的模式,转而开始面向国际社会,尤其是发展中国家推广这种模式。例如,成立于2002年的全球教育伙伴关系组织(Global Partnership for Education,GPE)便是其中的重要新兴力量。GPE在世界银行的支持下汇集了教育领域多方利益相关者,包括受援国(发展中国家)、施援国(发达国家)、国际组织、教师组织、私人部门和基金会等[②],起到了整合聚集教育资源的重要作用,持续性地统整各方力量,在全球的教育治理中发挥了独特的作用。此外,2009年,由卡塔尔基金会(Qatar Foundation)[③] 发起的世界教育创新峰会(World Innovation Summit for Education,简称WISE峰会)正式开

---

① 韩晴.国外基础教育公私合作研究及启示[D].南京:南京师范大学,2011.

② 王建梁,单丽敏.全球教育治理中的"全球教育伙伴关系组织":治理方式及成效[J].外国教育研究,2017(8):65-77.

③ 卡塔尔基金会是一个私人的、非营利性的慈善组织,全称是卡塔尔教育科学与社会发展基金会。1995年在卡塔尔酋长的组织下成立,着重于促进教育、科研和社区方面的发展。

幕。WISE峰会是一个国际范围内的跨领域开放平台，致力于发掘民间优秀的教育创新模式并积极推广，实现全球教育面向未来的跨越式发展。峰会设有"世界教育创新峰会教育项目奖"，广泛面向世界与教育事业相关的非政府组织、慈善团体、文化机构、私人企业征集入围项目，展示全球教育界最优秀的案例，汇集民间智慧，为应对当今全球教育领域面临的一系列棘手难题提出切实可行的解决方案，切实贯彻教育协同治理的理念。

（二）国内基本情况介绍

新中国成立以后，我国曾长期处于计划经济体制之下，也因此形成了以政府主导、自上而下控制为特征的教育行政体系，在一元化的发展框架下，政府既是教育管理主体，也是教育供给和权力主体，负责提供全部的教育产品，在当时社会结构分化程度较低的背景之下有较强的适应性。然而，自20世纪90年代以来，随着我国社会主义市场经济的蓬勃发展，社会结构也开始发生深刻变化，教育领域也发生了巨大的变化，由于社会主义市场经济下诞生了追求不同利益的各种群体，教育领域的利益冲突也日益凸显，现实中教育资源配置不均、学校教学质量不佳、教育财政经费投入不足等问题日渐严峻，并由此产生了一系列新问题、新现象。新的环境下现有教育管理体制的有效性受到挑战，新力量的加入迫在眉睫，全新的教育改革亟待展开。

面对当时的问题与挑战，我国的改革重心开始由农村转向城市，开始关注转变政府职能的重要性，加之治理理论的蓬勃发展，政府对于政府-市场-社会三者的关系有了全新的认识，多元化的主体参与成了新趋势。在教育领域，政府职能部门开始寻求政府角色的重新定位，尝试将权力合理下放给社会与学校，使政府从以往单边管理向社会共同参与式的多边管理转变，向教育协同治理的方向发展。

1982年审议通过的《中华人民共和国宪法》第十九条规定："国家鼓励集体经济组织、国家企业事业组织和其他社会力量依照法律规定举办各种教育事业。"这一规定是我国首次明确社会力量参与教育的正式条款,意味着我国的教育治理主体开始向多元化迈进。在此阶段,社会力量更多地以辅助的方式参与到政府和教育行政部门开展的教育救助当中,也开始在一定程度上动员社会大众关注教育事业。譬如"希望工程"就是在这一背景下建立的,"希望工程"主要定位于针对偏远贫困地区学龄期儿童的救助活动,通过建设希望小学、改善农村办学条件来帮助各地失学儿童重返校园接受教育,发展教育福利事业。此后,社会力量更多地以独立主体的身份参与教育事业的发展,学校自主办学的意识也不断增强。2005年,上海市浦东区在"管办评联动"机制背景下开展的委托管理实践是较为典型的成功案例。在政府牵头下,浦东新区社会发展局委托上海一家咨询中心对浦东新区一所薄弱学校——东沟中学进行管理,在管理过程中学校公有性质不变,仍属于当地教育局的直接管辖范围。该项目试行三年后,受浦东新区社会发展局的委托,上海浦发教育评估中心对东沟中学实施中期评估,评估结果表明师生满意度较之前明显提高,学生成绩也显著提高,总之托管后办学成绩显著[1]。

2010年,《国家中长期教育改革和发展规划纲要(2010—2020年)》的颁布与实施无疑是一次质的飞跃,政府将"健全充满活力的教育体制"作为重要战略目标之一,主张建立"政事分开、权责明确、统筹协调、规范有序的教育管理体制",明确了教育协同治理的目标,指出:"培育专业教育服务机构。完善教育中介组织的准入、资助、监管和行业自律制度。积极发挥行业协会、专业学会、基金会等各类社会组织在教育公共治理中的作用。"2014年1月,全国教育工作会议把今后我国教育工作的目标确定为"深化教育领域综合改革,加快推进教育治理体系和治理能力现代化"[2]。此时,我国的社会组织借助良好的社会机遇迎来了"爆发式增长",社会组织无论在发展规模上还是在程度上都取得了迅速发展,并

---

[1] 刘青峰. 当代中国教育服务公私合作中的地方政府管理研究[D]. 昆明:云南大学, 2015.

[2] 袁贵仁. 深化教育领域综合改革加快推进教育治理体系和治理能力现代化:在2014年全国教育工作会议上的讲话[J]. 人民教育, 2014 (5): 7-16.

日益融入社会进程，开始在各项社会治理事业中崭露头角，各种类型的教育社会组织也开始尝试通过不同的方式参与教育治理。在政策的支持和理论的指导下，社会组织开始同教育行政部门和学校开展密切的合作，通过购买政府的教育服务，开展学校、大学、社会机构多方合作等方式参与到教学评估、学生管理、学校建设当中来，进一步促进了学校自主办学水平的提高，引导我国现代教育公共治理进入蓬勃发展的轨道。

第二节 社会组织参与教育治理现状

一、社会组织参与教育治理的形式

在教育市场进一步发展、教育需求愈加多元化的今天，人们越来越意识到即使是全能型的学校也无法解决学校管理中的个性化问题，仅仅依靠单一的政府力量对学校教育资源进行补充是不够的，教育治理的过程中有大量问题需要各方协同参与来解决，这为教育社会组织的培育和成长提供了广阔的空间。社会组织参与教育协同治理的方式多种多样，各个国家根据各自国情和自身特点又衍生出了不同的形式，总体说来主要有以下三种形式，见表 3-1。

表 3-1 社会组织参与教育治理的三种形式

形式	项目实例	项目内容
补偿性参与	国内案例：美丽中国支教项目	北京立德未来助学公益基金会下设的教育非营利项目，以"让所有中国孩子无论出身，都能获得同等的优质教育"为愿景，成立后向云南省、甘肃省、广东省、广西壮族自治区的农村学校累计输送了超过 1 900 名项目老师，使 434 154 学生人次从中获益
	国际案例：全球教育伙伴组织资助项目	全球教育伙伴组织根据贫困程度、教育脆弱性和国家脆弱性三个维度来确定受援国并提供资金援助，截至 2017 年已累计向符合标准的受援国捐助达 49 亿美元，其中包括津巴布韦、乍得、阿富汗、南苏丹等儿童辍学率高且饱受脆弱环境和边境冲突影响的发展中国家

续表

形式	项目实例	项目内容
市场性参与	国内案例：浙江省嘉兴市特许办学尝试	2001年，在嘉兴市政府支持下，嘉兴市南湖国际教育投资有限公司与秀城区、秀洲区人民政府签订了《特许办学协议》，采用建设-经营-移交的方式建设了三所小学。特许期内，南湖国际教育投资有限公司享有运营管理学校的自主权
	国际案例：澳大利亚新学校工程	澳大利亚新南威尔士新学校工程采用基础设施公私合作的方式公开招标，将项目承包给埃克西姆教育（Axiom Education）财团，所签合同的总价值达1.37亿美元。财团负责投资、设计和建设新的公立学校，并负责提供诸如清洁、维护、安保等非教学服务
专业性参与	国内案例：浦东新区构建公共教育管理服务体系的尝试	2005年，浦东新区教育行政部门借助国务院批准新区建设综合配套改革试点的机会进行改革，委托浦东新区成人教育协会对新区百余个民办非学历教育机构进行学校管理、教育教学业务指导；委托浦东新区学前教育协会对各类学前教育机构开展资质审查、办学视导协调等管理协调工作，与各机构协同构建更为完善的公共教育管理服务体系
	国际案例：美国变革方程（Change the Equation）公益咨询机构	美国变革方程是一家由100多位企业CEO合作创建的公益机构，近年来致力于在美国中小学推广STEM教育，积极与美国国会、各州教育行政部门开展合作，参与STEM战略的制定和实施，并广泛动员美国商界投入资金与资源支持青少年STEM教育，积极扩大STEM教育项目在学校教育和社区教育中的使用范围

资料来源：上海市浦东新区社会发展局. 中国教育改革前沿报告：浦东新区教育公共治理结构与服务体系研究［M］. 上海：上海教育出版社，2009：235-255.

（一）补偿性参与

此类教育社会组织主要以基金会或公益组织为主，主要针对弱势群体开展教育救助活动，目的是改善这一部分群体的教育处境，使其有机会获得更好的教育，进而维护教育公平。这种"补偿性"

参与一般采取招募志愿者义务支教或教育援建等方式，将面向社会募集的实物或资金无偿捐赠，主要用于学校发展和学生就学，且与政府部门、社会公众相互配合，共同改善少数群体的教育状况。

（二）市场性参与

此类社会组织一般是具有教育融资功能的企业或从事教育咨询与委托管理的专业机构，主要是政府通过购买第三方社会服务或学校通过合同外包的方式来建立合作关系。此类社会组织通过提供自己的教育产品或专业服务来获取一定的经济利益，也进一步调动高质量的教育服务参与到教育协同治理当中，提高教育质量，弥补教育资源的不足。

（三）专业性参与

参与主体是一系列教育类行业协会和专业性教育研究机构，主要通过社会调研、学术交流和行业座谈等方式，集教育界人士的专业知识和广泛的社会呼声，有针对性地形成调查报告、白皮书等研究成果向社会公布，进而向政府提出有说服力的政策建议，为某些领域教育问题的解决提供科学性参考，推动教育改革的落地与发展。

二、社会组织教育服务的类型

（一）补充教育资源类

随着社会的进步与经济的发展，仅仅依靠政府利用财政兴建学校已然不能满足公众对基础教育的需求，这就为社会组织参与教育提供了广阔的空间来补充政府教育资源不足带来的缺位。补充教育资源的方式以兴建学校为主，这其中又有两种方法：一种是"锦上添花"型，即政府与教育企业联合办学或采取学校托管方式，兴建优质学校、特色学校，针对经济发展水平较好的地区补充个性化、优质的教育资源，满足家长和学生多元的教育需求；另一种是"雪中送炭"型，即政府通过向教育集团购买"学位"或提供教育补贴等方式，支持打工子弟学校或提供优质学校入学机会，缓解公共教育资源短缺的现状，保障弱势群体的受教育权利。此外，一些教育社会组织在补充教师资源、实体教育资源、特殊教育资源各领域也发挥了重要作用，弥补了偏远地区学校教育中教师、图书、电子资源匮乏的现实困境。

(二) 促进学校发展类

学校发展既包括数量维度的学校规模的扩大，也包括质量维度的办学成果和效益的提高。近年来，由于教育社会组织的服务能力不断提升，专业性不断增强，越来越多的学校开始在学校发展方面寻求社会组织的支持，通过合同外包的方式将学校管理和运营的部分服务交由社会组织承办，既包括承办教育教学类活动，如学校课程发展、校园文化建设、综合实践活动设计等，也包括承办非教育后勤服务类活动，如学校基础设施维护，食堂、宿舍运营，等等。

(三) 协助政府治理类

具有专业知识、掌握教育资源的教育社会组织一方面可以接受政府部门委托，对其所关注的教育问题进行广泛的调查、分析和研究，描述全局、现状并揭示问题根源，提供战略咨询报告，作为政府研究决策的有效参考；另一方面，也会主动根据自身擅长的专业领域和当前热点教育问题，有针对性地选取研究方向，组建科研团队开展项目调研，形成学术研究成果，充实相关理论，或汇总出版，吸引社会的广泛关注，主动向教育部门建言献策。

社会组织教育服务类型、服务内容及典型案例如表3-2所示。

表3-2 社会组织教育服务的类型

服务类型	服务内容	典型案例
补充教育资源类	补充"学位"	广东省珠三角地区面对基础教育资源不足的困境，积极引入民间资本发展基础教育，每年约15%的教育费附加收入被用于扶持民办教育发展：一方面投资支持低收费、平民化的外来务工人员子女学校，另一方面鼓励特色发展的民办学校，如广东碧桂园学校、广州思源学校等。这些服务既提升了政府为非户籍人口提供免费义务教育的能力，也满足了社会对教育的差异性需求

续表

服务类型	服务内容	典型案例
补充教育资源类	补充实体资源	自2016年开始,"计划印度"(Plan India)公益组织与印度爱立信公司合作,在印度各地开设12个数字化学习中心,为贫困女童提供数字化教育。每年约有470名女童通过线上教学和现场辅导享受到数字化教育教学资源的福利,并通过学习课程考取相应的资格证书,帮助贫困女童攻读高级学位或在未来获取就业机会
	补充教师	美国"为美国而教"(Teach for America,TFA)公益组织力图通过培养教师领袖来为美国农村地区补充教师资源,该组织从非教师教育专业毕业的人士中招募人才,经过短期培训之后使他们获得教学资格,进入教学领域,帮助处境不利的学生提高学业成绩
促进学校发展类	基础设施建设	英国政府于1992年开展"私人主动融资"(Private Finance Initiative,PFI)行动计划,旨在进一步提高政府供给公共服务的效率与质量,在教育领域,一般由财团与公共部门签订合同,由财团负责设计、建设并长期运营符合地方教育当局规定的学校基础设施,行政部门会根据财团履行合同的具体情况决定是否支付服务费用或支付费用的具体数目
	课程体系建设	国际救助儿童会(Save the Children)联合上海市M区教育局及华东师范大学基础教育改革与发展研究所共同实施"进城务工人员随迁子女民办小学基础教育"项目。在16所农民工子弟学校通过校领导座谈、教师工作坊、课堂教学听评课等方式为每所学校设计了"春雨学校"发展规划,有针对性地帮助各校整合课程、开发生活技能校本课程,有效提升了学校教学质量
	教师培训	教师教育网通过采取与各大师范学院、教育出版机构、教育研究机构战略合作的方式,在线上搭建自上而下的一体化网络培训及研修平台,整合全国范围内的优秀专家资源为全国教师提供本地化的培训服务,陆续承担了国家、省、市、县、校级培训项目总计1 200多个,覆盖各级各类中小学、幼儿园以及中职学校

第三章 社会组织参与下的学校特色发展

续表

服务类型	服务内容	典型案例
促进学校发展类	教学质量评估	在英国，独立学校督导团（Independent Schools Inspectorate）作为一个独立的非营利性机构，对英国的1 200所独立学校*进行督导评估，并发布《学校督导手册：督导框架》对督导原则、类型、主要指标、程序做出详细的规定。为确保督导的质量，确保每所学校达到政府的要求，督导团对每所学校评估后要向教育部提交督导报告，并向公众开放
协助政府治理类	专业项目	为解决非洲基础教育中"数据空白"问题，非洲教育发展协会（Association for the Development of Education in Africa，ADEA）积极开展教育管理信息系统项目（Education Management Information System，EMIS）的研究工作，旨在帮助非洲国家开发教育信息系统技术，促进教育信息的可持续发展。ADEA采取诊断调查-地方试点-国家实施-区域拓展的流程逐步进行项目推进，到2013年实现了非盟所有成员2006—2012年137个数据变量的在线上传，并在区域内开展经验推广和数据分享
	政策咨询	21世纪教育研究院是一所以教育公共政策和教育创新研究为主的民办非营利性组织，成立以来开展了高考改革、新课改10年、农村撤点并校等多项教育研究项目，并举办高峰论坛、学术研讨会、教育沙龙等，对我国教育政策的改善发挥了积极的作用。2018年，21世纪教育研究院与深圳市罗湖区教育局签订战略合作协议，深入参与深圳市罗湖区教育综合改革项目研究，为罗湖区教育改革政策的出台提供了人才、智力和相关成果支持

* 指的是英国相对于公立学校而言的另一部分学校，性质类似于我国的私立学校。
资料来源：上海市浦东新区社会发展局. 中国教育改革前沿报告：浦东新区教育公共治理结构与服务体系研究［M］. 上海：上海教育出版社，2009：264-272.

三、社会组织参与教育治理的意义

（一）民主性：健全教育治理的协商机制

我国正处于社会转型的关键时期，在教育领域如何推进决策的科学化和民主化成为关注热点，大力推进教育治理体系和治理能力现代化，重新构建政府、学校和社会间的关系已经得到了社会各界的广泛认同。社会组织参与下的教育治理要求政府让渡一部分公共教育权力，给予社会组织参与教育治理的权力和空间，这是对传统公共教育管理体系的突破，也是现代公共教育治理范式下由万能型政府向有限型政府转变的要求。

首先，教育服务的专业特性、控制方式匹配性和服务目标三个方面决定了官僚制不适应教育发展的需要[1]，因此在协同治理的模式下，社会组织与政府成为参与公共教育事务中的平等主体，政府应更多地扮演服务者的角色，提供制度保障和资金支持，社会组织则应利用专业优势开展具体工作，二者各司其职，共同提高教育事业发展的效率与质量。其次，社会组织贴近一线教育工作者和教育现场，可以反映基层最真实、最迫切的教育诉求，进而可以间接地参与到教育决策与法律的制定当中，推动教育治理模式从行政干预向协商民主的方向发展，提高决策的科学性。最后，教育社会组织作为独立于学校和政府的第三方力量，也有资格担任民主监督者的角色。它们可从专业性的角度评估和监督政府教育政策的执行情况，评价公共教育管理的有效性，关注并保护受教育者的合法权益，使政府的治理手段与教育规律、目标相契合。

（二）补偿性：进一步促进教育公平

作为教育的主体，政府、市场和社会是相互联系的，市场催生效率，政府兼顾公平，而社会可以被看作调节教育公平与效率的第三种力量[2]。教育资源有限性的现实一时难以改变，加之部分地区重点中小学对优质教育资源的垄断，进一步压抑了其他学校的发展，导致许多弱势群体的教育质量被降低，受教育机会被剥夺。而社会组织可以整合组织内部与外部所共同拥有的教育资源，并加以综合利用，从而能够有效节约成本，提供更多的教育资源，提高资源利

---

[1] 孟繁华. 从效率优先到公平发展：教育公共治理的运行机制[J]. 北京教育（普教版），2014（11）：20-21.

[2] 黄忠敬，方小娟. 社会组织在促进教育公平中的作用[J]. 外国中小学教育，2016（10）：7-14.

用效率，以平衡优质教育资源配置的不均衡状态。

这种补偿性体现在以下三个方面：第一，教育企业提供的优质教育资源可以通过政府购买的方式被引入学校当中，可以实现社会优质教育资源的聚拢和增殖；第二，教育社会组织通过社会动员募集资金，号召社会为特定人群提供有针对性的服务，为弱势群体提供教育保障；第三，教育社会组织通过支教、援建等方式深入偏远落后地区的农村学校，直接提供教师资源和教学资源，优化农村中小学的课程和教学，提升教育质量。教育社会组织通过公益性筹资、捐赠、独立办学、支教等多种手段参与到协同治理当中，能够弥补教育资源的不足，有利于进一步促进教育公平，推进基础教育均衡化发展。

（三）聚集性：多方发力提升教育质量

一方面，教育社会组织可以广泛地组织教育界学者和政府教育部门管理者，通过研究会、座谈会、评奖会等方式开展教育学术交流，构建良好的行业关系，搭建沟通平台，深化对教育治理问题的研究与探讨，促进公共教育治理理论与实践的发展，也可以进一步积累社会资本，扩大社会影响，提升教育议题的影响力和号召力。另外，还有一些教育社会组织积极地开展国际合作，接轨国际组织实施合作研究项目，能够及时沟通研究前沿信息，降低研究的重复性，使有限的人力资源发挥更大的作用，促进我国教育理论的国际化推广，提升我国教育治理水平。

另一方面，越来越多的社会组织涉足教育领域，也给教育事业的发展带来了难得的机遇，能够进一步吸引更多社会资本投入教育领域，引导更多社会力量参与到教育建设当中。其中，包括"地产＋教育"模式在我国打造的一系列社区教育综合体，也包括一系列大型企业基金会涉足教育慈善领域的实践。这些有益的探索都有利于推进教育服务的多元化，进一步推进教育协同治理的发展。

第三节 社会组织参与学校特色发展实践案例

　　山西省运城市盐湖区是运城市政府所在地,位于山西省西南部,地处黄河中游秦、晋、豫三省的交界地带。2017年初,盐湖区教育科技局与深圳市立言教育研究院签署了为期三年的协议,加入了深圳市立言教育研究院与中国教育科学研究院联合建设的"新样态学校联盟",成为首批新样态学校联盟实验区,并在与研究院的合作中取得了喜人的进展。本节通过对盐湖区"新样态学校联盟"项目的调查,从合作契机、协同过程、社会组织角色、项目成效四个方面具体呈现社会组织参与教育协同治理的实际作用。

一、为什么走向教育协同治理

(一)区政府:治理观念转变

　　盐湖区作为运城市的中心城区,近年来化工、制造、旅游等产业发展迅速,经济水平不断提高,区政府对教育事业的重视程度也不断加强。经过多年的发展,盐湖区的教育事业在新时期取得了良好成果,也遇到了进一步发展的瓶颈,亟待变革,并在近年提出了建设"教育强市"的奋斗目标。2018年初,运城市教育局局长在新年致辞中明确表示:"建设教育强市是提高运城对外开放吸引力所主打的七张牌之一。在新一轮改革发展的关键时期,市委、市政府提升全市教育教学水平寄予了很高的期望,全市人民群众也充满期待。"

　　可以说,盐湖区教育协同治理的开展源自区域教育自我发展的内生需要。作为公共物品的基础教育,政府有义务提供,但需要相关利益群体来参与分配。为此,区政府积极寻求转型,在加强和优化教育公共服务、提高公共服务能力的同时,最大限度地减少政府对微观事务的管理,积极放权给学校,并且尝试引进全新社会力量参与其中,释放基础教育的活力,激发基层的教育改革智慧。为此,盐湖区教育部门开始积极寻求外界帮助，走上了协同治理的发展道路。盐湖区在探索基础教育区域化改革、特色化发展的过程当中几经尝试，最终与深圳立言教育研究院达成了良好的合作关系。双方的伙伴关系并非短时间内促成和建立的，而是历经了三年多由点到面的渐进式发展。在这个过程当中，几位关键人物起到了重要的推动作用。

盐湖区教育科技局教研室的Z主任曾经有多年学校工作经历，教学经验丰富。2013年，她还是盐湖区一所学校的教师，在运城市教育科学研究院朋友的介绍下，接触到了深圳市立言教育研究院推广的"主题阅读"系列项目，深受启发，当时就申请了市级课题开展研究，并取得了一系列不错的成绩。Z主任提道："2013年到2016年都是我自己在学校做……后来知道运城坊间有一个主题阅读的研究团体，我们就开始召集有共同爱好的人一起做，然后一直以来D局长（盐湖区教育科技局局长）也很支持这件事情，给了我们一些经费上的倾斜支持。后来我到教研室以后，逐渐带动原来的两三所学校发展成大规模地在做。"

在Z主任、D局长和盐湖区中小学教师的积极参与下，"主题阅读"这一单学科的研究项目在盐湖区取得了良好的示范效应与聚集效应，团结了各学校一大批致力于课程开发和提升教学质量的教师。有了"主题阅读"项目开展的成果，深圳市立言教育研究院在盐湖区各校当中也拥有了一定的信誉度和知名度，为双方开展进一步的合作奠定了良好的基础。Z主任提道："后来，2017年春季，我记得是在广州参加了一次研究院的会议，偶然的机会知道了新样态学校联盟，然后就向我们局长推荐。D局长就非常认可这件事情，果断地和我说，你去联系一下，问问我们区能不能加入。"由此，深圳市立言教育研究院与盐湖区中小学课程顶层设计的合作项目水到渠成，顺利展开。

（二）中小学：自身主动寻求变革

A小学是一所新校，是2013年运城市、盐湖区两级政府为优化城区教育资源，解决周边适龄儿童的上学问题，投资近5 000万元在东部城区建设的一所高标准的公办小学。虽然学校建校历史不长，但是各方面的实力不俗。A小学校长L曾说过："在地方来说我们的基础是挺好的。硬件设施、师资力量，包括校长队伍的遴选，在我们运城当地，可以说是2015年当时最好的。"有良好的外界资源支持，加之理念先进的领导班子和年轻的师资队伍，A小学在建校之初发展是非常顺利的。但是在这一过程中，学校管理层也逐渐意识到了学校顶层设计的不足，以及打造学校特色的重要性。校长L说："学校虽然说是天时地利人和，当时我和我的团队做顶层设计的时候，也提出了我们的校训，提出我们的办学理念，但相对来说是比较分散的。"

B小学是一所历史悠久的公办小学，早在1921年即建校，前身是由瑞典传教士建的一所教会小学，后几经更名，但办学历史未曾间断。到20世纪80年代，B小学在运城已经有相当高的社会声誉，教学质量得到各界的肯定。发展到新的时期，为响应国家基础教育课程改革要求，积极融合国家课程、地方课程和学校课程，打造学校特色，B小学也开始尝试各种探索。在探索过程中，学校管理层也感受到了一些压力，发现在宏观层面引领学校课程相当困难。B小学教导主任W说："前几年咱们这个课程都是比较碎片化的，就是在老师们的思想当中，是不成体系的。老师都是自己管自己的一亩三分地，如语文老师就负责语文这块，数学老师就负责数学这一块。"

面对办学当中的困惑和发展瓶颈，A小学和B小学开始主动尝试"走出去"寻求外界帮助。2017年，正值盐湖区申报新样态学校联盟实验区，两校果断地抓住了这个机遇，积极与盐湖区教育科技局联络。B小学教导主任W说："2016年底我们学校外派教师去深圳学习的时候就听说了这个新样态，然后到那边一个学校进行了参观，回来之后反馈给学校，大家都觉得这个特别好，所以正好在2017年有这个机会，我们就积极地去洽谈申请了。"

盐湖区新样态学校联盟实验区是本着教育科技局鼓励、学校自愿申请的原则实施的，最主要的还是看学校自身的发展动力和积极性。A 小学校长 L 说："咱们是第一批加入的，加入的话是教育局这块会做一个筛选，最主要还是看学校领导的意愿、学校整体的意愿，一方面学校有意愿承担，另一方面教育局也要有一些硬件、软件指标的筛选。"

（三）社会组织：转型发展需要

深圳市立言教育研究院正式成立于 2016 年，但早在多年前就开始从事主题阅读等中小学教学项目的研发工作，主要服务内容涵盖教育行业师资培训、举办教育相关公益活动以及为区域政府和学校提供整体性咨询指导服务。深圳市立言教育研究院负责人 H 曾表示："我们最早出名就是依靠主题阅读项目，它是我们最早的核心品牌、核心产品，差不多有十多年的时间。除此之外，我们还有一些像会议的组织工作，如每一年研究院会举办很多次大型教育会议；另外就是像新样态课程实验区这样的一些特色项目，现在也做得很好；深圳还有很多地区的中小学，它们考试的试卷也是我们这边来组织出的。"正如负责人 H 所说，主题阅读项目是他们的王牌产品，近年来产生了较大的影响力，在相关的实践中已经探索出了先进的概念和理论，开发了一系列教材、课程和教学法，形成了良好的辐射效应。在主题阅读项目的带动下，深圳市立言教育研究院不断扩大规模，形成了良好的社会声誉，很多中小学慕名前来与其开展语文教学方面的合作。

同时，面对当下学科整合和知识多元交叉的趋势，深圳市立言教育研究院也开始意识到转型发展的重要性。深圳市立言教育研究院负责人 H 曾表示："从学校反馈的信息来看，我们提供的服务还是有些单一，它们希望从其他学科上都能得到支持，所以我们后期也在往这个方向努力，搞多元化的研究。"由此，深圳市立言教育研究院进一步开展了课程顶层设计研究，探索大单元教学模式，开展学科整合探讨，致力于建设"新样态学校"。这一理念得到了广大中小学校长和教育研究学者的广泛支持，正如时任中国教育科学研究院基础教育研究所所长陈如平所言："所谓'新样态学校'，是基于学校内在的文化基因，结合学校自身的优势条件，在力所能及的范围之内，整体突出学校的优点，打造属于自己的独特样态的学校。"①

在这一理念的支持下，深圳市立言教育研究院联合中国教育科学研究院建设了新样态学校联盟。这是一个辐射全国的教育公益性组织，旨在联合各方力量，探索学校内生式发展之路。同时建设中国新样态学校联盟实验区，广泛征集各地区和各学校的加盟，与运城市盐湖区的合作就是在此背景下展开的。可以说，深圳市立言教育研究院参与教育协同治理的实践，一方面是在已有丰富成功经验支撑下的全新探索，另一方面也是组织自身转型发展的需要，此外也进一步彰显了教育社会组织的意义与价值，完成了自身的社会使命。

（四）大学：理论研究与社会服务

大学一直是教育理论研究和方式创新的重要阵地，是"研究高深学问的场所"，大学教师的研究内容相比于中小学往往更为宏观、抽象，是从具体教育现象和教育情境当中概括总结出的理论问题。但理论研究必然不能脱离实际，专家学者也需要根据教育现场的实际调研来检验规律、提升经验，进一步充实理论的适应性与针对性。深圳市立言教育研究院特聘 Y 专家曾说："例如，我做中小学管理工作的研究，从事教育管理，它本身就是一门应用型学科。如果我天天坐在书斋里，不了解学校的实际情况，那么就是在闭门造车了。所以我自己会有一些合作的学校，我要到那些学校里面去做调研，去帮助他们做事情，找一些合作的项目来增强我对现实的了解，也有助于我自己的研究。"

在以往的实践中，高校教育专家进入一线教育场所，与中小学或地方政府建立伙伴关系的渠道往往是通过专家个人申报项目课题、所在院系与地方达成战略合作、地方主动邀约进行授课或演讲等方式来进行的。这一过程不可避免地会出现一些"盲区"，导致高校教师无法在众多的中小学和地方中精准定位，无法找到适合自己专业领域的研究视野且使自身研究满足对方需求。社会组织的出现很好

---

① 陈如平. 打造新样态学校[J]. 教育科学论坛，2016（24）：7-10.

地起到了对接和纽带的作用。Y专家曾言:"其实每个大学老师自己的研究方向相对来说还是很明确、很窄的,这就使全国并没有那么多的中小学校知道你是做这方面研究工作的。当他们想找一些人寻求帮助的时候,又找不到明确的方向。而社会组织因为是做市场工作的,既了解学校的需求,又能够通过各种各样的学术会议,来了解大学学者的研究方向和研究水平,进而把一些能跟他们合作的教授联系到一起,这样大家就能够合作出更大的项目,且能够更有效地帮助到中小学。"

同时,作为一个集教学、科学研究、社会服务三大功能于一身的机构,高校参与社会组织的合作,也是基于自身优势发挥社会服务力量的需要。在指导学校发展的过程中,高校能够充分发挥优势,将大学所具有的广阔资源平台、专家教授所具备的专业素养和丰富经验与中小学直接对接,帮助一线教育工作者更快找准办学方向,提升发展效率与发展质量。这种教育协同治理达成的背景如图3-1所示。

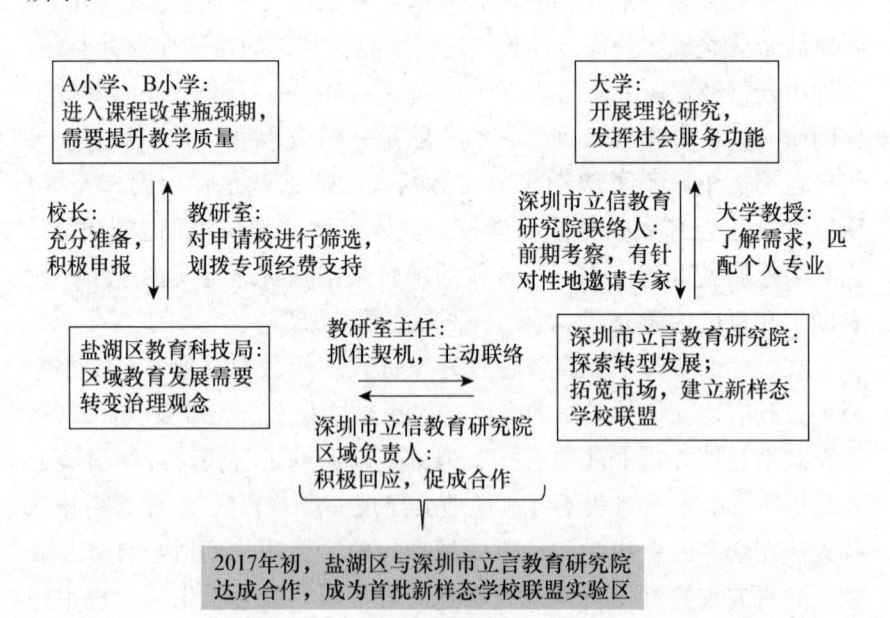

图3-1 教育协同治理达成的背景

二、教育协同治理如何开展

(一)合作确立：盐湖区教研室推动下的区域整体项目构建

由于盐湖区教育科技局局长和盐湖区教研室主任的积极推动，加之深圳市立言教育研究院的主动配合，盐湖区合作项目的确立是比较顺利的。区域整体性的合作一直以来也是深圳市立言教育研究院的选择倾向，深圳市立言教育研究院负责人H说："区域的话会成功一些，因为毕竟区域打包的话，我们这边专家的服务次数会多一些，而且安排的专家都是最顶尖的，而且所有的优质资源都会优先考虑。"

2017年，盐湖区正式申请加入了中国教育科学研究院和深圳市立言教育研究院引领的全国新样态学校联盟，并申报成为实验区，成为新样态学校联盟实验区的第一批参与者。区政府的经费支持成为合作顺利进行的重要推动力，整个合作项目的出资方主要是盐湖区政府，通过政府购买的方式打包购入了深圳市立言教育研究院的课程顶层设计系列服务。对此，盐湖区教育科技局教研室Z主任表示："盐湖区教育科技局划拨的专项经费，学校不出钱，在其他方面能省就省一点，然后在这方面给予大力的支持。"

合作开始之初，盐湖区教育科技局就在与深圳市立言教育研究院的一次次沟通中逐渐明确了项目的工作方向，旨在聚焦学生的核心素养，从以往比较成功的主题阅读课题实验为切入点，扩大影响，进行学科内课程整合和跨学科课程整合。在达成一致后，盐湖区区政府出台《盐湖区中小学实验区推进方案》，指出："课程再造、魅力课堂是新样态学校建设的主要项目……要在逐步推进的过程中引领促进学校课程重构及教学方式变革，追求高效的课堂教学。"

(二)具体落实：社会组织引领下的专业团队指导

创建一所新样态学校并非易事，一般来说，针对一所学校或一个地区的顶层设计工作需要三年才能基本完成。这个过程一般可以划分为三个时期，每一个时期有不同的方向和重点。第一年主要是梳理学校的典型架构。第二年就是在梳理完这些架构之后，落实到课堂，落实到各个学科。第三年主要是以成果展示分享为主。

1. 为学校"画像"，抓住文化内生点

深圳市立言教育研究院工作的第一步是帮助学校"画像"，找到文化内生点，进而明确办学理念和育人目标。在参与"学校课程顶层设计与实施阶段推进会"的过程中笔者发现，与会的各位专家都非常强调发现文化内生点的重要性。专家L表示："文化内生点的来源可以有很多种，既可以是学校的办学历史，也可以是学校的办学现状，如校名、学校里的风格建筑、学校里的地理位置等，还可以来自学校的周边环境，如学校局部的地域特色、学校的人文资源、社区文化、学校推崇的整体教育理念等。"

在文化内生点的开发上，深圳市立言教育研究院一方面通过工作人员和相关专家深入学校调研和考察以及与学校领导和教师开座谈会等形式，了解学校的历史与现状；另一方面也结合学校自身已有的发展定位，充分考量现实条件，对学校进行客观、真实的评判。文化内生点要与对学校文化的系统思考联系在一起，在此基础上，构建出新样态学校的思想基础，帮助学校规划未来发展道路，明确发展路径。在这个过程当中，深圳市立言教育研究院非常重视对学校历史和故事的全方位挖掘，利用学校自身的资源"做文章"，力图从一开始就保证学校顶层设计的特色化，"校校都要有自己的样"。

以盐湖区B小学为例，B小学始建于1921年，原名"崇真小学"，是一所历史悠久、全市闻名的百年老校。在深圳市立言教育研究院进驻B小学之初，校长就表示希望能利用最初校名中的"崇真"二字作为文化内生点，进一步提升和开发学校文化。因此，深圳市立言教育研究院在对学校开展调研，了解学校办学方向和理念追求的基础之上，结合古代典籍《中庸》中的思想精髓，确定"崇真尚美，至善笃行"为办学理念。同时，进一步抓住"真"字做文章，围绕培养"全面发展的人"的目标，将核心素养解构为"真知启慧、真情博爱、真彩有为"。

改造后的办学定位更加具体明晰，基于"真"字进一步规划培养目标与核心素养，便于学校做更加深入的挖掘与解读。同时，深圳市立言教育研究院的指导也让学校在追本溯源、整体审视的过程中，对自身有更为明晰的认识与把握。B 小学教导主任 W 表示："在顶层设计方面，咱们的办学理念就有变化了，原来都是大家没有特别考虑就自定的，但是加入了新样态学校项目之后，才明白办学就是一个艺术，理念是学校的灵魂，所以我们也就根据学校的建校史，重新开始考虑我们的顶层设计，让学校真的开始有灵魂了。"B 小学顶层设计的前后变化如表 3-3 所示。

表 3-3　B 小学顶层设计的前后变化

	办学理念	培养目标	核心素养
改造前	崇真	培养有真知、有真情、有真彩的真为少年	八大品质：博敏诚仁、雅美健行
改造后	崇真尚美，至善笃行	培养有真知、有真情、有担当的少年	三大品质：真知启慧、真情博爱、真彩有为
具体解读	● 崇真尚美：实事求是，追求真理，崇尚真诚；同时拥有对心灵、语言、行为、环境之美的崇尚与追求 ● 至善笃行：坚定理想和信念，奋发有为，扎实实践，一直做到最好，达到最理想的境界	● 有真知：在老师们真心真意的陪伴里，获得成长的真才实学 ● 有真情：让学生在天真烂漫的童年里，抱诚守真、返璞归真 ● 有担当：引导学生有追求知识的本真，坚持做人的本色	● 真知启慧：用真知开启学生的智慧 ● 真情博爱：让真诚仁爱根植于学生的心田 ● 真彩有为：通过艺术的熏陶、健康的运动使学生灵动、乐观、坚强、自信

2. 明确方向，搭建课程框架

进行新样态学校建设，一定要在自身的基础上进行框架设计，也就是"立根子-定调子-搭架子-探路子-亮牌子"的过程。在明确了学校的育人目标和育人模式之后，深圳市立言教育研究院的第二步工作就是在明确方向的指引下，协助具体学校建构课程体系。课程是学校教育当中的核心要素、关键一环。课程体系的构建工作，一般由学校根据自身的实际情况和已有的办学思路做出学校课程体系的初稿，交由深圳市立言教育研究院的专家教授共同商讨审阅。深圳市立言教育研究院主要起到的是进一步归纳、拔高的作用，在确定课程内容结构和课程的设置、实施的同时，也要考虑课程评价与课程管理等要素的合理安排。

课程建设不是几门课程内容的简单叠加，而是要打破课程之间的壁垒，实现课程结构和功能的优化。在确定 B 小学的顶层办学方向后，研究院专家基于核心素养三大品质"真知启慧、真情博爱、真彩有为"的考虑，寻找不同课程之间的内在联系，将学校的全部课程划分为三大领域，与三大品质一一对应，分为"数学与科技""品德与人文""健康与艺术"，各领域内设立基础课程、拓展课程、自选课程和综合课程，将办学理念进一步具象化，并落实到教学实践中，很好地整合了原本零散的课程，让学校拥有了一根将不同课程联系在一起的主线。

B 小学整体的课程框架如图 3-2 所示。其中，基础课程即国家课程，是延伸出系列课程的前提保证；拓展课程基于校本特色资源

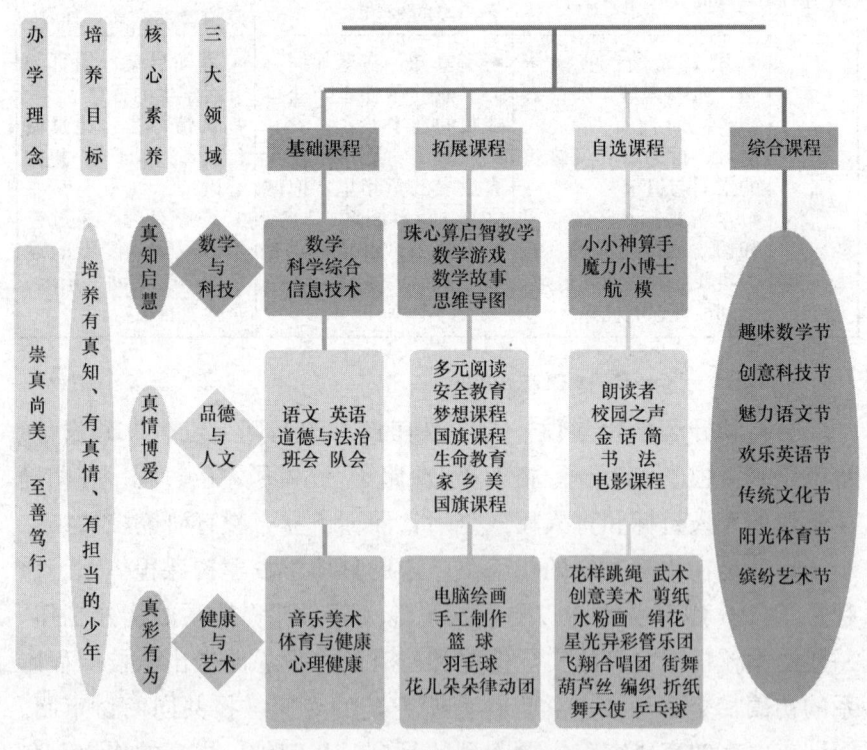

图 3-2 B 小学整体的课程框架

与办学理念设计，是对国家课程的进一步补充，也属于学生必修课，部分是跨学科课程，需要各科教师积极配合完成；自选课程一般以社团或综合性学习活动的形式开展，由学生根据个人爱好和意愿自由选择，将各学科知识和实践活动有机结合，拓宽学生知识面，提升学生对知识的感知与理解；而综合课程则与学校的大型活动结合在一起，动员全校师生参与，在活动中提升学生的综合能力，展示学校风采，这也是建设校园文化的重要部分。

这个过程非常考验深圳市立言教育研究院和学校的耐心与合作，"慢工出细活"，在渐进当中不断帮助学校挖掘课程潜力，使课程体系更为精细化。深圳市立言教育研究院特聘专家 Y 曾表示："我们帮他们构建完了（办学理念）之后，只是在思想上明白了，然后在体系上整体搭建出来了，但是要把这个体系真正地变成他自己的教育教学的行为，还是有难度的……这个项目本身要持续三年，不是说做完体系，我们搭建完这个框架就完事了，而是每过半年我们都会再到学校里面去帮他们现场诊断，那个时候我们会现场指导，观察他们有哪些做得好的，哪些还做得不好，再给他们提供一些建议。"一般来说，在合作期间，深圳市立言教育研究院每年要深入各学校做至少三次实地指导，线上和校外的交流更不计其数，深圳市立言教育研究院负责人 H 表示："我们的目的是服务到他们满意为止，也有一些地方甚至去了五六次。"

3. 填充"血肉"，协助具体实施

新样态学校构建的第三步就是帮助学校积极践行，讲好自己的故事。这关乎学校的内涵式发展。深圳市立言教育研究院在项目进行的过程中通过持续不断的跟踪和帮助，确保学校的顶层设计工作能够切实落地生根，有所成效。

例如，为了达成育人目标，B 小学也尝试建立了一套与育人目标相匹配的"崇真评价体系"：设计了"真知卡"、"真情卡"和"真彩卡"。学生在对应领域的课程学习当中取得了成绩，即可收获一枚卡片，每学期集齐五套即可获得一枚卡片，成为"崇真少年"。通过灵活的发展性评价体系去发现和发展学生的潜能，帮助学生认识自我、建立自信，促进学生在原有水平上不断发展，最终实现全面发展。

在此过程中，深圳市立言教育研究院为学校搭建了获取帮助的便捷平台，除了实地考察调研之外，也通过各类新样态学校交流研讨会、培训课堂等方式进一步提升学校管理队伍的观念与能力。此外，深圳市立言教育研究院也鼓励学校和专家教授开展长效的持续性互动。A小学校长L表示："除了面对面的交流和碰撞之外，我们会和专家进行线上的交流，线上也是非常高效的一种交流方式，我们会采取定期交作业的方式，不管专家有没有给我布置，我们都会以作业单的形式把这段时间完成了什么发给专家，或者以问题的形式寄给专家，让他们帮我们把脉，让他们帮我们去往下思考。"

4. 评估改进：过程性监督与持续性反馈

作为上级主管部门，盐湖区教育科技局负责最主要的监督和评价工作，也拥有开展新样态合作项目的重要决策权，因此，在与深圳市立言教育研究院开展合作时，实验校必须及时向盐湖区教育科技局汇报项目的具体流程、进度等。在这个过程中也需要深圳市立言教育研究院与盐湖区教育科技局积极联络，确保各学校的信息能及时反馈，通过各学校的问题反馈，帮助学校做"再诊断"，寻求教学质量的进一步提升。

深圳市立言教育研究院与盐湖区教育科技局积极配合，加强对学校的新样态课程质量的检测考核，做好新样态学校构建进度的督促工作。目前已经实施的具体措施包括：督促各实验校组建"新样态学校实验领导组"，校长认真履行第一责任人职责，重心下移，关口前移，聚焦课程、聚焦课堂、聚焦教材；制定《"主题阅读"课题实验考核细则》，随机入校检查，一季度一总结，学期末组织考评检测，发现问题及时反馈并通报，对课题实验工作没有达到要求的学校，责令其退出实验；打破校际壁垒，组建六个"主题阅读沙龙"，形成小区域联合体，帮扶结对，共生共长；等等。社会组织参与教育协同治理的过程如表3-4所示。

表3-4 社会组织参与教育协同治理的过程

阶段	政府	深圳市立言教育研究院	学校
合作确立	● 制定经费预算，打包购买深圳市立言教育研究院课程顶层设计系列服务 ● 协调调动全区学校参与，考核申报学校 ● 出台《盐湖区中小学实验区推进方案》 ● 制定《"主题阅读"课题实验考核细则》	● 前期调研，了解盐湖区整体情况 ● 召开座谈会，协商政府、学校具体诉求 ● 制定项目整体方案，安排内容进度，邀请相关专家	● 动员校内领导、教师做前期思想准备，积极配合项目工作 ● 整理学校概况、课程体系设想等相应资料，供深圳市立言教育研究院参考
具体落实	● 督促项目进展，协调学校与研究院关系 ● 调动资源，配合研究院开展实验区教师、校长培训工作 ● 开展"主题阅读实验与研究"送培研讨会 ● 组织"学校课程顶层设计与实施"阶段推进培训会 ● 在实验区内以学校为单位组建"主题阅读沙龙"	● 实地调研，帮助学校给自己"画像"，明确办学理念和育人目标 ● 与学校沟通，具体规划学校整体课程体系架构 ● 协助学校积极践行，确保学校顶层设计工作切实落地生根	● 通过线上线下多渠道与深圳市立言教育研究院及时沟通项目进度，协商问题 ● 接受教研室的监督检查，实时反馈 ● 学校校长、教师通过参与新样态学校交流研讨会、培训课堂等方式进一步提升思想和意识
评估改进	● 根据《"主题阅读"课题实验考核细则》及时跟进各学校项目，开展阶段性总结、期末考评检测 ● 评选模范学校、优秀教师积极推广，形成长效机制，扩大合作效果与影响 ● 举办新样态学校建设经验汇报交流会 ● 举办"全国学校课程顶层设计暨课程整合高峰论坛"	● 协助盐湖区教育科技局进行考核评估工作 ● 通过走访调研对项目学校进行"再诊断"，与学校保持联系，及时回应问题 ● 邀请优秀学校和教师做示范课、交流会等，推广盐湖区项目中的优秀成果	● 结合课程评价体系，评估教师发展水平和学生学习效果 ● 开展自纠自查，分析课程顶层设计落实工作的得与失 ● 总结优秀经验，进一步细化工作，积极参与深圳市立言教育研究院各项活动，展开交流互动

三、社会组织在教育协同治理中扮演何种角色

（一）协调者：沟通联结各方的关键纽带

纵观整个合作过程，深圳市立言教育研究院持续性地在政府、中小学、大学研究人员之间起着重要的纽带和沟通作用。一方面，作为第三方的社会组织，深圳市立言教育研究院对自身的业务范围有着准确的谋划和定位，经过多年在教育领域的实践与钻研，他们已经非常了解现阶段中小学及教育行政部门的迫切需求，开发的服务产品十分具有针对性；另一方面，大学具有社会服务的功能，高校学者也希望能够有机会实地参与到教育实践当中，进一步应用理论、检验理论，帮助学术研究的深化发展。

此外，深圳市立言教育研究院在成立之初就十分重视教育领域的人脉积累，逐渐与各地方教育部门管理者、中小学校长、基层一线教师、大学专家团队建立了广泛的关系网络。相比以往教授专家与学校开展的直接合作或大学教师申报的项目课题，深圳市立言教育研究院在参与协同治理的过程中有更大的灵活空间，能够聚集多方力量帮助学校进行顶层设计。深圳市立言教育研究院负责人 H 表示："我们有自己内部的核心专家团，他们有些是退休的一线老师或者大学教授，现在在我们研究院工作。也有一些在职的高校教授，还有一些其他领域的学者，包括各个地方的教研室的当地的专家、行业协会专家等。外聘的会更多一些，因为外聘的资源会更丰富。"

现阶段，深圳市立言教育研究院规模不断扩大，在其内部已经形成了较为成熟的管理体系，有专人负责对大学专家的邀请与接洽工作，并设立了相对健全的沟通机制，以省为单位安排项目负责人，专门分管省域内部与各下级政府和各学校的对接工作，提升服务的针对性与效率。此外，在教育界拥有的广泛资源也使深圳市立言教育研究院有机会开展更大规模的活动，通过举办峰会、研讨会、培训班等方式为各地方教育管理部门、各中小学搭建联络平台，互相交流经验，共同促进。

（二）指导者：以学校特色为起点的专业引领

理念和技术上的指导者是深圳市立言教育研究院参与教育协同

治理的重要身份。学校的办学理念和价值取向是课程体系建设的思想引领与逻辑起点,课程的整合与建设也是复杂的技术性工作。相比身处一线的校长与教师,深圳市立言教育研究院一方面可以以"局外人"的身份进入教育现场,从宏观上把握学校的发展脉络,进行顶层设计;另一方面可以利用专家教授所掌握的课程理论对学校的课程进行整体构建,从专业的角度进一步帮助学校提升教学质量。正如深圳市立言教育研究院特聘专家Y所言:"我的第一个作用就相当于是启蒙。对校长们进行'启蒙教育'也好,思想更新教育也好,这样的一个专业引领,是我发挥的第一个作用。那么第二个作用就是在实践上,确实能够帮助学校去构建他们的课程体系,因为校长虽然在理论上理解了,但是还是不能够跳出自身条件来对学校进行一个全面的构建。那么我们属于第三方,第三方就能够更科学地、更专业地、更客观地去构建其学校的体系。"

在调研过程中,深圳市立言教育研究院的专业指导备受好评,从政府官员、中小学校长到一线教师,都对专家的指导赞不绝口。究其原因,首先在于深圳市立言教育研究院的指导非常具有针对性,能够精准挖掘学校特色,并加以提炼和彰显。A小学校长L曾说过:"在这个过程中最大的感觉就是研究院找准了每一所学校的文化底蕴,自己的东西就是自己的,DNA谁都不可以复制,到何处都能够彰显自己的元素。"其次在于深圳市立言教育研究院的指导具有系统性。学校发展中的各个要素并不是孤立存在的,学校整体功能的提升有赖于全局结构的优化和各部分的功能发挥,因此深圳市立言教育研究院的指导也力求保证兼顾学校的各个方面,不遗漏影响学校发展的每一个问题。A小学校长L曾说过:"所以就是从办学理念到一训三风,到育人目标、办学理念、课程体系,再到具体的架构和实施,我们感觉是上下贯通、有严密逻辑体系的。这是带给我们一线校长最大的震撼,我真的感觉特别有意义。"

这样的专业引领有如源头活水,为学校注入了活力。深圳市立言教育研究院的指导兼具质量与效率,尽可能缩短了学校发展所需要的时间,为学校找到了加速发展的捷径。

B小学教导主任W曾言："如果靠你一个人去摸索，你得要三年五年，有的十年都找不着北。但是你接触了新样态的理念之后，在深入研读每一个学校一路走来的提炼历程之后，你就能够对自己的学校有一个反思和对照。之后你就可以照这样来解读你自己的东西。"同时，"授人以鱼，不如授人以渔"，深圳市立言教育研究院指导学校并非单箭头的传授与接收的关系，而是通过一系列专家研讨会、校长培训会和实地的探访指导等活动，启迪学校管理者的思维，激活学校内生发展的动力，提升学校自身的专业发展水平正如A小学校长L所言："这样像魏风（A小学总校区）这边，我们仅用了一个月的时间，就一下贯通了。后稷（A小学分校区）这边我们有了魏风的基础，基本上就是照葫芦画瓢，更顺利了，我们自己就梳理出了60%。后来一些教授专家过来之后，帮我们往高处拎，再精准化、高端化，我感觉到特别顺利。"

（三）推广者：区域经验与教师成果的广泛传播

一方面，深圳市立言教育研究院在教育协同治理中所做的推广工作，是对所指导地区成功经验的分享与传播。2017年至2018年，深圳市立言教育研究院在一对一指导学校、参与区政府新样态课程推进会议之外，还在盐湖区政府的协助下举办了包括运城市小学语文"主题阅读实验与研究"送培研讨会、"学校课程顶层设计与实施"阶段推进培训会、新样态学校建设经验汇报交流会等一系列大型活动，既让各实验校的经验在交流互动中得到了进一步的碰撞与升华，也激发了盐湖区乃至运城市中小学教师改革和研究的热情。

另一方面，深圳市立言教育研究院还广开言路，致力于推广一线教师的优秀研究成果，为已经有成熟系统的研究专著提供出版的平台，分享来自基层的经验与声音。盐湖区教研室Z主任就是一个典型的例子。起初，她在学校范围内进行自己的课题研究，经过几年的苦心钻研，逐渐形成了自成一派的教育理念和语文课程体系。她表示："在深圳市立言教育研究院的支持下，我自己还出了两本书，这也给我提供了一个成长的平台，让自己能在盐湖区内也发挥一点作用……其中一本是主题探究式的课程。这本书出版后受到了政府部门的高度关注，在去年9月的时候就全部下放到区里五、六、七年级两万多名学生手上，作为地方教材。"另外，深圳市立言教育研究院还积极尝试让实践经验丰富的一线教师成为导师，分享切实且具可操作性的经验，这个过程塑造了一大批优秀的专家型教师。Z主任还表示："像主题阅读课题这块，我们区域有了很多这样的'小专家'。我们经常会被深圳市立言教育研究院邀请到全国各地去，去给别的地方的老师做培训。这个学期他们的需求量更大了，我也向领导请示了，让我们的老师也借助他们的平台去给别人做培训，老师很有成就感。"

四、教育协同治理取得了怎样的成果
（一）提升地方教育治理水平

实现区域教育的整体变革并非易事，需要多主体的参与配合，这涉及观念和行为上的持续改进，是一项长期且艰巨的任务。深圳市立言教育研究院在推进盐湖区教育改革的过程中起到了重要的推动作用。在深圳市立言教育研究院的引领下，盐湖区的新样态学校联盟实验区建立起了学校之间、团队之间、区域之间的学习共同体，提升了实验校的发展水平，激活了学校组织变革的内生力量，提升了盐湖区乃至运城市的教育治理水平，进一步由"共治"向"善治"的方向发展。

2018年初，盐湖区委将新样态学校建设纳入乡村振兴战略行动计划，区政府把新样态学校建设写入了政府工作报告。不断涌现的成功案例成为深圳市立言教育研究院的"活招牌"，起到了良好的宣传作用，在不久的将来，运城市与深圳市立言教育研究院的合作规模必然会进一步扩大。正如盐湖区教育科技局教研室Z主任所言："现在，学校方面都特别积极地想加入我们的队伍，包括这几天还有一些农村的学校，都主动找我申请加入，局长也说了目前（实验区）不能再往外蔓延了，经费已经承受不了了，只能覆盖有限的范围。但是这些农村学校的负责人说，我们自己想办法，哪怕从学校经费里面划拨都行，我们在农村的学校不能被遗忘！真的，这种积极进步的氛围挺好的。"

同时，在新样态学校联盟实验区之外，盐湖区也通过这些龙头学校积极带动其他学校，形成交感互动的"蝴蝶效应"，让拥有不同发展规模、处在不同发展阶段的学校，充分开展"点对点""片对片"的交流，校长与教师通过实地探访与经验展示，在真实情境中，接触大量"临床"经验和案例，推动实践和理论的反思与超越，打破学校间的壁垒，促进了城乡学校之间、跨学段学校之间的资源共享与实践研讨。2018年5月，盐湖区教育科技局与深圳市立言教育研究院联合举办了"全国学校课程顶层设计暨课程整合高峰论坛"，吸引了来自全国各地的500多名教育同人参会，进一步提升了盐湖区教育的影响力，新样态学校建设工程也因此得到了大幅度的推进。

（二）促进全区教师专业成长

教师的专业发展并非孤立的，而是需要处在动态的环境当中，接受同伴互助和专业引领，避免闭门造车、孤军奋战。深圳市立言教育研究院参与的新样态课程项目为实验区各学校教师创设了一个良好的专业成长平台，从封闭走向开放，从被动接受走向主动分享，让各学校教师充分体验了课程变革当中的成就感与获得感。

首先，在课程顶层设计的支撑下，教师们有了教学观念上的变革和理念上的指南。通过对办学理念和育人目标的解读，学校教师能够进一步产生对学校的认同感与归属感，充分发挥自身的主动性，在备课与教学的过程中有意识地追溯学校文化，向学校的办学理念看齐。正如B小学教导主任W所言："原来老师们就上自己的课，可以说没有一个魂，没有一个根。自从有了顶层设计，学校的办学理念、培养目标以及核心素养出来之后，老师们就知道围绕着什么去做了，思想方面，还有课程理解方面都有很大的进步。"

其次，深圳市立言教育研究院的新样态课程设计重视课程之间的融合、各学段之间的衔接，这就为教师自发地形成专业共同体创造了良好的契机。B小学教导主任W表示："有了新的课程体系之后，各科老师之间就会尝试上一些合作的课，因为咱们整合课程也需要他们这样去做，他们之间的联系配合也比较多了，相互了解和学习的机会多了，这也是一个进步。"此时，教师不再仅仅是既有理论的接受者，还是共同体中教学经验的分享者和贡献者，以及教育知识内容生产与再生产的推动者。

最后，深圳市立言教育研究院也积极地争取和联络各方资源，帮助教师获得专业技能上的进步与发展。盐湖区教育科技局教研室 Z 主任表示："因为要带动更多的老师，你肯定要先培养种子、抓教师骨干，然后以点带面。我市近期要做教师培训，我会以教研室的名义和深圳市立言教育研究院组织各种研讨活动，如讲课、赛课这样的活动，给他们搭建平台。"走出盐湖区，各校的骨干教师也在深圳市立言教育研究院的对接下接触了更为宽广的平台，先后赴北京、广州、上海、西昌、乌鲁木齐、杭州等地参加有关新样态课程建设、主题阅读项目的培训班。通过这一系列行动，盐湖区逐渐拥有了大批的专家教师，使更多的学校拥有了具有先进教育理念的高素质教师队伍，优秀成果得到了进一步的共享与推广。

（三）系统打造学校特色

在谈及新样态学校的发展结果时，陈如平曾经指出要彰显"四色"，即"打造本色、夯实底色、形成彩色、彰显特色"[①]。只有基于学校的历史与现实生发特色，才能为学校打造核心竞争力。这也是深圳市立言教育研究院在针对盐湖区学校开展项目工作的过程中最为关注的。对此，B 小学教导主任 W 表示："我觉得最大的一个变化是研究院抓准了我们学校的特色，这样才整体提升了学校办学的内涵、品位、层次。这和我们以前的那种办学，定位上是完全不一样的。"

一个典型事例是深圳市立言教育研究院针对 A 小学的顶层设计。A 小学有两个校区，一个校区的校名源自《诗经》中的《魏风》，于

---

① 陈如平. 打造新样态学校［J］. 教育科学论坛，2016（24）：7-10.

是专家在帮助其构建整体办学理念时就重点关注依托《诗经》的底色,讲好自己的风格故事;另一个校区的校名源自我国历史上的谷神后稷,因此在该校区的学校发展理念中,就暗合了农耕文化的色彩,致力于"形成种子文化","让每一粒种子长成自己的样子",新颖别致,且贴合学校实际(见表3-5)。

表3-5 基于A小学两校区不同情况进行的顶层设计对比

	魏风校区	后稷校区
办学理念	古魏新风	让每一粒种子长成自己的样子
办学特色	翰墨修身、诗韵树魂	勤智、勤美、勤勇、勤创
育人目标	培养具有魏风精神的龙的传人	培养勤劳勇敢、自由向上的小种子
课程体系	"小神龙课程"	"种子课程"

表3-6展示了A小学"种子课程"的整体设计情况。学校建校时就希望以后稷所代表的农耕文明为出发点,来打造学校的特色理念,经过与深圳市立言教育研究院相关专家的多次探讨与磋商,决定以农耕的重要要素——"种子"来象征学校中蕴含朝气与希望的学生,围绕"种子"来做学校的特色文化。播种种子后,还要辛勤耕耘,因此就推出了以"勤"为核心的四大品质,并将育人目标定位为"培养勤劳勇敢、自由向上的小种子"。有了整体大方向的指引,接下来的课程整合就更加顺利了。借鉴"春种夏长,秋收冬藏"的民间古语,基本形成融基础课程、拓展课程、选择课程和综合课程于一体的"种子课程"体系:

表3-6 A小学"种子课程"整体设计框架图

四大品质	八大素养	四大课程			
		春种课程(基础)	夏长课程(拓展)	秋收课程(选择)	冬藏课程(综合)
勤智	爱学习会思考	语文数学英语	农耕学堂小小书法社数创绘本英语剧场	小小播音员空间魔方站魔法七巧板英语社团	元旦读书会

续表

四大品质	八大素养	四大课程			
		春种课程（基础）	夏长课程（拓展）	秋收课程（选择）	冬藏课程（综合）
勤美	明礼仪 重审美	道德法治 音乐 美术	家长好课堂 唱春种 舞秋收 画冬藏	合唱 民舞、街舞 沙画、扎染 面塑、毛麻绣	六月艺术节
勤勇	强体魄 会生活	体育 综合实践	传统体育游戏 小种子研学 梦想课程	足球、篮球、 武术、跆拳道	九月开学季
勤创	善动手 会创造	科学 信息技术	"农民伯伯"进校园 "一分田"种植园	木工坊 烘焙馆 种植小分队 气象研究社 创客DIY	三月勤耕节

在深圳市立言教育研究院的大力帮助下，A 小学的课程体系由最初的头绪纷繁复杂，到逐步清晰化、具象化，既贴合了学校发展实际，体现了自身的独有特色，也进一步实现了国家课程校本化、校本课程特色化、拓展课程品质化、选择课程多元化、综合课程主题化的目标。对此，A 小学校长 L 表示：和新样态项目接触之后，最大的改变是它在做顶层设计的时候，一下子把顶层设计和课程之间的这种逻辑关系和育人目标联系在一起了，有一种整体融合和一气呵成的感觉。以前是小点，但现在是上下贯通、一体化的。

新样态项目不仅在 A 小学和 B 小学取得了成功，在深圳市立言教育研究院的参与下，盐湖区各实验校深入挖掘文化内生点，站在整体育人的高度，总结出独属于自己学校的办学理念、育人目标，构建了属于自己的课程体系。实验小学在"让儿童像鲜花般绽放"这一教育理念的基础上，构建了"七色花"课程体系；向阳学校提出"培养有特长的阳光优能少年"，构建了"向阳花"课程体系；解放路示范校提出"培养有中国灵魂、世界眼光的典范少年"，构建了"典范"课程体系；北街小学以"培养灿烂明亮的儿童"为出发点，构建了"灿烂童年"课程体系等，都取得了不错的成效。正如在运城市"学校课程顶层设计与实施"阶段推进培训会上 Y 专家所言："我们做新样态学校，最终还是为育人服务，希望能够帮助学校在追求教育本质目标、拥有普适性育人价值取向的同时，凸显自身的办学特色。"

第四章　U-S 合作下的学校文化变革与特色发展

第一节　学校文化变革的背景及内涵

一、文化变革

文化变革是组织变革的一部分，也是变革活动中最根本、最深层次、最困难的环节。一般情况下，变革包含着普通变化与彻底变化两种内涵，是组织为了实现自己的目标，依据内外部环境的变化趋势和要求，对组织现状进行调整、改变以及创新的过程①。其本质是对组织所拥有的人、财、物等各种资源进行重组和分配的过程。根据变革的实施程度可以把变革划分为两个层次：第一个层次为一定范围内的、渐进的、连续的变革，并不直接触动组织的核心价值观，而是适应性、小规模的变革，又称适应性变革；第二个层次为多维度、不连续、革命性的变革，这一层次的变革将重新塑造组织核心价值观、形象及内部结构，又称转型性变革②。文化变革归属于变革的第二个层次，是组织运作之根本概念的改变，是从组织核心价值观到具体环境、实践活动等的根本性变革，它关系到组织的框

---

① 杨忠. 组织行为学：中国文化视角 [M]. 南京：南京大学出版社，2006.
② 罗宾斯. 组织行为学 [M]. 北京：中国人民大学出版社，1997：553.

架重建,挑战及修正的是深植于组织系统中的价值观及信仰,以产生全新的文化或组织认同为终极目标,也有学者把其称为深层变革[1]。学校文化变革是变革的一个延伸拓展概念,专指学校领域内的文化变革,它包含了从浅层到深层的变革,即可见的行为模式的变革、制度的变革、规范体系的变革和价值观的变革[2],是关于学校教职工的价值观、态度、期望值、信念及行为方面的塑造与重建[3]。对学校文化变革概念的理解,有三点需要注意:

(1) 学校文化变革是以"学校文化"为对象的变革活动,其所指的"文化"是一个广义的概念,不仅包括学校办学理念、办学宗旨、办学目标等精神价值层面,也包含学校制度、环境建设等具体物质层面,但核心目标仍是学校核心价值观的重新内化。

(2) 学校文化变革是对学校进行的根本性、整体性的变革,并非仅仅表现为一种自上而下的变革。由于文化变革将直接触及学校所有成员的根本利益,因此需要在学校内部形成一种有利于变革的良性互动,需要校长、其他学校管理者、教师、学生等的共同参与和支持。

(3) 学校文化变革是一个动态过程,它反映了学校成员对组织未来所做的美好预期及努力,但文化变革本身的走向和结果具有很大的不确定性,涉及学校内部甚至学校外部各种力量的博弈,因此,对学校文化进行变革并不一定意味着能得到一个美好或预期中的变革成果。

基于学者们的研究,本书所理解的学校文化变革是指为适应社会与自身的发展变化与需要,学校及其组织成员针对学校文化所进行的系统性变革活动,包括学校在价值观、育人理念、制度体系、运行机制等方面的变化,以及组织具体物质环境、组织成员行为方

---

[1] 操太圣,卢乃桂. 论学校组织变革中的教师认同[J]. 华东师范大学学报(教育科学版),2005,23(3):43-48.

[2] 舒悦. 基于学习共同体的中小学组织文化变革探讨[J]. 中国教育学刊,2014(9):38-43.

[3] 孟瑜. 学校文化变革的受阻原因、实施方法及阻力应对[J]. 教学与管理,2016(16):16-18.

式等方面的变化。

二、学校效能与学校改进

学校改进是学校组织的系统变革，包括办学目标、战略规划、组织架构、课程体系等方面[1]。哈格里夫斯（Hargreaves）和芬克（Fink）认为有效的教育变革应符合三项标准：深度、长度和广度[2]。因此，仅改善学校物质条件的变革是浅层次的变革，只有触及制度层面和文化层面的变革才是深度的学校变革。

第二次世界大战结束之后，对返工人员的安置和雇用以及此后的婴儿潮，导致了20世纪70年代涉及课程变革、制度变革等方面的教育动荡。20世纪80年代，玛格丽特·撒切尔政府推行公共管理改革，由此催生了英国学校改进运动。与此同时，在《国家在危机中：教育改革势在必行》一文发表之后，美国也掀起了全国性的学校改进浪潮[3]。

谈到学校改进，自然无法避开学校效能。作为学校效能运动的先驱，罗纳德·埃德蒙兹（Ronald Edmonds）认为学校具有效能的五个表现如下：校长具有领导力、教学重点广泛、有序和安全的教学氛围、学生的高期望值、具有明确的学生成绩评估标准。此后，以埃德蒙兹的理论为基础，美国学校效能的研究更加深入，并不断影响世界其他国家。在认识到学校管理人员和专家应该就学校效能问题聚在一起讨论的重要性之后，国际学校效能与改善大会创建了。参会人员包括学校运营的投资人、学校系统的负责人和大学的研究人员，他们会帮助那些经过理论检验的学校转型[4]。

郑贤昌和谭伟明回顾了亚洲学校发展与改进的历程，认为亚洲

---

[1] 褚宏启. 基于学校改进的学校自我评估 [J]. 教育发展研究，2009（24）：47-53.

[2] HARGREAVES A, FINK D. The three dimensions of reform [J]. Educational leadership, 2000, 57（7）：30-33.

[3] TOWNSEND T. International handbook of school effectiveness and improvement [M]. Berlin: Springer Netherlands, 2007.

[4] BEARE H. Four decades of body-surfing the breakers of school reform: just waving, not drowning [M] // TOWNSEND T. International handbook of school effectiveness and improvement. Berlin: Springer, 2007: 128-135.

的学校效能与改进可以总结为"三大浪潮、九种趋势"①。三大浪潮包括：有效的学校运动、优质或有竞争力的学校运动、世界一流的学校运动（如图4-1所示）。20世纪80年代以来，随着基础教育系统的扩展，亚洲的许多教育工作者开始关注学校内部的改进，例如学校管理、教师素质、课程设计、教学方法、评估方法、设施和教学环境等方面，意在提升学校实现教育目标和课程目标的有效性。20世纪90年代，以提高利益相关者的满意度为主要目的的教育改革浪潮兴起，质量保证、父母和社区参与治理、问责机制、满意度调查成为这一时期的关键词。21世纪以来，为了使年轻一代更好地应对信息时代的挑战，亚洲地区的教育决策者及利益相关者敦促教育模式转变，在学校教育中更加突出多元智能、本地化和个性化。

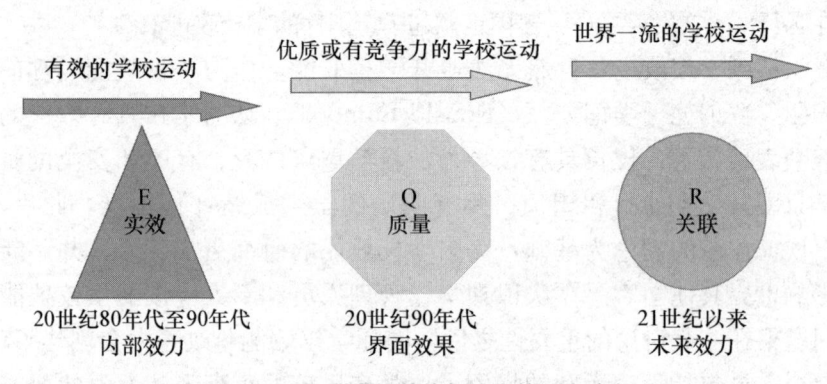

图4-1 亚洲学校效能与改进的三大浪潮

亚洲学校效能与改进的九种趋势主要集中于第二次、第三次教育改革浪潮之中，具体内容如图4-2所示。

校长的领导和教师的参与在学校的改革中起着至关重要的作用。有领导力的校长会在课程框架的形成过程中扮演协调者的角色，在课程开发的每个阶段起到一定的促进作用。而教师的态度、信念、

---

① CHENG Y C, TAM W M. School effectiveness and improvement in Asia: three waves, nine trends and challenges [M] //MURPHY J. International handbook of school effectiveness and improvement. Berlin: Springer, 2007: 37-42.

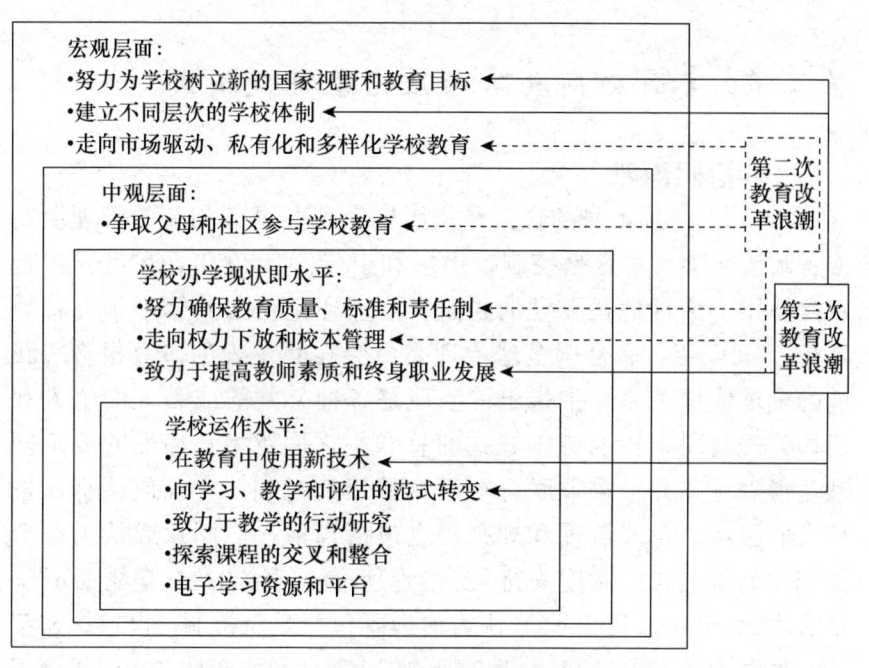

```
┌─────────────────────────────────────────────────────┐
│ 宏观层面：                                           │
│ •努力为学校树立新的国家视野和教育目标 ←──────┐      │
│ •建立不同层次的学校体制 ←───────────────┐   │      │
│ •走向市场驱动、私有化和多样化学校教育 ←  │   │ 第二次│
│ ┌───────────────────────────────────┐ │   │ 教育改│
│ │ 中观层面：                         │ │   │ 革浪潮│
│ │ •争取父母和社区参与学校教育 ←──┐   │ │   │      │
│ │ ┌───────────────────────────┐ │   │ │   ├──────┤
│ │ │ 学校办学现状即水平：       │ │   │ │   │      │
│ │ │ •努力确保教育质量、标准和责任制 ← │ │ 第三次│
│ │ │ •走向权力下放和校本管理 ←  │ │   │ │   │ 教育改│
│ │ │ •致力于提高教师素质和终身职业发展 ←│ │革浪潮│
│ │ │ ┌───────────────────────┐ │ │   │ │   │      │
│ │ │ │ 学校运作水平：         │ │ │   │ │   │      │
│ │ │ │ •在教育中使用新技术    │ │ │   │ │   │      │
│ │ │ │ •向学习、教学和评估的范式转变 ←  │ │   │      │
│ │ │ │ •致力于教学的行动研究  │ │ │   │ │   │      │
│ │ │ │ •探索课程的交叉和整合  │ │ │   │ │   │      │
│ │ │ │ •电子学习资源和平台    │ │ │   │ │   │      │
│ │ │ └───────────────────────┘ │ │   │ │   │      │
│ │ └───────────────────────────┘ │   │ │   │      │
│ └───────────────────────────────────┘   │ │      │
└─────────────────────────────────────────────────────┘
```

图4-2　学校效能与改进的九种趋势

能力和责任感也关系到改革的成败。研究发现，当教师被要求与同事一起开发新课程时，他们会感到不安[①]。即使学校成立了课程改革委员会，教师们也倾向于独立完成工作，团队合作很少见。另外，教师可能会因为开发新课程而挫伤积极性，从而对以后的工作漠不关心甚至对新课程采取抵制的态度。学校的教师们能够充分认识到新课程的教学目标，但大多数教师认为自己没有完成这一目标的能力。这提醒我们，学校改革要重视教师的处境、信仰和兴趣。

文化环境影响着改革成效。有学者通过对两所学校的比较发现，在开放氛围中进行改革的学校获得了成功，而在保守风格中尝试改革的学校以失败告终。因此，重塑学校文化是建设优质学校的第一步。学校改革要充分了解自身及周边社区的文化底蕴，以此为基础建立支持自我更新的环境。

---

① FULLAN M, HARGREAVES A. What's worth fighting for in your school？：working together for improvement [M]. Buckingham：Open University Press，1992：183-186.

第二节　U-S协同共治的理论基础及模式

一、协同治理

"治理"一词本身的含义是指跟国家公共事务相关的管理活动或者政治活动，本意是控制、操纵和引导。1989年，在世界银行首次使用"治理危机"一词之后，治理理论在公共管理领域日趋流行。1995年，联合国全球治理委员会在其发表的研究报告《我们的全球伙伴关系》中指出：治理是各种公共的或私人的个人和机构管理共同事务的诸多方式的总和。它是使相互冲突的或不同利益得以调和并且采取联合行动的持续的过程。它既包括有权迫使人们服从的正式制度和规则，也包括各种人们同意或认为符合其利益的非正式的制度安排①。治理理论的创始人之一詹姆斯·N.罗西瑙（James N. Rosenau）认为治理既包括政府机制，也包含非正式、非政府的机制。随着治理范围的扩大，各色人等和各类组织都可以借助这些机制满足各自的需要，并且实现自己的愿望②。俞可平认为治理与统治最本质的不同在于治理的权威并不一定是政府机关所赋予的，统治则不然③。由此我们可以看出，治理的主体相较统治来说更为宽泛。

随着治理理论的发展，协同学和治理理论的交叉学科——协同治理理论应运而生。柯克·埃默森（Kirk Emerson）和蒂娜·纳巴奇（Tina Nabachi）提出了协同治理的一体化框架（如图4-3所示），该框架描述了协同治理的运作过程④。

在政治、经济、法律等因素的影响下，协同治理得以启动和展开的环境便是系统环境。系统环境影响着整个协同治理过程，既为

---

① 达林. 理论与战略：国际视野中的学校发展 [M]. 北京：教育科学出版社，2002：100.
② 罗西瑙. 没有政府的治理 [M]. 南昌：江西人民出版社，2001：148.
③ 俞可平. 治理与善治 [M]. 北京：社会科学文献出版社，2000：6.
④ EMERSON K, NABACHI T. Collaborative governance regimes [M]. Georgetown: Georgetown University Press, 2015：102-136.

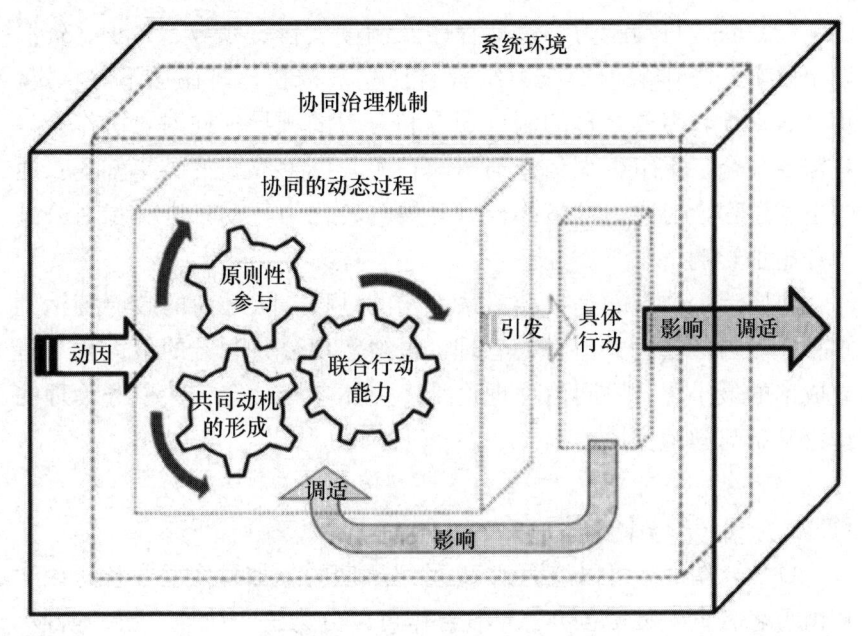

图 4-3　协同治理的一体化框架

其创造有利条件，也对其形成一定的约束。协同治理机制是指一套原则、标准和决策程序，包括协同的动因、动态过程、具体行动和影响，协同的动因又包括领导力、外部驱动、相关性、社会管理中的不确定因素等方面。

协同的动态过程主要包含三个方面，三者彼此交织、相互影响。

(1) 原则性参与。在不同的时间点，不同的利益相关者以面对面会议或者线上对话的形式公开进行沟通。在这个过程中，具有不同利益、身份和目标的人群跨越各自的机构、部门的管辖边界，力求解决问题和冲突并创造价值，达成一致的决定。

(2) 共同动机的形成。此过程包括四个阶段：相互信任、理解、内部合法性和承诺。相互信任可以使组织成员超越个人、制度和管辖范围的视角，从而可以理解、尊重他人的立场和利益，使组织成员之间产生一种人际确认感，推动内部合法性的形成。参与者进而能够跨越以前划分的组织、部门和边界，承诺建立协同的纽带。

（3）联合行动能力。包括程序及制度安排、领导、知识、资源四个要素。协作的内部权力结构与独立机构相比，往往不够稳定，更具流动性，需要合理的制度安排和有力的领导；同时，协作全过程需要聚合、重组数据信息与稀缺资源，以生成新的共享知识。通过上述过程，协同治理最终得以开展并转化为行动，进一步对公共事务施加影响。

协同治理体现的是社会关系重构的过程，从之前的政府统治到多主体参与社会公共事务的管理，最终实现公共利益的最大化与行政成本的最小化。协同治理理论是多主体参与社会公共事务治理的理论基础与学理支撑。

二、大学与中小学（U-S）合作

U-S 合作最早可以追溯到 19 世纪末期的芝加哥实验学校，该学校由著名教育家杜威创办。U-S 合作可以分为三个阶段：第一阶段，19 世纪末到 20 世纪初，U-S 合作的主要内容是教师培训。中小学为大学的师范生提供实习场所，大学给中小学教师开展课程培训。第二阶段，20 世纪初到 80 年代之前，大学开始介入中小学教育的发展[①]。第三阶段，20 世纪 80 年代中期至今，U-S 合作更进一步，开始尝试改变教师教育的质量，提升中小学的办学质量，同时实现教育变革。其中，最有名的是美国的"专业发展学校"和英国的"教师伙伴学校"。"专业发展学校"的目的包括：为师范生更好地进入教师领域做好准备，为在职教师的专业发展提供培训机会，为教学实践的探究提供场域并且促进学生学习成就的达成[②]。"教师伙伴学校"的目的是在大学和中小学之间建立起合作关系，使二者共同担负起对新教师（师范生）的培训责任，让学生可以"在学校中花很

---

① 伍红林. 美国大学与中小学合作教育研究：历史、问题、模式［J］. 比较教育研究，2008（8）：62-66.

② KIRCHNER A, ANTONY D. Norman, evaluation of electronic assessment systems within the USA and their ability to meet the National Council for Accreditation of Teacher Education (NCATE) Standard 2 ［J］. Educational assessment, evaluation and accountability, 2014 (11)：393-407.

多时间,学习实际教学经验"①。

美国的 U-S 合作的两种典型模式为:共生模式、公平交易模式。共生模式以双方具有差异性为合作的基础,以双方都具有奉献精神且合作可以满足双方的利益为必要条件。有机关系模式是西罗特尼克等人提出的,强调合作双方存在共有的问题,只有跨越边界开展合作才能使问题得到解决②。公平交易模式是古德森(Goodson)和费利瑟(Fliesser)提出的,该模式围绕两大主题:我愿意付出什么、合作中我能得到什么。因此,合作双方必须真诚,并且随着双方的利益和兴趣的改变,交易过程也会改变③。

之后,又有学者提出了 U-S 合作的执行模式和发展模式。执行模式又被称为专家模式,是以示范教授为主要方式的一种合作模式;发展模式则是相互合作的模式,合作过程中伴随着疑问和讨论等环节。还有学者将 U-S 合作总结为协同合伙、共生合伙、有机合伙三种模式。协同合伙是"施与"和"接受"的合作模式,共生合伙模式表现为双方互为"施与方"和"接受方",有机合伙模式表现为双方对于解决共同面临的问题有非常强烈的意愿与积极性。

邬志辉认为 U-S 合作分为专家理论应用式和内部生长式的学校改进模式。专家理论应用式,是指按照专家给出的方案、指导和示范执行的实践改进。与传统的专家理论应用模式相比,内部生长式的学校改进模式注重实践与中小学的实际需求,认为大学专业人员应更多扮演服务者的角色,合作的目的是让每一所学校都能变得更好。大学专业人员在内部生长式的学校改进模式中所发挥的作用是:使教育实践者的信念和心智模式得以出现,突破教育实践者的常规

---

① 徐娟. 教师发展理念下两种"US 合作模式比较研究":英国教师伙伴学校和美国专业发展学校 [D]. 南京:南京师范大学,2007.

② SIROTNIK K A, GOODLAD J I. School-university partnerships in action [M]. New York:Teachers College Press,1988:191-204.

③ GOODSON I, FLIESSER C. Negotiating fair trade:Towards collaborative relationships between researchers and teachers in college settings [J]. Peabody journal of education,1995:5-17.

操作并促使原有框架发生改变,让理论工作者和实践工作者可以共同进步蜕变①。吴康宁将 U-S 合作分为以下三种基本类型:利益联合型、智慧补合型、文化融合型②,如表 4-1 所示。在这些合作关系中,甲方是掌握合作主动权的一方,乙方是被卷入合作体的一方,在利益联合体的合作中,主动方视被动方为实施专业救济的对方,被动方视主动方为提供专业智慧并有经济收益的对方。而在智慧补合模式和文化融合模式中,双方合作意愿更强烈也更统一,他们的关系更为紧密,对方都不再只谋取自己的单方利益,对方也不再是自己获取这种收益的对象。

表 4-1　U-S 合作基本类型

	利益联合型	智慧补合型	文化融合型
合作动机	谋取自身名利	优化自身智慧	建构共同世界
地位认知	乙方为目的,对方为工具	乙方为目的,对方未必为工具	双方均为目的,对方不再为工具
身份界定	同伴:我们与你们两个团队	友伴:我们与你们一个联队	依伴:我们一个团队
角色关系	指导与被指导	平等互学	共同创造
关注重心	指标的达成	方法的形成	品质的养成
力量投入	体力·智力(肢体)	智力·体力(大脑)	生命力(身心)
自身体验	成事	成功	成人
评价内容	工作	能力	精神
适用理论	社会交换	多元智能	和谐共创

在我国,有代表性的 U-S 式学校变革包括:北京师范大学教育系与河南省安阳市人民大道小学所进行的合作、华东师范大学终身教授叶澜主持的"新基础教育研究"、华中师范大学教育学院和湖北省荆门市象山小学开展的合作,以及北京、石家庄等地区的中小学与首都师范大学教育科学研究院合作设立的"教师发展学

---

① 邬志辉. 学校改进的"本土化"与内生模式探索:大学与中小学合作伙伴关系的维度 [J]. 教育发展研究,2010 (4):1-5.
② 吴康宁. 从利益联合到文化融合:走向大学与中小学的深度合作 [J]. 南京师大学报(社会科学版),2010 (3):6-8.

校"等①。

那么哪些因素推动了大学与中小学开展合作呢？王嘉毅、程岭将 U-S 合作的助推力概括为：推动教师教育的发展、学校发展及课程改革的需要、为小学排忧解难、大学职能的应然和专家工作的常态②。李静认为：对于大学来说，U-S 合作项目可以使大学教师加深对基础教育的研究力度，从而形成理论研究-实践训练-反思提升的过程；而中小学则可以通过加盟专业发展学校获得外援的配套资金、理论指导、技术支持和教育资源，从而促进学习型教师团队的形成，实现学校的特色发展，提高学校的办学水平③。

但是我们也应该意识到，在 U-S 合作研究中，双方空间距离的缩短未必带来真正意义上的文化融合④。大学和中小学有自己的文化特征，大学更加擅长科学理论的研究与学科体系的构建，而中小学更加重视实践层面的行动，因此两者的合作难免存在脱节的问题。蔡春和张景斌认为在大学与中小学合作的过程中有效合作的匮乏是不可忽视的一大障碍，如合作过程中所表现出的合作层次不够、合作基础薄弱甚至遗失等现象⑤。除此之外，双方在合作中还存在对合作价值认知不足、行为主体关系不平等、合作层次较低以及保障措施乏力等问题，这些问题也会影响 U-S 合作的效果⑥。

为了使 U-S 合作过程中的问题得到有效解决，双方应该建立长效合作机制——在合作之初达成共识、在合作过程中保持平等的关系并且建立起完善的保障机制与评估机制。彭虹斌认为 U-S 合作最

---

① 杨小微. 转型与改革：中小学改革与发展方法论［M］. 武汉：湖北教育出版社，2004：144-150.
② 王嘉毅，程岭. "U-S"合作及其多元化模式建构：兼述第五届两岸四地"学校改进与伙伴协作"学术研讨会［J］. 教育发展研究，2011（20）：45-49.
③ 李静. U-S 教师教育共同体：目标、机制与策略［J］. 教育理论与实践，2012（8）：34-36.
④ 孙元涛，许建美. 大学与中小学合作研究：经验、问题与思考［J］. 教育研究与实验，2012（3）：46-51.
⑤ 蔡春，张景斌. 论 U-S 教师教育共同体［J］. 教育科学研究，2010（12）：47-50.
⑥ 陈振华，程家福. 论 U-S 合作长效机制的构建［J］. 教育发展研究，2013（4）：60-65.

重要的是寻找两者之间的目标和远景共识，如此才可以建立合作的平台①，实现两者之间的有效合作。牛瑞雪认为 U-S 之间的合作，首先应该确立共同的合作目标，参与者需要明确自己的角色定位：作为行动研究主体的教师必须具备强烈的自我发展意识；作为组织、物质以及文化的支持者的学校，应尽到组织义务；作为整个合作过程促进者的学者，应以学校的发展目标为根本遵循，助力教师和学校的发展。更进一步的，合作双方应建立起必要的机制以保证合作的顺利进行②。滕明兰认为 U-S 合作首先应该在思想上达成共识，其次应该拓宽合作领域并且加强组织文化建设、持续加大资金投入力度③。

三、本书中的 U-S 合作

合作是基于双方同时发生的、共同的利益，需要双方付出努力和投入的平等互惠的过程。合作双方基于合作目标和愿景达成的共识、不同的价值观的相互沟通和磨合、双方权力和关系的重构都是合作得以成功开展的关键。U-S 合作以中小学作为合作的基地进行合作建设。通过双方的合作交流，教师可以获得专业技能的提升，中小学和大学则可以获得更好的发展④。

那么 U-S 合作何以成为可能呢？张翔和张学敏认为协商性的交易是 U-S 合作的本质，双方必须有共同利益才能够共同生存。大学可以帮助中小学进行学校组织的更新、通过培训指导促进教师的改变和学生学习成绩的提升；而中小学的条件对于大学教师教育一体化的革新与教师教育的转变有着重要意义。双方各自的优势使彼此合作成为可能⑤。

---

① 彭虹斌. U-S 合作的困境、原因与对策 [J]. 教育科学研究，2012（2）：70-74.

② 牛瑞雪. 行动研究为什么搁浅了：大学与中小学合作研究的困境与出路 [J]. 课程·教材·教法，2006（2）：71-77.

③ 滕明兰. 从"协同合伙"走向"共同发展"：大学与中小学合作问题研究 [J]. 教育发展研究，2008（22）：68-71.

④ 傅树京. 大学与中小学合作发展：理念及实践 [J]. 辽宁教育研究，2003（5）：69-71.

⑤ 张翔，张学敏. 教师教育 U-S 共生性合作的发生机制探究 [J]. 教师教育研究，2012，24（1）：29-34.

因此，本书将 U-S 合作定义为：以中小学为实践基地，双方依据一定的规范和原则，大学（主要是教育学院）发挥自身的专业优势和学科优势，中小学提供现实的实践场域，双方人员进行不断的沟通交流与协商，进而使中小学在学校办学水平、文化体系构建和升级、课程与教学变革中取得明显的提高和发展。

第三节　学校文化变革的实践案例（一）

一、我国对农村小规模学校特色的研究

付美玲的硕士毕业论文研究的是巴东县的农村小规模学校校园文化建设，研究结果显示农村小规模学校在文化建设方面存在物质文化建设落后、精神文化建设贫乏、制度文化建设不足、活动文化建设较少的问题。具体来说，巴东县的农村小规模学校物质基础落后，需要加大改进力度；精神文化建设方面——"一训三风"形同虚设，素质教育基本上是"墙面文化"，学校办学未能融合本地乡土民俗特色，故而没有形成办学特色；制度建设较为健全但是师生认可度较低、可实施性差；学校只履行日常教学任务，不愿过多开展课外活动以满足学生成长中的个性化需求[①]。除此之外，农村小规模学校在特色化发展过程中面临着专业师资匮乏、课程开设困难、办学品位不高、特色活力不强等问题。毛拴勤在指出农村小规模学校特色发展所面临的一系列问题的基础上提出破解之道——坚持创新机制，因地制宜地采取相应政策，全面推行片区化管理、联校走教、复合型教学三种模式，如此一来农村小规模学校便可以朝着小而美、小而优、小而精的方向实现跨越式发展[②]。再者，农村小规模学校还可以结合"一校一品"的建设拓展学生素质，教师培养少量的学生，以便因材施教，培养学生的核心素养；针对学校缺少音、体、美、英语等相关教师的情况，则可以利用班班通或者

---

① 付美玲. 农村小规模学校校园文化建设研究［D］. 武汉：武汉轻工大学，2018.
② 毛拴勤. 农村小规模学校特色发展的实践研究［J］. 甘肃教育，2019（8）：20.

互联网实施教学①。在对运用书法实施特色化办学的八里小学所进行的个案研究中,王丽君指出特色办学是化解农村小规模学校困境的有效方法。八里小学在分析原因、研究发展策略的基础上,决定以小班化的形式提高教学质量,以书法办学提升教学质量,打造墨香校园文化,并且构建了以书法课、走教课、阅读课为主体的特色文化课程,加上课外文化的拓展,创建了特色课堂教学模式②。陈飞在其博士毕业论文中对农村小规模学校——红丰小学进行了个案研究,将学校的发展思想总结为"打造有质量谋个性的学校教育"。红丰小学由"贫困薄弱"向"优质"转变,同时校本课程的开发也使当地形成了"顾全面、重个性、有质量、树特色"的教育局面③。

我国台湾地区的小规模学校是指学生人数少于100人或者学校班级数少于6个班级的学校。台湾地区小规模学校的成因与大陆相似,即适龄儿童随父母向城市流动而出现少子化,并且台湾地区的小规模学校也主要分布在偏远的农村、海岛、山地等。我国台湾地区小规模学校发展的方法策略可以为大陆提供借鉴。

我国台湾地区的小规模学校注重学校的内生性发展。学校在发展过程中,除了考虑经济成本,还会综合衡量小规模学校在教育学、社会学以及文化学意义上的价值取向。例如,从教育学意义来说,小规模学校师生比低,学校的老师可以根据每个学生的实际情况开展启发式、个性化、探究式和小班化的教学。除此之外,学校还注重从大教育观的角度综合考察学生的发展情况,且学校非常重视具有地方特色的文化资源,常常以此为基础,培养学生的地方情感和文化认同。我国台湾地区的小规模学校十分注重校本课程的研发,主要有以下三个特点:开展社区活动并转化为常态的校本课程,将课程专家与教师的行动研究相结合,校本课程建

---

① 王锋. 少了特色 小规模学校站不稳 [N]. 中国教育报,2016-05-18 (5).
② 王丽君. 特色办学解困农村小规模学校:八里小学书法特色办学个案研究 [J]. 中国校外教育(上旬刊),2017 (2).
③ 陈飞. 农村小规模学校校本课程开发研究 [D]. 长春:东北师范大学,2018.

设经费来源多元化①。除了坚持学校发展的"内生性"价值取向,孙艳霞认为农村小规模学校还应该注重培养优秀的师资,整合多种教育资源,进而形成本校特有的知识体系②。

台湾地区的小规模学校还十分重视强化学校的行政领导。首先,台湾地区小规模学校注重组建优秀的行政领导团队;其次,台湾地区小规模学校运用民主领导方式,注重集思广益,形成共同的愿景。这个过程要求全校人员发挥各自的智慧,关键在于营造一种民主的氛围,从而使行政领导团队能够积极地协商沟通。另外,创建策略联盟是台湾地区小规模学校发展的保障。小规模学校教师数量少,教师的人均工作量大,因此与各级学校、产业集团结成联盟,实现人力资源、物质资源的共享,是小规模学校得以发展的有力保障。小规模学校的策略联盟包括以下两类:同业联盟,指小规模学校与各级学校之间的联盟;异业联盟,指小规模学校与产业集团之间的联盟③。

综合来看,对我国小规模学校所面临的困境以及对策建议讨论得较多,既有从宏观层面对相关政策进行的阐述分析,也有从微观层面针对某个县的实地调研所得出的结论,实践研究成果颇为丰硕。但是关于我国农村小规模学校特色化发展的研究相对较少,且多是针对某个地方的案例研究。对农村小规模学校特色化发展过程中学校组织文化体系构建与实施策略的研究也较少。因此本书拟从学校文化建设、文化建设是如何通过课程与活动得到落实这两方面开展研究,在此基础上探究 U-S 合作过程中大学与小规模学校扮演的角色、发挥的作用与该过程中有待完善的问题。

二、日本对小规模学校特色的研究

学校的活力不足是日本小规模学校发展面临的最大困境。学校

---

① 孙艳霞. 我国台湾小规模学校价值定位与特色发展研究 [J]. 课程·教材·教法,2014 (9):126-127,85.

② 孙艳霞. 国外小规模学校创新发展特征与启示 [J]. 当代教育科学,2017 (1):45-49.

③ 刘俊仁. 台湾地区小规模学校发展特色学校的基本策略 [J]. 教育评论,2017 (3):49-53.

缺乏活力无疑会给学校的发展带来很大的阻碍。学生缺乏上进心、教师缺少提升自己专业技能的热情等问题，最后的结果便是学校的教学质量无法得到保障。日本针对学校活力不足的问题采取了一系列有力的措施。2015年1月，日本文部科学省就这一问题出台了《公立中小学应对少子化的活力校园文化建设国家指南》，旨在探究小规模学校在合并过程中应该遵循的必要规范以及维持小规模学校基本教学应该采取的措施和相关事项；各个社区对小规模学校开展支援活动，形成社区和小规模学校共同建设共同发展的格局，比如北海道政府提出的"以学校为核心的区域治理"，就是举一区之力支持学校的教育举措①。其实早在1954年，日本政府便颁布了《偏僻地区教育振兴法》，其中就规定了市街村除了负责偏僻地区小规模学校的教材、教具的供应之外，还应该在小规模学校缺少体育、美术设施时为其提供相应设施等一系列措施②。

针对高知县土佐市的基础教育改革是日本20世纪90年代中后期在地方分权和放宽限制的背景下进行的。"孩子是学校的主人公"这一理念是土佐市一系列教育政策的核心指导理念。在这一理念的指导下，土佐市采取"基于学校、家庭和社区的合作来提高教育水平""注重提高教师的素质和指导能力""通过导入教学评价系统等改善教学的措施，提升学生的学力水平"等具体措施。政策改革重视学校、社区以及家长等多主体共同参与学生的教育过程③。

在农村小规模学校的教师管理问题上，日本政府的做法同样可以给我们提供思路与借鉴。第一，日本的教师属于公务员系统，工资和待遇都由国家统一规定，因此在乡村工作的教师并不会比在城市工作的教师工资低，反而还会额外获得乡村教师特有的补贴。第二，所有教师都由县（相当于中国的省）统一招聘、培训、管理，

---

① 任春荣，左晓梅. 日本乡村小规模学校发展经验及对我国的启示 [J]. 外国中小学教育，2019 (4)：38-45.
② 吴晓蓉. 日本偏僻地区教育优先发展经验研究：以《偏僻地区教育振兴法》为鉴 [J]. 当代教育与文化，2009 (4)：100-104.
③ 王国辉，刘红红. 试析日本高知县土佐市共同参与型基础教育改革实践 [J]. 外国教育研究，2014 (6)：59-67.

中小学教师并非师范毕业生,而是由受过高等教育的、普通高等院校毕业的学生担任。第三,日本政府十分看重乡村教师的招聘和培训工作,在县级教育委员会统一招聘之后,再按照入职时间长短对教师开展不同的培训。例如,新入职的教师可以通过培训知道如何进行家访以及如何才能帮助班上的"后进生"等①。除此之外,教育研究所还会与大学合作为中小学教师编写培训手册,以及与其一起开研讨会研究学校所面临的问题。例如,教育研究所与大学为初入职的教师编写复式教学的指导手册、举办复式教学研讨讲座等②。

三、芬兰对小规模学校特色的研究

芬兰有30%以上的学校是乡村小规模学校,这些学校一般包含三四个任课老师和数个教学小组。近年来,随着社会变革以及集中化,乡村小规模学校的规模在不断缩小,但是"公平"作为芬兰教育体系所秉承的育人观念从未改变。由此,乡村小规模学校开始了改革探索之路。

周边社区成为乡村小规模学校第一个可以利用的资源。乡村小规模学校的教师积极开发面向当地的课程,使学校变成乡村的文化中心。乡村小规模学校对课程创新进行了多阶段的探索——并行课程是多年级教学的第一个官方课程,即不同年级的学生共同探究一个主题。交替课程是作为缓解并行课程班级太多无法顾及低年级学生的弊端而提出的优化方案,是指两个年级同时研究一个主题。螺旋课程作为并行课程的扩展型课程方式,能够在扩大和深化高年级课程的同时,更加仔细全面地考虑其他学生③。

芬兰学者埃亚·基莫宁和拉伊莫·内瓦莱宁就通过对两所乡村

---

① 闻竞. 日本乡村教师的师资保障机制[N]. 学习时报,2015-12-24(2).
② 陈君. 日本边远贫困地区教师教育改革战略与路径述评:以北海道地区为例[J]. 教学研究,2018,41(1):42-48.
③ KALAOJA E, PIETARNEN J. Small rural primary schools in Finland: a pedagogically valuable part of the school network [J]. International journal of educational research, 2009, 48(2):1-116.

小规模学校进行案例研究来探究学校里的课程变化对教学实践的影响。研究得出：在芬兰，乡村小规模学校会通过加强与周边社区的互动来解决学校的办学情境问题，学校还会培训教师、修缮校舍、编写可以反映综合年级差异的教材以及开发用于学校交通的财政支持。另外，学校在教学过程中强调使用本地学科材料，开发综合年级的课程并且积极促进家校合作以及学校之间的合作。在对案例学校进行调研的过程中，作者详细地描述了苏维拉（Suvila）学校的课程：由教师、学生、父母共同构建的针对学生的个人课程，每年修订一次；包含数学、芬兰语等科目的课程；以历史研究和自然、宗教为主题单元的环境课程；音乐、美术等手工艺课程[①]。苏维拉学校的主题单位组织如表4-2所示。

表4-2 苏维拉学校的主题单位组织

第一年	第二年	第三年
1. 森林 ——森林生物学，自然界中的生物循环，森林利用，林业，燃烧 2. 历史 ——主题清单之后的课程 3. 地理 ——主题列表之后的课程 4. 我 ——人类生物学，人类发展历史，营养学 5.《圣经》 ——主要内容，与当今的联系 6. 贸易 ——消费者信息，昨天和今天的贸易，货币算术，贸易，创业	1. 农场 ——农场上的动植物、哺乳动物、院子和花园里的植物，昨天和今天的农业，农业对人类的重要性，全球营养问题 2. 医院 ——健康教育，影响健康的因素，传染病，事故和急救的因素，医院职业，慢性病 3. 地理 4. 历史 5. 湖泊和沼泽 ——湖泊和沼泽的生物学，动物的结构、种群，水的状态，昨天和今天水路的重要性	1. 道路 ——交通，道路在社会中的重要性，道路生态系统，昨天和今天的道路建设 2. 物质和能量 ——物质，能量，电力和电气设备的状态，磁性 3. 耶稣 ——生命和中心教义，与当今的联系 4. 地球和空间 ——太空中的地球，天体，星座，起源 5. 地理 6. 历史

---

① KIMONEN E, NEVALAINEN R. Teachers facing the challenges of curriculum change in the small rural school in Finland [J]. Journal of public administration research & theory, 2012, 22 (1): 1-29.

第四节 学校文化变革的实践案例（二）

一、A小学与大学的合作模型

吴康宁将 U-S 合作的基本类型归为利益联合型、智慧补合型、文化融合型，并且进一步指出 U-S 合作在实际生活中是更加复杂的，几乎不存在纯粹的上述三种类型。但是，中小学与大学若是想有深入可持续的发展，那么双方应在合作中做到文化融合。文化融合型的 U-S 合作是指双方能够通过文化的交流，相互作用，创造出一种能够高效率推动合作、高质量促进发展的新的文化。因此，在合作过程中，双方必须把对方视为目的，而不能仅把对方视为自身利益实现的"工具"。这样中小学和大学在合作中就不再是"你们"与"我们"两个团队，而是"一个团队"；这个团队虽不能说没有一点"指导与被指导"的成分，但基本属性是"共同创造"，这种创造具有平等性、互依性、紧密性。大学和中小学的关注点不在于指标的达成或者方法的掌握，而在于高效率的伙伴合作、高质量地改进学校所需要的品质养成；行动过程也不再仅仅是为了弥补自身不足的学习改进过程，而是一种追求超越的生活过程本身。这一过程中，双方都需要投入全部身心，在合作成效显现的时候，双方会有"成人体验"，这种体验是因为双方的思想与行动得以协调推进，智慧和情感能够协调发展，自己与他人可以共同成长，改变自己与改变世界可以同时进行。效果评价是对双方在合作中所体现的思想和文化素养的一种"精神评价"，也就是评价对方有没有做到以人为本、平等互尊、开拓创新、开放多元、理解宽容、共生共享。支撑"文化融合型" U-S 合作的理论基础不是单一的，而是包括多元文化理论、对话理论、和谐社会理论等多种理论，所以本书将其统称为"和谐共创理论"[①]。

因此，本书将 A 小学与大学合作的应然状态与实然状态归结如

---

① 吴康宁. 从利益联合到文化融合：走向大学与中小学的深度合作 [J]. 南京师大学报（社会科学版），2010（3）：6-8.

表4-3所示，并根据合作动机、地位认知等评价要素对双方协同治理的过程进行分析。

表4-3 A小学与大学的合作模式

	应然状态	实然状态
合作动机	建构共同世界	A小学：学校发展 大学：社会服务+理论实践提升
地位认知	双方均为目的，对方不再为工具	A小学：完善自身 大学：完善自身+服务社会
身份界定	侪伴：我们，一个团队	友伴：我们与你们——一个联队
角色关系	共同创造	指导与被指导
关注重心	品质的养成	学生综合素质提升，学校特色化发展
行动过程	追求卓越，一种生活	弥补不足，相互学习
力量投入	生命力（身心）	体力、智力（大脑）
自身体验	成人	成功
评价内容	精神	能力
适用理论	和谐共创	多元智能

二、A小学与大学的合作动机分析

根据协同治理理论，共同动机的形成是合作开展的基础条件。A小学面临"内忧外患"的局面，出于"自救"的本能主动向大学表明合作意向；大学基于发展自身专业技能的考虑与服务社会的使命感答应了此次合作。至此，双方基于各自的立场形成了共同的动机——促使此次合作顺利达成。

（一）中小学：自身主动寻求变革

A小学建校历史悠久，但是近年来，外部面对拆迁和学校生源不断减少的双重困境，内部面对学校文化建设形同虚设、课程建设不成体系的现实情况，学校领导积极寻求变革。在谈到寻求变革的初衷时，A小学教导主任Z说道：学校虽然小，但是还要生存下去。就算是只剩下一个学生，我们也得想着怎么让他得到更好的教育，不然葬送了这所学校的不是别人,而是我们自己。正是因为有这种积极求变的想法,在昌平区教委组织的一场关于农村小规模学校发展的讲座中,A 小学的校长 X 和教导主任 Z 在现场听了 Y 教授所讲的针对小规模学校顶层设计的案例之后,开始思考学校的发展问题。A 小学教导主任曾道:我们之前也自己探索过一些培训之类的活动,但是就是东做一下、西做一下,没有主旨和一个统领性的东西,因此不成体系。讲座结束之后,他们联系了 Y 教授,表达了与大学合作的意愿,希望 Y 教授可以帮助 A 小学重新构建文化体系,并据此重构课程体系。

A 小学基于自身的发展利益,主动抓住与大学教授合作的机会,积极求变,迈出了双方合作的第一步。A 小学相信通过与大学开展合作,学校会得到一个较好的发展,因而给予了大学充分的信任,这种信任成为推动合作达成的基础。

(二) 大学:理论研究与社会服务

约翰·S. 布鲁贝克在《高等教育哲学》中讲到大学有以下三种职能:传播高深学问、扩大学问领域、运用其成果为公众服务。大学教师所研究的内容必然比中小学教师研究的内容更为宏观和抽象,也更具有理论指导性,这也是大学和中小学之间的合作得以开展的基础。任何理论研究都不能凭空臆想,而要有实际依据,具体到中小学研究领域,则要求大学教师深入教育现场,从教育现场中总结经验,提升理论,并将其运用到中小学教育实践的场域中,以此来检验理论的正确性,进一步提升理论的针对性和适切性。大学教授 Y 在谈及参与此次合作的目的时说道:"我的研究领域是中小学教育研究,研究方向决定了我的主要工作内容,我研究的是偏向应用性的学科,这就需要我到中小学中,了解他们真实的学校状态,然后回来思考、提炼,帮助他们想对策。这其实是一件双方获益的事情,对中小学来说,他们的学校可以得到指导,获得更好的发展;对我自己来说,也有助于我自己的研究更进一步深入,更有现实意义。"

大学教师综合考虑研究领域的实践需要以及学术使命的责任,

同意与 A 小学开展合作。此举既回应了先前 A 小学寻求合作所表现出的信任，同时也为双方的合作赋予了内部合法性与承诺。A 小学与大学基于各自的立场，通过初步的沟通交流，达成合作意向。A 小学管理层对大学教师权威的信服、理解与尊重，大学教师对中小学教育研究的实践需要和对社会责任感的追求，使双方的合作具有了合法性。最终，双方得以跨越以前的组织，建立起协同合作的关系。从"地位认知"的角度来看，中小学是完全基于自身发展而与大学开展合作的；大学则是从理论研究和服务社会两个方面出发，因此并不完全是以自己的利益为根本出发点。

三、U-S 合作过程分析

协同合作的开展离不开联合行动能力的形成，即 A 小学与大学具体合作的开展过程。根据治理理论，联合行动能力包括以下四个要素：程序及制度安排、领导、知识和资源。首先，双方合作需要一定的程序和制度安排，如大学专家进校指导的次数、时长等；其次，由于协作所形成的内部权力结构与独立机构相比往往不够稳定，合作需要合理的制度安排和有力的领导，如在合作过程中若出现项目无法推进的情况，则需要有明确的制度规定或者强有力的领导以推进工作；最后，协作的过程需要重组信息和稀缺资源，以便形成新的共享的知识，这就需要沟通渠道畅通、信息透明，如此便可以让合作双方都能够最大限度地了解对方的实际情况，从而制定出更加科学的学校文化体系。

（一）合作确立：中小学主动寻求推动合作达成

2019 年初，A 小学的校长和教务主任参加了北京市昌平区教委组织的一次小规模学校经验分享会，会上 Y 教授介绍了农村小规模学校进行学校文化体系建设的案例。A 小学的校长及教务主任 Z 觉得 Y 教授所讲述的学校规模尚不如 A 小学，却通过学校文化体系建设获得了非常大的发展，于是萌生了与 Y 教授合作重新规划学校发展方向的想法。讲座结束之后，A 小学的校长与教务主任主动联系 Y 教授，表达了合作意愿，初步达成了合作意向。

A小学是一所历史悠久的学校，但如今不光面临生源不断减少和拆迁的双重困境，还面临着学校文化理念形同虚设、课程建设不成体系的现实难题，因此学校急需改变发展模式，寻求一种逆境中的自我突破。在此之前，A小学就进行了一系列尝试，开设了足球、陶笛、3D打印等校本课程，并将校本课程融入国家课程。Z主任介绍道："例如，每周两节音乐课，那么一节学课本上的知识，一节学陶笛；体育课也是一样，每周两节的话，我们会拿出一节来让孩子们踢足球。"当谈到开设这些课程是否为了学生升学加分时，该教务主任Z说道："这个不是的，我们主要是根据孩子的兴趣以及老师们的特长开设的这些课程，目的也不是升初中加分，因为现在没有这种加分了，我们主要就是想培养孩子们的兴趣，让他们得到一个更好的发展。例如，他们喜欢踢足球，那就组织老师教他们踢足球，孩子们身体好了，综合体能就上去了，这也有利于孩子们以后的发展。"由此可以看出，A小学一直在积极地寻求改变，以学生的发展为办学的根本目的，因此，A小学主动寻求与大学之间的合作也在情理之中。

A小学每年年初都会收到政府拨付的教育经费，用于学校一年的开支，与大学合作的费用就从这里面出。Z主任表示："政府每年年初会把这一年的钱给我们拨过来，由我们自己分配，那我们就宁肯其他方面节约一点，自己出钱来与大学开展这个合作，重新设计学校的发展理念等这些顶层的东西，不然大家就像散的珍珠一样，今天做这个，明天做那个，没有一个统领性的东西，我觉得我们应该朝着一个方向干才对。"

（二）具体落实：双方互动下的文化体系构建

改造一所学校是一个非常复杂的过程，需要大学与中小学密切合作，共同发力。Y教授表示："我们要做的工作：一是帮助学校提炼文化要素，凝练出办学理念和育人目标。这个工作难度很大，需要跟学校领导班子沟通交流学校文化的基本思想和方法，达成思想一致后才能进入学校文化要素的提炼，然后再组织研讨会分析深化办学理念，进而根据办学理念提炼出学校的育人目标。二是从育人目标中分解出适用于学生的核心素养体系,然后根据这个素养体系构建课程模块并整合课程体系。"中小学则需要组织学校领导班子及一线教师参与研讨会,在与大学专家的思想碰撞中确立办学理念和育人目标,并以此为基础,重构特色课程体系。

首先,双方合作要重组信息资源。大学与中小学需要尽可能地了解双方的实际情况,实现信息资源的共享,形成全新的知识体系。其次,提炼有效信息和重构文化体系。这个过程需要大学发挥理论指导优势而中小学发挥实践层面的优势。最后,落实课程体系。中小学在这一过程中发挥主导优势,学校领导班子通过研讨总结、"磨课"等形式主动作为,积极落实文化理念。大学则通过后续指导跟进、组织校际交流等方式持续提供外部支持。

1. 立足学校,找寻文化内生点

双方合作的第一步便是大学专家进入 A 小学,帮助学校找准自己的定位,找到学校的文化内生点,从而明确学校的办学理念和育人目标。这是双方思想初步碰撞的过程,也是"立根子"的过程。首先,双方会组织一场"学校课程顶层设计与实施阶段推介会",大学专家、中小学校领导以及部分一线教师共同就学校的历史、现状、存在的问题等展开讨论,从而更加清晰地梳理学校的历史文化脉络,提炼文化要素,为办学理念和育人目标提供文化支撑。会上,大学专家坚持要求 A 小学的老师们畅所欲言,以便尽可能多地了解学校的历史与现状,并在此基础上,与 A 小学教师讨论得出最后的办学理念和育人目标。Y 教授在"学校课程顶层设计与实施阶段推介会"上表示:"你们必须参与进来!其实我们是可以直接拿出一个现成的方案来的,但是你们没有参与进来的话,没有自己思想的产生和与别人的碰撞接受过程,最后的效果肯定是不好的。只有大家一起参与进来,一起做出来的东西,在之后的落实过程中,你们才会更容易接受,也更容易将它融入日常教学过程中。"

"一所学校一个样,校校都有自己的样"是 Y 教授常常挂在嘴边的一句话,在与 A 小学的合作过程中,这句话得到了充分的体现。

从进入 A 小学与学校领导及老师们交流开始，Y 教授就注重引导中小学教师挖掘自己学校的地理位置、周边风土人情以及与之相关的历史典故等，保证每所学校都能找准自己的特色，形成独一无二的办学理念与育人目标。

以 A 小学为例，学校位于沙河地区，自建校以来，校名中就有"沙河"二字，因此学校的教师们希望可以留住"沙河"这两个字，并能以此为基础开发新的办学理念。Y 教授在与 A 小学教师进行过两次座谈会后，对学校的基本情况有了一定的了解，同时明确了 A 小学的办学方向和基本追求。于是，双方将办学理念确定为"琢石成玉，聚石成城"。在对这一办学理念进行解释时，Y 教授说："教育本身就是一个雕琢的过程，正好契合了'沙石'这一特性，只有不断地打磨，孩子们才会成为一个对社会有用的人；结合之前老师们反映的学生们普遍存在不自信、行为不规矩的情况，对他们的行为养成是非常必要的，学校应该注重培养学生的团结协作精神，在他们心里种下团结协作的种子。除此之外，这对于我们学校的老师来说也是一种信念和激励，虽然我们的学校面临拆迁，但是只要学校存在一天，我们就要想尽办法让它变得更好。"同时，将育人目标确定为"培养有实力善聚力的有为少年"，将核心素养架构为"五育并举"——担当合作、善思乐探、强健规矩、正雅多彩、勤作笃行。

改造之后的办学定位更加清晰，基于学校自身特点挖掘的核心素养和办学理念便于学校在开展具体教学过程中不断进行审视与开发。同时，A 小学对自身的情况、学校特色认识的也更为清楚和全面。A 小学顶层设计的前后变化如表 4-4 所示。

表 4-4　A 小学顶层设计的前后变化

	办学理念	育人目标	核心素养
改造前	教师发展，学生发展	无	无
改造后	琢石成玉，聚石成城	培养有实力善聚力的有为少年	担当合作、善思乐探、强健规矩、正雅多彩、勤作笃行

续表

	办学理念	育人目标	核心素养
内容解读	● 琢石成玉：教育即雕琢、打磨，对学生不断打磨使其成为一块美玉 ● 聚石成城：培养学生团结合作的精神；教师的一种坚持信念	培养各方面优秀并且乐于团结合作、会团结合作的学生	● 德：担当合作——引导学生具有合作精神，勇于担当 ● 智：善思乐探——引导学生在人文和科学领域都要乐于探究、善于思考 ● 体：强健规矩——身体强健，并且有规矩意识 ● 美：正雅多彩——培养学生多才多艺，会发现美并且创造美 ● 劳：勤作笃行——培养学生对待一件事情的毅力和耐心

2. 结合自身，构建特色课程体系

Y教授表示，中小学新的课程体系的构建过程其实就是"立根子-定调子-搭架子-探路子-亮牌子"的一个过程，A小学在明确了办学理念以及育人目标之后，接下来的工作就是围绕明确的办学方向，构建完整的课程体系。

首先，大学专家会与中小学领导、部分一线教师一起分析现有课程体系的不足。Y教授表示："A小学存在的问题在于他们没有明确的办学理念和价值追求，只是将自己定义为一所普通的农村小学，只要完成了教委布置的任务和下达的要求就可以了。这样就导致学校的课程主要是国家课程标准中开齐开全的课程，这几年，A小学也因地制宜地让自己的老师根据个人特长组织了社团活动并开设了社团课程，但这些课程彼此之间没有联系，跟主课之间也没有联系，所开的课程缺乏体系性和特色性。"其次，在双方就现有课程所存在的缺陷达成一致后，大学专家会要求中小学根据已有的办学理念和育人目标，结合学校之前的课程做出新课程体系的初稿，之后再与中小学教师一起修改、归纳、提升。中小学教师起初很抵触，认为自身的理论高度不够，无法单独完成新课程体系的构建工作。但是大学专家对此很坚持，认为这项工作是课程体系构建过程中必不可少的一环。Y教授表示："中小学一定要自己先做，它们总是觉得自己做不出来，不愿意去尝试，但是只有它们最了解自己的情况，哪怕出来的东西不成熟，那也是有意义的。"中小学教师做出最初的课程体系之后，大学专家会再一次进校指导，以中小学教师提供的初稿为基础，双方就课程体系的构建进行再讨论、再提升，在原有的基础上做出课程的调整。

以A小学为例，围绕"五育并举"理念，学校设立担当合作、善思乐探、强健规矩、正雅多彩、勤作笃行五大领域的课程，每一领域又设立基础课程、拓展课程、自选课程、综合课程，整合了之前的几大课程体系，以育人目标为中心轴，使学校的课程体系统一连贯起来。基础课程是国家统一要求开设的课程，同时也作为其他课程的扩展基础，是A小学的必修课程；拓展课程虽然也是A小学的必修课程，但是部分课程需要不同教师联合授课，课程的开设也充分考虑了学校的办学特色和办学理念等方面的因素；自选课程是在考虑学生个人兴趣爱好、教师特长等因素的基础上开设的课程，由学生自愿选择是否参与；综合课程是全校师生一起参与的大型活动，可以提升学生的综合能力，展示学校良好风貌。

3. 形成合力，促进课程体系落实

在办学理念、育人目标确定之后，大学与中小学又据此明确了学校的四级课程体系，意在使学校的文化理念通过具体的课程内化于全体师生的日常行为中。换言之，新的课程体系是学校文化的载体，并且通过A小学与大学专家后期的跟进得以落实，使学校文化理念根植于中小学全体师生的内心，成为他们信奉的准则。课程体系的落实过程直接关系到U-S合作的成效，是对前期合作成果的巩固与检验，因此是U-S合作中至关重要的一环。

首先，教导主任和各教学组长组成"磨课小组"，以此来督促一线教师落实好新课程。"磨课"就是教导主任和各个教学组长一遍一遍地听课评课，然后从领导和学生的双重角度提出改进建议，使一线教师认识到教学中的不足并做出改变。A小学教导主任Z表示："就是一遍一遍地'磨'，有时候一节课'磨'六七遍，讲好了这一节课，其他的也基本能讲好。因为这样就知道应该怎么把育人目标结合到课程之中了，一通百通。一学期下来每个老师的课我基本都会听一到两遍，然后组织大家开座谈会，说一下听过的课都存在什么问题，大家畅所欲言谈改进措施。"

其次，大学专家持续跟进后续落实工作。针对落实过程中遇到的问题，大学专家通过实地调研，做出初步诊断，双方再一起结合具体的情况开出"药方"，以保证课程体系落地生根，并且在实践中能够得到不断完善。Y教授表示："我们后续要做的就是每学期至少一次到学校指导评估文化课程体系的落实情况，看他们是否充分理解了文化体系的内涵，是否在课程领域中落实了核心素养，是否在四类课程中体现出了办学理念和育人目标。"课程体系构建完成之后，大学专家会积极帮助中小学落实课程，确保顶层设计落到实处。

最后，A小学通过借鉴其他学校的课程落实经验，可以有效避开落实过程中的误区，并且学习到先进做法。在与其他中小学的交流过程中，大学专家起到了沟通协调的作用，通过大学专家的介绍，A小学可以跟不同地区的中小学开展线上线下研讨。各个学校将自己的落实措施分享出来，彼此借鉴，取长补短。

四、U-S合作模式分析

（一）合作方式分析

从协同治理理论来看，相较于单一结构，A小学与大学的合作存在内部权力的不稳定性，因此就更加需要合理的制度安排和有力的领导来保证协同合作的有效开展。在A小学与大学的合作过程中，形成了一套初步的制度安排，包括明确大学专家如何开展指导调研工作、过程中采用什么指导形式、指导过程分为几个阶段、每个阶段重点指导的内容、中小学在此过程中需要做的事情等。但是合作过程也存在许多问题，如双方缺乏制度化的沟通协调机制和共同的愿景等。除此之外，双方协同治理的过程也反映了内部权力的转移,如大学专家在合作过程中始终占据着权威的话语权,只有在大学专家缺席的场域中小学领导者才会占据领导权,开展落实工作。

虽然在文化体系的构建过程中 A 小学也参与了讨论,但更多地起到的是提供学校历史文化信息的作用,双方之间的合作不能达到"共同创造"的程度,双方之间更多的是一种"指导与被指导"的关系,而合作双方应是"我们与你们——一个联队"的关系,并不仅仅局限于达成协议中规定的指标,而是要对学校文化体系的构建进行积极的探讨、互动和沟通。在这个过程中,A 小学得到大学的指导,构建起具有学校特色的文化体系,大学得以在实践场域中检验理论、提升理论,双方不断优化自身智慧;从文化体系的构建过程可以看出,合作所关注的重心在于学生品质的养成;在整个合作过程中,双方都从自身利益出发,因此是一个弥补不足和学习发展的过程;在合作过程中双方所投入的力量更多的是基于大脑的智力和体力的投入,它需要双方认真地观察、思考、琢磨、体会,努力地获取自身体系知识之外的知识;双方都会从合作中得到提升,因此会产生一种"成功体验",即在取得一定成果之后萌生出"我进步了"的感觉;对于合作的评价机制,大学方面会看 A 小学在文化体系方面的落实是否到位,是否能够通过特色课程体系的落实将学校的办学理念渗透到学校生活的各个方面,从而促进学校的特色发展。A 小学对大学则没有类似的评价;A 小学与大学的合作适用多元智能理论,这种理论认为人的智能不是单一的,每个人都拥有多种智能,只是在不同人身上会表现出不同的形态,因此,通过学习,个人可以最大限度地发挥潜能,产生新的智慧状态。也正是因为如此,大学可以通过合作,向中小学学习实践智慧,而中小学可以通过合作向大学参与人员学习理论知识。

(二)合作角色职能分析

通过对 A 小学与大学的合作过程进行分析,发现双方在合作过程中都有自己需要承担的责任和履行的义务,双方共同为 U-S 合作的顺利开展提供支持。

1. 大学：理论研究与宏观规划

（1）理论研究。

在 U-S 合作过程中，大学负责输出本领域最新的研究成果，并将其转化成新的发展理念，为中小学的发展提供理论支撑和专业引领，并且以理论为基础，结合具体情况，为中小学构建学校文化体系。

（2）宏观规划。

大学专家的指导规划对中小学的未来发展是十分重要的，起着统领性的作用。中小学虽然对自身情况及面临的困境非常清楚，但是缺少高屋建瓴的视野。大学专家可以从更加宏观、更加符合科学理论的角度对中小学的情况进行分析，帮助其构建更加完善的发展体系。

2. 中小学：提出需求、落实执行

中小学作为改革主体，最清楚自身需求以及自身所面临的现实困境。因此，在与大学合作的过程中，中小学首先要做的是对自身情况进行梳理，在座谈会时尽可能全面、详细地与大学专家分享；其次是对自身的改革需求、改革目标做到心中有数；最后是在落实阶段，中小学要发挥主场优势，积极落实相关措施，巩固合作成果。

在 A 小学文化体系的构建及落实过程中，大学与中小学之间的合作分为三步：确定办学理念及育人目标、构建特色课程体系、落实课程体系。在确定办学理念及育人目标和构建特色课程体系的过程中，大学始终占据着主导地位，而中小学则处于从属地位。在前两个阶段，A 小学的主要工作是准确翔实地反映学校的历史、文化特色以及现实困境，大学更多地起到理论输出、总结提升的作用。在第三阶段——课程体系的落实过程中，中小学得以发挥主场优势，通过实践、交流学习等方式落实课程体系，而大学更多的是起到辅助性的作用，如针对落实工作中遇到的问题进行后续指导以及介绍不同的中小学相互进行交流。由此我们可以得出结论，在 U-S 合作的过程中，大学主要起到理论指导、经验总结的作用，中小学则主要是在实践落实层面起作用。

五、U-S 合作所取得的阶段性成果

陈如平认为一所新样态小学的建立离不开"四色"——打造本色、夯实底色、形成彩色、彰显特色①。因此，在中小学顶层设计的过程中，大学专家极为注重引导中小学教师发掘学校的历史与周边特色。在谈及现在学校文化体系与之前的学校文化体系有什么区别时，A 小学的教导主任 Z 说："以前我们学校的发展理念，是让老师和学生都能得到良好的发展，这种口号用在哪个学校都可以，大家觉得跟我们学校也没什么关系。现在的学校发展理念、育人目标以及相关的课程都是我们根据学校的历史与专家多次讨论得出的，非常符合我们学校自身的特色，是其他学校没有的，大家也从心里认可。"

A 小学构建的文化体系是 U-S 合作取得的重要阶段性成果。从 A 小学文化体系的变化中可以看到：办学理念由先前的"教师发展，学生发展"变为"琢石成玉，聚石成城"；育人目标由先前空白确定为"培养有实力善聚力的有为少年"，核心素养也根据办学理念和育人目标构建为"担当合作、善思乐探、强健规矩、正雅多彩、勤作笃行"五育并举。学校的文化体系是 A 小学与大学在合作中一步步推进形成的。

首先，在双方达成初步的合作意向之后，大学专家开始进校指导，同步举行"学校顶层设计与实施阶段推介会"。大学专家在进校之前已通知校方，除了学校领导班子，所有该时间段不上课的一线教师也要出席推介会。此举既是为了保证大学专家更加全面地了解学校情况，也有利于减少后续文化理念通过课程落实时所遇到的阻力，从源头上避免"学校育人目标、办学理念与课程体系两张皮"现象的发生。第一次进校指导，大学专家的主要任务是全面了解学校情况。通过中小学领导及一线教师现场自述、查看学校文献资料以及实地参观校舍等方式，大学专家对学校文化有了比较全面的认

---

① 陈如平. 打造新样态学校［J］. 教育科学论坛，2016（24）：7-10.

识。在此基础上，双方重新构思学校文化体系。

其次，在大学专家第二次进校指导时，双方就办学理念、育人目标、"一训三风"展开讨论。大学专家担任推介会的主持人，并将学校文化体系的表格画在黑板上，在双方的讨论过程中逐步加以完善。A小学自建校以来，学校名称中就包含"沙河"二字，于是学校领导班子提出以"沙石"为核心概念构建学校文化体系。双方围绕"沙石"这一概念，结合学校历史、周边风土人情开始了文化体系的构建工作。在双方讨论过程中，若对某一理念产生分歧，大学专家便会陈述自己的观点，并给出多个可供选择的建议，中小学的领导及教师便会针对这些建议进行集体讨论，最终决定选用哪一个；若双方无法达成一致意见，则会采取"搁置再议"的方式，大学专家将几个备选方案标注在表格中，双方各自回去思考一段时间，将此问题作为下次推介会的开篇讨论问题。通过两次"学校顶层设计与实施阶段推介会"的研讨，A小学以办学理念、育人目标、"一训三风"为主要内容的学校文化体系初步明确。

最后，在A小学的文化体系构建完成之后，双方便据此重构课程体系。课程是学校文化理念的载体，只有通过课程的落实，学校的文化理念才能被全体师生所接受，并成为全校师生日常行为处事的准则。

在双方合作之前，A小学的课程体系是传统的三级课程——国家课程、地方课程、校本课程。A小学前期的课程体系框架如表4-5所示。在国家课程和地方课程的基础上，A小学采用课程融合的方法，根据教师的特长及学生的兴趣，增设了校本课程。例如，校本课程中的足球课是融合到国家课程里的体育课之中的，每周两节体育课，老师会用其中一节教学生们踢足球；校本课程中的陶笛课是融合到国家课程里的音乐课中的；其他的校本课程由学生自愿选择是否参与，学校在每周二、三、四下午三点半后安排不少于一个小时的授课时间。A小学在确保国家课程和地方课程正常开设的基础上，主动为学生开设校本课程，具有一定的创新意识，但是三级课程没有主旨性的统领，仅仅是在考虑了教委的要求、平衡了教师的特长与学生的兴趣以及现有可调配资源的基础上开设的。

表4-5　A小学前期的课程体系框架

国家课程	地方课程	校本课程
语文、数学、英语、音乐、体育、美术、道德与法治、科学	● 北京市：书法、安全综合（生命教育、安全教育） ● 昌平区：走进昌平、爱我昌平	足球、陶笛、快乐的小学生数学、手工DIY、3D打印、田径课程、晨诵

在分析了前期课程体系的不足之后，大学专家要求中小学以学校文化体系为依据，在原有课程体系的基础上做出一份新的课程框架图。起初，中小学的领导班子及一线教师十分抗拒，认为自己不具备这样的能力，多次通过电话和线上通信工具询问是否可以由大学专家做出一份初稿，双方在此基础上进行讨论修正。大学专家耐心解释了要求其做初稿的目的，并且予以宽慰，打消对方的疑虑。

在中小学提供了课程体系的初稿之后，大学专家第三次进校指导，主要任务是根据学校的文化理念，在课程初稿的基础上重构学校特色课程体系。A小学最终的课程体系从国家课程、地方课程、校本课程三大模块扩展为基础课程、拓展课程、自选课程、综合课程四大课程模块。A小学调整后的课程体系整体框架如表4-6所示。课程体系从最初的纷繁复杂、没有内在逻辑关联到实现了国家课程校本化、校本课程特色化、拓展课程品质化、自选课程多元化、综合课程主题化的目标。A小学教务主任Z表示："我们其实算是观念比较先进的，之前也积极探索了一些校本课程，想着学生们可以多发展一下兴趣爱好，综合素质能提高一点。但是除了陶笛、足球能融入国家课程，这三大课程之间就没什么关联性了，各个课单打独斗，没有一个整体的目标。现在好了，育人目标、办学理念、具体的课程三位一体，我们知道上每一节课的目标，有了聚力点，劲儿自然就能往一处使了。"A小学构建起了具有内在联系的四级课程体系，凸显了学校的特色文化，促进了学校的特色化发展。

表 4-6　A 小学调整后的课程体系整体框架

五育并举	四大课程			
	基础课程	拓展课程	自选课程	综合课程
担当合作（德）	道德与法治	家长进课堂	争做小小先进兵榜样的力量	寒暑德育小少年
善思乐探（智）	语文 数学 英语 科学	快乐的小学生数学晨诵	3D 打印	元旦才智大比拼
强健规矩（体）	体育 综合实践	安全综合（生命教育+安全教育）	足球 田径课程	9月开学季
正雅多彩（美）	音乐 美术	书法	陶笛 小小合唱团	6月艺术节
勤作笃行（劳）	走进昌平 爱我昌平	小小田园家"一分田"种植园	种植小分队 手工DIY	3月勤耕节

第五节　U-S 合作时出现的问题及解决对策

一、U-S 合作时出现的问题

（一）合作主体角色及职能问题

1. 中小学：依赖心理严重，自我意识不足

农村小规模学校普遍面临着经费短缺和教师老龄化问题，这也直接决定了在与大学合作的过程中他们的动机是谋取自身发展，在合作过程中他们也必然地将对方当作达成目的的工具。在合作过程中他们关注的是改革能否取得实际效果、学生的综合素质是否能切实得到提升。这些现实考量直接决定了在与大学合作的过程中，农村小规模学校不可能以一种平等的姿态与大学展开对话，因此也就不可能与大学专家形成一个真正意义上的团队，而是将专家视为"指导者"与"学术权威"。尽管我们看到大学专家在双方合作的过程中尽力在程序上保证中小学的参与、决策，但中小学这种"低位姿态"仍然贯穿整个合作过程。

　　大学与中小学的不同之处在于大学重理论研究，中小学重实践探索。因此在涉及学校的文化建设时，中小学管理层及一线教师处于弱势地位，容易对大学专家产生依赖心理，认为理论性的东西理应由大学专家提出，自己的任务是贯彻执行。在几次推介会上，学校领导班子能够主动提出自己的看法，但其他教师往往是被点名之后才会表达自己的想法。除此之外，学校为保证一线教师的参会率，特意在会议前一天下发了通知，强制要求大家参与。A小学教导主任Z表示："老师们虽然是按照通知来参与了整个学校的顶层设计过程，在当时可能也发了言，但是说实话他们还是觉得这事跟他们关系不大。就像你们上学一样，院长想什么跟你们没关系，他们主要还是觉得领导规划好了愿景，他们就跟着往前走。那我们作为管理层来说，主要还是想多听听专家的想法，毕竟人家是专业的。专家指导一次，我们就要想好久，消化消化，然后过段时间再请专家来看看我们的实践效果怎么样。"

　　由此可以看出，中小学的领导班子具有一定的变革意识，一线教师则普遍存在变革意识不强烈的问题。其深层次的原因是学校管理层与教师群体之间存在利益冲突。A小学的校长刚上任两年，教导主任则是任教三十余年的本地人，对学校有着深厚的感情。无论是出于积极的"政绩观"还是出于乡土情感——为了孩子和学校的发展，A小学的领导层都有充分的理由促成此次合作，寻求更好的发展。但是重构课程体系受影响最大的是一线教师——熟悉的教学方法变得不再适用，还要不断学习新的理论知识与技能，增加工作强度，特别是年龄较大的一线教师，更是存在这种畏难心理。

　　综合A小学之前的表现，可以得出以下结论：A小学对大学专家存在着严重的依赖心理，始终将自己视为弱势的一方，而并非在合作中可以平等发言的合作方。在大学专家与中小学沟通交流的过程中，专家也是多与校长、教导主任进行联络，与一线教师的联系明显不足；从身份界定来看，双方就只有在开座谈会时是一个团队，会集思广益地出对策、给想法；从中小学的角度出发，合作的大部分时间双方都处于一种"联队"的状态——我们与你们组成一个联队,你们更多地给予指导,我们更多地消化吸收。在 U-S 合作的"角色关系"中可以将其归为"指导与被指导"这一类型。这说明在协同合作的过程中,内部权力和领导力的分配严重偏向大学,而中小学在很大程度上处于"被指导"的弱势地位,虽然这种弱势地位是由其自身的依赖心理与低位意识所导致的。

2. 大学:未做到全身心投入

(1) 理论性过强,意见较为宏观。

大学是研究高深学问的场所,理论性非常强;而中小学是教育教学实践的场所,更加注重应用与实践。双方的特性决定了大学专家给出的意见较为宏观,加之对学校的了解不够深入,因此大学专家给的指导建议在中小学的具体执行过程中往往需要不断调试。在针对 A 小学教师的问卷调查中,有 25% 的被调查者在谈到对未来合作的期望时,表示:"专家站位比较高,希望能更具体、更有针对性,希望能多参与课堂、评课、上课"。其中一位教师 L 直接指出:"专家站位比较高,所用方法可能并不适用于所在班级的教学。如果专家能够进课堂听课、评课、上课,可能更有益于日常教学。"在对 A 小学的教导主任 Z 进行访谈时,她也提道:"我们希望能与专家多一些交流,但是专家平时也忙,我们琐碎的工作也很多,所有大家在有限的时间空间里所进行的沟通,效果肯定是有的,但是可能专家对我们的学校的一些基础教学工作,如对我们要平衡的师资、资金以及不同课程之间的课时量了解得不是很多,所以针对我们学校具体的建议就相对少一点,这样我们在操作层面就不是那么有针对性。所以我想如果我们多交流、多沟通,效果应该会好很多。"

在谈到合作过程中让其印象最深刻的事情时,Y 教授说道:"我觉得印象最深刻的事就是每次进校之前与对方协商时间。因为大学的工作很忙,小学校长和主任的工作更忙,要协调出一个都方便的能持续研讨半天甚至一整天的时间,非常难。故见面研讨的次数也就受到了影响,当然也就影响到了合作效率。"

由此可见,大学专家始终作为"局外人"而非"内部人",没有深入日常的教学实践做现场调查。双方也都意识到了见面研讨次数过少、缺乏沟通，且大学的理念站位过高，是合作过程中不可忽视的问题，会影响到合作效果。

（2）指导形式单一，难以全面了解学校文化。

A小学教导主任Z表示："合作形式就是专家进校指导，主要是座谈会的形式。我们学校这边就是负责组织这个时间段没有课的教师共同参与进来，然后专家帮我们梳理一些相关的理念、提供一些思路，我们再根据自己的情况看看哪些合适、哪些不合适。再有一个，理念的东西很简练，可能就一句话的事，但我们真正实践起来就很烦琐，需要考虑学校的实际情况，方方面面的事，需要较长时间。"双方合作形式单一，座谈会上教师反馈的信息非常有限，大学专家难以准确把握中小学发展的方方面面，仅能对学校有一个大体的了解。所以，双方如果只有座谈会这一种沟通形式的话，课程在落实过程中出现"水土不服"的现象便在所难免，在后期的具体落实阶段中小学就要花费较长时间不断地调整、反馈，合作效率自然也会受到影响。

除此之外，从座谈会这种单一的形式来看，大学投入的是大脑的智力和体力劳动，中小学在智力和体力投入的基础上还会有课程落实及调试，因此可以说是基于生命力的全身心的投入。从协同治理的过程来看，指导形式的单一性不利于协同合作的双方快速、全面地了解对方需求，也不利于既有信息的共享，更不用谈形成新的共享知识和资源了。总之，单一的指导形式会影响协同效果。

（二）协同治理过程中存在的程序性问题

根据协同治理理论，U-S协同合作的过程包括信任的建立、充分沟通、达成共同愿景、建立明确的合作制度、取得阶段性成果等。结合上文的分析，我们可以看出，双方的合作始于A小学对大学的信任，然后经过初步沟通达成合作意向，合作流程较为明确，包括进校指导的次数、每次指导的重点内容等。但是合作流程并未落实为具体的制度约束，合作缺乏共同的目标愿景，且在合作过程中双方的沟通并不充分。虽然现阶段合作取得了一定的成果，但是双方仍需重视合作过程中存在的程序性问题，否则最终的合作效果必然会受到影响。

1. 缺乏制度化的合作机制及沟通渠道

A 小学与大学的合作并没有签订正式的合同，双方达成合作意愿之后，大学专家开始进校指导工作。这种带有传统"乡土中国"意味的信任使整个合作过程缺少制度化的约束。例如，专家进校指导没有固定的时间表，一般顺序为"A 小学主动邀约-双方协调时间-举行座谈会"。但是在第四次专家进校指导之后，A 小学的校长频频出差，导致第四次进校和第五次进校间隔较长。A 小学教导主任 Z 曾表示："Y 教授前几天联系我们协商这次进校指导的时间，问本月 17 日是否有空闲，但是正巧赶上寒假之前的全体教师大会，所以未能成行，估计得年后才能见面了，我们上个阶段攒下的问题也只能年后再向 Y 教授请教了。"在专家进校指导过四次之后，在对 A 小学教导主任进行的一次访谈中，她说："专家讲的东西理论性很强，很简练，让我们一下子消化是不现实的。所以我们只能在专家讲完之后，自己消化一段时间，过段时间再请专家来答疑解惑。另外，专家讲的东西是好，但是对我们学校一些很细微的东西了解得不透彻，因此我们还要想实践的时候怎么结合，怎么有效利用这些资源。我们就在想如果专家能多了解了解我们学校的情况就好了。"当被问及双方合作的这一年之中是否向大学专家表达过类似想法时，她表示："没有说过，因为觉得专家平时都很忙，也不知道他们平时什么时间有空可以跟我们交流。"

协同的双方由于缺乏正式制度的约束，信息沟通不畅，合作效率低下。同时，因为没有正式制度的约束，作为"弱势"的一方，中小学"不敢"表达合理诉求。由此我们可以看出，大学虽然基于理论实践和社会责任的双重考虑与中小学合作，但是在合作过程中，没有做到全身心投入，不能积极主动地询问中小学在课程落实方面的困难。

2. 缺乏共同的目标愿景

当被问到希望学校通过文化建设变成什么样子时，A 小学教导主任 Z 说:"因为没有协议,我们自己也不是很清楚希望学校以后变成什么样子。现在就是一个不断梳理的过程,通过专家来给我们讲,我们慢慢地实践、再反馈,然后不断修正,在这个过程中确定。虽然现在初步看到了一些成效,但我们都清楚学校之后还有很长的路要走。"A 小学在与大学合作的过程中,双方没有确立共同的目标愿景,也没有明确的量化标准,因此在合作过程中不免出现责任不明、责任缺失的现象。甚至有类似合作出现指导过程流于形式、实际并无效果的情况。

吴康宁认为效果最好的 U-S 合作应该关注品质的养成而非指标的达成。诚然,以达成诸如"学校能否成为示范校、学生的成绩合格率、升学率提高了多少"这样的显性指标为目的的合作多为利益联合型的合作伙伴关系,是低层次的合作。但是合作双方需要一个共同的目标愿景,以此来约束双方行为。例如通过合作每个学生掌握一项特长、学生的综合素质得到提高(包括身体素质改善、上课积极性提高等)等。共同愿景的达成是 U-S 合作必不可少的一环,有利于协同治理的各方更好地履行自己的义务。

二、对策与建议

(一)政府:搭建平台,为 U-S 合作创造条件

第一,政府应出台关于 U-S 合作的政策文件,明晰双方的权责界限。20 世纪 90 年代,U-S 合作在我国生根发芽,随后教育界对其进行了一系列研究,教育教学实践也得到进一步扩展[①]。但是官方一直未出台相关的政策文本,因此大学和中小学在合作过程中应尽的义务、应负的责任没有明确的规定,U-S 协同治理的过程也毫无规范可言。蒋庆荣认为协同过程不应该仅仅是一种应激反应,而应该是审慎、包容和透明的[②]。正如 A 小学与大学的协同治理,由于缺

---

① 安富海,吴芳. 大学与中小学合作:政策引导是关键 [J]. 基础教育,2011 (6):77-81,94.

② 蒋庆荣. 协同治理视角下中国高等职业教育治理模式研究 [D]. 长春:吉林大学,2018.

乏完善的沟通机制，加之中小学自身的"低位意识"，中小学的很多想法不能及时反馈给大学，进而影响了合作效果。因此，在U-S协同治理的过程中，有政策文件作为依据，可以确保双方的意见都能够得到倾听与尊重，使双方都能最大化地发挥自身的优势。此外，缺少共同的目标愿景可能会使合作流于形式，因此双方应在政策法规明确的权责基础上，结合实际情况，制定出双方都认可的评价标准。

第二，政府应设立"中小学专项教师培训以及课程改革经费"或者"大学参与小规模农村学校课题专项经费"，以解决中小学经费短缺问题。首先，农村小规模学校在自身经费紧张的情况下，还要从一年的财政拨款中省出部分经费用于学校文化建设，必然会影响学校其他活动的正常开展。其次，经费短缺会影响许多有改革意愿的学校的积极性。只有在保证基本办学条件的情况下，校领导才会考虑提升办学质量的问题。因此"中小学专项教师培训以及课程改革经费"或者"大学参与小规模农村学校课题专项经费"的设置可以有效消除中小学在经费方面的顾虑，有利于双方合作的开展。

第三，政府可以向社会组织购买服务。协同治理理论发展到今天，已经不局限于U-S协同治理，而是发展成为多方参与的综合治理理论。政府、社会组织、大学、中小学四方协同，形成合力——政府提供资金、社会组织保障制度规范、大学输出理论指导、中小学提供教育实践场域，四方共同发力，才能提高协同治理的效率。因此政府可以向社会组织购买课程服务，并安排农村小规模学校统一学习。此举既可以解决中小学经费不足的问题，又可以使更多的中小学校获得改革的机会。社会组织作为教育协同治理理论中不可或缺的一方，理应成为政府的合作伙伴。政府把一些工作有计划、有步骤地转交给社会组织，自身则需要承担监督和服务工作，确保整项工作的顺利开展。这也是由管理走向治理、由管理型政府走向服务型政府的应有之义。

（二）大学：倾情投入，为U-S合作提供服务

首先，大学应加强理论研究，增强指导的实践性。中小学教师

具备丰富的实践经验，但是缺少系统的教学理论体系。这也是中小学和大学协同治理得以开展的前提条件。大学的理论往往具有站位高、抽象、深奥的特点，这又会成为中小学在理解层面和开展具体教学活动时的壁垒。在与中小学合作的过程中，大学应派出专业的研究团队，深入中小学进行调查，在充分了解中小学情况的基础上提出问题以及相应的改革建议。唯有如此，才能将理论应用于实践，并且不断从教育实践中汲取养分，充实理论框架。

其次，为保证合作效果，大学专家还须灵活运用多种方法加深中小学对办学理念的理解，从而促使他们更好地落实课程体系。Y教授表示："大学与中小学合作最大的困难就是在理念上难以达成一致，这就需要大学的学者运用多种方法给他们讲述、展示，甚至我们这边会利用手上的资源让被指导的中小学互相参观学习，有时甚至是陪伴他们一起去，在一起参观的过程中再次给他们讲述其中的理念、思想以及做法。要想达成一致就需要反复研讨碰撞。"

最后，全身心投入，增强合作力度。大学教师不能仅仅将中小学作为理论验证与充实提升的场所，而且应该将帮助中小学进行文化建设作为一项"教育事业"去做，全身心地投入其中。大学应该积极改革高校教师评价体系，将 U-S 合作成果作为考核评价机制的一部分，以此促使大学教师全身心地投入中小学的建设，防止出现部分大学教师仅仅为了获得教学实践数据而进入中小学，使 U-S 合作流于形式的现象。

（三）中小学：加强修炼，为 U-S 合作提供动力

第一，中小学应充分利用周边社区资源。相较城市中的学校和大规模学校来说，农村小规模学校的教学资源相对不足，因此学校应充分利用周边社区的资源，包括文化资源、人力资源和物质资源。一方面，利用周边社区的文化资源为学生开设特色课程，包括外出实践场地的提供与志愿者的支持服务等；另一方面，农村小规模学校也可以充分利用社区的物质资源，如没有操场的学校可以运用社区的体育场和运动场为学生上体育课。

第二，中小学应增强平等合作意识。中小学应该明确双方是一

种合作关系，而不是"上位"与"下位"的关系。首先，中小学的领导层要摆正心态，在与大学专家进行沟通交流的过程中，要本着对学校负责的态度，遇到问题及时反馈；其次，中小学应该树立自我变革意识，中小学是最了解自身情况的主体，在合作过程中领导班子及一线教师应积极向大学专家反映学校情况，使U-S双方能够最大限度地做到信息共享，从而保证改革效果。

第三，中小学应探索多种培训机制，加强校际教师的交流。若外出交流学习的名额有2个，则可以采用"教导主任＋教学组长"或者"校长＋教学组长"的组合。每次外出交流学习都派不同学科的教学组长，外出交流的组长回校后与其他一线老师分享心得。这样可以改变每次外出交流都是"校长＋教导主任"的组合，以至于一线教师没有切身感受，所以任凭教导主任怎么传达学习心得，老教师们也不愿意做出改变的现状。此外，农村小规模学校可以与培训主办单位协商，采用现场直播或者是视频录制的方式举办活动，这样可以保证一线教师不出校门也能参加培训，最大限度地保证学习效果。

第五章　农村学校课程文化及特色发展

第一节　农村学校特色发展的理论基础

一、学校特色发展和学校标准化建设

学校特色发展来源于对学校去同质化的呼唤，是我国深化教育改革的必然趋势，同时也是不断推进素质教育、促进学生的全面发展的需要。有些学者对特色的关注导向和对特色的认识存在一定的偏差，认为学校特色发展和学校标准化建设是不相容的，学校特色建设就是否定学校标准化建设，认为学校特色等同于学校差异。其实并不然。笔者认为，学校特色建设和学校标准化建设并不是相互对立的两方，学校特色是建立在学校各项基础设施标准化建设之上的特色，是学校在达标之后追求学校高质量发展的战略重点，不仅能体现差异，让学校与众不同，而且能促进学校全面发展、提升学校质量。而义务教育均衡不仅是简单的资源配置的整齐划一，也不仅是学校各项标准的统一和同质化发展，而是要实现学校的个性化和多样化，实现学校的内涵发展。义务教育均衡发展的目的在于缩小区域、城乡之间教育发展的差距，其本质在于保障每一个适龄学生平等地接受教育的机会，推进教育整体水平的提高。但是，不容否认的是如果学校过度地强调特色发展，而罔顾学校历史基础，在

未达到学校标准时就急功近利地盲目建设学校特色，本末倒置，也会在一定程度上影响义务教育均衡发展。

虽然我国义务教育均衡化发展尚未完全实现，但是一些已经达到标准的学校着力开展学校特色建设也不失为一种推动义务教育均衡发展、提高学校办学质量的有效途径。

二、农村学校特色发展的目的

大多数学者都认同学校特色是学校发展规划中的重要内容，学校特色发展能有效促进学校的发展。罗刚淮认为特色建设的最终目标是提升教育教学质量，培养全面发展又具有个性的学生[①]。赵茜和冯晋婧认为学校特色是促进公平的一种手段，体现了素质教育的要求，是对创新性的响应[②]。熊德雅等人认为学校特色建设不仅要着眼于学校的生存发展，遵循学校内在生成的逻辑，还要为社会提供优质的教育资源，满足社会对教育服务多样化的需求，从而推进教育公平[③]。李保强认为学校特色建设能拉动人才资源的开发，推动校园文化的建设，促进教育事业的繁荣[④]。孙孔懿认为创建学校特色能为人才成长创设特殊氛围，为学校发展赢得竞争实力，为办学理论注入源头活水，为教育决策拓展感性思路[⑤]。王铁军认为在新的历史时期，创建学校特色更有其重要的现实意义：这是时代的呼唤，是教育竞争的客观要求，是学校自身生存和发展的需要，是为了推进素质教育，促进学生全面发展和个性健康成长[⑥]。

美国"磁石学校"的目的在于促进教育机会均等，提出"蓝带学校计划"的目的在于鉴定和认可全国优秀的公私立学校，将优秀

---

① 罗刚淮. 学校特色建设的策略与思考 [J]. 教学月刊（中学版），2013（5）：17-20.
② 赵茜，冯晋婧. 如何认识和评估学校特色 [J]. 中小学校长，2011（7）：15-19.
③ 熊德雅，向帮华，贾毅. 特色学校发展的要素关系及策略思维 [J]. 教育科学研究，2012（11）：38-43.
④ 李保强. 试论特色学校建设 [J]. 教育研究，2001（4）：70-72.
⑤ 孙孔懿. 学校特色的功能 [J]. 现代中小学教育，1996（1）：2-4.
⑥ 王铁军. 学校特色和校本发展策略 [J]. 江苏教育学院学报（社会科学版），2002（1）：1-5.

学校的标准提供给所有的学校，使其依此展开自评，并制订合理的改进计划，鼓励校际的交流，并分享成功的办学经验①。英国专门特色学校由 20 世纪 80 年代末的城市技术学校（city technology college，CTC）发展而来，当时的定位是为企业培养专门的技术人才，但是由于资金不足等而没有得到普及。1994 年，英国制订了"特色学校计划"，1997 年布莱尔政府资助并扩大了"特色学校计划"②。英国"灯塔学校"政策的目的在于提高基础教育标准，是英国中小学教育改革的成果，是英国教育进程中与特色学校共同推出的教育发展模式，是促进学校教育多样化发展的一部分③。"灯塔学校"在地方当局的协助下逐步建立起校际学习网络，带动整个学区的教育发展，促进教育资源在地域范围内的平衡配置，发挥整体规模效应。

无论是国内的学校特色发展，还是国外的特色学校，学者们都一致认为学校特色能促进学校的多样化发展，促进学生的全面发展，满足社会的需要，推动社会公平。现今，教育多元化发展趋势越来越明显，尊重学生的选择权成为教育新取向，学校之间的竞争也日趋激烈，要想脱颖而出，获得社会和家长的认可，就必须突出学校的特色，提升自身的综合实力和竞争力。

对于农村学校特色发展，赵宏伟等人认为农村学校特色建设：一要做好定位，为创建特色学校奠定基础；二要选准突破口，做好内涵挖掘和资源调配；三要建立创新共同体，打造农村区域发展的特色品牌④。段会冬、莫丽娟认为农村学校特色发展的路径选择是回归农村社区，重新"发现"农村⑤。付正海认为农村学校特色发展要

---

① 曹阿娟. 美国蓝带学校办学特色的探析与启示 [J]. 教育科学论坛，2013（12）：5-7.
② 陈君. 英国特色学校发展研究 [D]. 保定：河北大学，2012.
③ 田莉. "灯塔学校"英国推广优质教学的有益尝试 [J]. 基础教育参考，2007（2）：32-34.
④ 赵宏伟，刘福乾，张国栋. 对农村特色学校创建的探索与思考 [J]. 教学与管理，2015（3）：11-13.
⑤ 段会冬，莫丽娟. 农村特色学校发展的困境与反思 [J]. 教育学术月刊，2012（3）：59-62.

在基础教育中寻找学校特色的突破口,要让学生一生受益,围绕育人目标打造学校特色,独具慧眼,另辟蹊径,创学校特色,校长应该具备创造特色学校的人格魅力①。农村学校特色建设需要考虑农村自身的条件和特点,虽然存在资源有限性和经济基础薄弱等劣势条件,但是在开展学校特色建设时,农村学校也有着天然的优势,如地域广阔、历史悠久、非物质文化遗产丰富等,因此更容易因地制宜挖掘学校特色,促进农村学校的多样化发展。

三、学校特色的影响因素

在影响因素上,大多数学者还是将其分为内外部因素来论述,如表5-1所示。综合各位学者的研究,可以得出:外部因素主要包括国家政策、管理体制、经济发展水平等,内部因素主要包括校长、教师和学生素质、管理机制、学校历史文化传统、办学理念和思想等文化方面的内容。其中,国家政策是影响和制约学校特色建设的根本性因素,我们从学校特色建设的历程中可以发现,学校特色建设是由国家政策的出台带动其发展的,这是最根本的因素。学校自身条件是学校特色建设的基础,只有了解学校历史文化、办学思想、资源等各要素,才能确定符合本校实际的学校特色建设目标,才能在各校纷纷建设特色的潮流中屹立不倒,独树一帜。

表5-1 学校特色的影响因素

学者	影响因素
马亚宁	学校办学条件、校长办学理念、地方发展状况
邢真	基础因素:国家的教育政策法规 外部因素:历史文化传统、当地要求、办学物质条件、管理体制等 内部因素:教育办学思想、教育资源配置、教育发展水平等
张东娇	校长素质、教师水平、校本课程、校本管理

---

① 付正海. 围绕育人目标,打造农村初中学校特色 [J]. 课外阅读(中旬),2012 (8):101.

续表

学者	影响因素
黄曦	家长
李永生	内部因素：学校办学思想、师资队伍、学生素质、管理机制、校园文化等 外部因素：国家教育政策法规、学校办学自主权、区域环境和地域文化等

资料来源：马亚宁. 试论学校特色的生成 [J]. 中学课程辅导（教学研究），2014 (36)：255；邢真. 学校特色建设理论的探讨 [J]. 中国教育学刊，1995 (5)：31-34；张东娇. 高考图腾与学校特色发展 [J]. 教育科学，2004 (1)：36-39；黄曦. 家长因素对于当前学校特色建设的意义 [J]. 内蒙古师范大学学报（教育科学版），2008 (2)：13-14；李永生. 学校特色建设论 [J]. 基础教育参考，2008 (5)：53-58.

四、学校特色的发展要素

学校特色建设的要素其实也就是要从哪些方面着手建设学校特色，对于建设要素的分类会影响到学校特色建设的途径，这也是我们研究的重点内容。

姚小萍认为校长领导力是学校特色发展的前提，教师的执行力是学校特色发展的根基，学生的发展力是学校特色发展的根本[①]。闫德明认为学校特色发展的条件在于：一要有一个正确的办学目标，二要有一支教育有特色的教师队伍，三要有一种适应特色建设的良好校风，四要有一个有利于特色建设的办学机制[②]。孙孔懿将学校特色发展的结构描述如下：以独到的教育思想为灵魂，以严格稳定的常规为基石，以独特优良的校风为标识，以学生的素质特征为归宿[③]。邢真认为学校特色建设的构成要素包括主题思想、学校教育行为方式和学校环境氛围[④]。谢志强认为学校特色建设需要有特色的带头人、特色的创新思维、特色的文化内涵、特色的现实意义、特色的发展前景[⑤]。

---

① 姚小萍. "三力"合一是学校特色发展的基石 [J]. 教书育人，2011 (11)：54-55.
② 闫德明. 试析创建学校特色的主要条件 [J]. 现代中小学教育，1996 (1)：5-8.
③ 孙孔懿. 学校特色论 [M]. 北京：人民教育出版社，1998：51-61.
④ 邢真. 学校特色建设理论的探讨 [J]. 中国教育学刊，1995 (5)：31-34.
⑤ 谢志强. 传承和创新：学校特色形成的思考 [J]. 新课程，2012 (7)：155-156.

从上述学者的研究中我们可以发现学校特色建设的要素基本与学校特色的影响因素一致，主要的文献研究集中于学校特色办学机制、学校特色文化构建、学校特色管理团队、学校特色课程这四大要素。这些建设要素都是从学校内部挖掘与提炼的，这也证明了从学校实际条件入手建设学校特色的可行性，并且本书关于学校特色的定义中包含的内容也与学校特色建设要素相符，这也证实了定义的完整性和正确性。

第二节 农村学校特色阅读文化体系构建

一、学校阅读文化的内涵

阅读文化是建立在一定技术形态和物质形态基础上，受社会意识和环境制约而形成的阅读价值观念和阅读文化活动[1]。学校阅读是阅读文化的一个重要方面。有研究者认为我国的学校阅读文化严重缺失，应从基础设施、阅读观和阅读理论建设等方面着力抓好学校阅读文化建设[2]。学校阅读包括高校学校阅读和中小学学校阅读。而其中，小学阅读文化建设是学校阅读文化建设的基础，打好了这个基础，学校阅读文化才能得以良性生长。有研究者强调，在新课程背景下，小学阅读文化实际上已成为小学的一种办学特色、治学方法和教育途径，它具有引导学生成长、支撑教师发展、培育学校特色的功能和作用。

李铁范、王建军认为学校阅读文化是学校文化和阅读文化的交集，是建立在校园技术形态和物质形态基础上，主要受学校教育意识和环境制约而形成的学校成员共享的阅读观和阅读文化活动[3]。孙静妮认为学校阅读文化是指在学校内形成的一种与阅读相关的文化价值、文化活动、文化环境氛围及相关制度[4]。这些定义都对学校阅

---

[1] 王余光，汪琴. 关于阅读文化研究的几个问题[J]. 图书情报知识，2004（5）：3-7.
[2] 李铁范，王建军. 论学校阅读文化建设[J]. 大学图书情报学刊，2008（5）：27-29，47.
[3] 谢志强. 传承和创新：学校特色形成的思考[J]. 新课程，2012（7）：155-156.
[4] 孙静妮. 课外活动与学校阅读文化构建初探[J]. 无锡教育，2005（2）.

读文化所包含的内容有所涉猎，但又都不够完整和严密。本书以对文化、校园文化以及阅读与文化关系的理解为基础，以当前学校阅读文化研究的实践经验为参考，对学校阅读文化这个概念加以认识。本书认为，学校阅读文化指的是以校园为主要依托，以师生读书活动为根本，由阅读物质、阅读制度、阅读精神等要素构成的有机整体。

学校阅读文化同文化一样，是个内涵丰富的概念，至少包含以下这些含义：

学校阅读文化以校园为主要依托。学校阅读文化是校园里的阅读文化，是阅读文化在校园这个特定时空下的独特表现，校园是学校阅读文化得以形成的根据地，是学校文化发展的主要场所。但是，学校教育不是孤立的行为，它和家庭、社区有着广泛而密切的联系，因此，学校阅读文化的建设常常突破校园围墙的藩篱，向家庭和社区辐射，最终形成以校园为中心，家庭、校园、社区为一体的更为广阔的学校阅读文化建设场所。

学校阅读文化以师生读书活动为根本。长期以来，人们把阅读和读书等同起来，但其实阅读就是阅读主体（读者）与阅读对象（可以是一本书，也可以是整个宇宙）相互影响的过程，是阅读主体实践活动与精神活动的一种体现[①]；而读书则专指阅读各种形式不同的书籍，如纸质书刊、电子书籍以及影视等。在学校阅读文化所包含的所有阅读行为中，全体师生的读书活动（包括语文阅读教学）是最根本的。如果脱离师生读书这个根本，其他的阅读交流行为、阅读实践行为开展得再多，严格来说都不能构成学校阅读文化。

学校阅读文化是一个有机整体。学校阅读文化包括阅读物质、阅读制度、阅读精神等要素。它们共同构成了学校阅读文化这个有机的整体。

第一，阅读物质要素是学校阅读文化的基础。阅读物质要素包

---

① 王余光. 试论阅读史研究［J］. 中学语文教学，2001（8）：14-17.

括阅读文化场所、阅读文化组织和阅读文化课程等,它是学校阅读文化得以形成的重要依托和主要物质条件。没有特定的阅读物质条件的支持,学校阅读文化便犹如海市蜃楼虚无缥缈,如空中楼阁虚幻无实。只有在物质的土壤上,学校阅读文化才会焕发出勃勃生机,结出丰硕的果实。

第二,阅读制度要素是学校阅读文化的基本保障。阅读制度要素主要包括设施制度和活动制度两个方面。常言道"无规矩不成方圆",阅读制度就是学校阅读中的各种规矩。阅读制度对学校阅读中各种符合规范的行为予以支持和鼓励,对不符合规范的坚决予以制止,有力地保证了学校阅读文化中的各种因素在一段时间内的稳定性与规范性,是学校阅读文化的有力保障。

第三,阅读精神要素是学校阅读文化的核心。阅读精神要素包括阅读价值观和阅读心理两个部分。它是学校阅读文化的内核,处于学校阅读文化这个有机整体的最深层,对其他两个要素具有绝对的决定性作用。精神要素指导着物质要素的建设和制度要素的制订。可以说,有什么样的学校阅读精神,就有什么样的学校阅读文化。此外,阅读精神要素还是学校阅读文化形成和健康发展的重要标志。

第四,学校阅读文化的阅读物质、阅读制度、阅读精神等要素也如文化的各个要素一样是一个有机统一整体,但缺少任何一种因素或弄错了任何一种因素的重要性,都不能形成学校阅读文化。

二、学校阅读文化的基本特征

第一,谁在阅读——学校各层人员的共同参与。

"谁在阅读"指的是学校阅读文化主体的问题。学校阅读文化是全校师生的阅读文化。校长等校领导、教师和学生都是学校阅读文化的主体。

校长等校领导是学校阅读文化的核心主体。他们在学校阅读文化中起着至关重要的作用。校长等校领导为了更好地管理学校,需要先进理念的指导,这要求他们不断地阅读、不断地充电;校长、校领导又是学校的表率,他们的阅读对整个学校的阅读有引领、激励的作用。因此，只有校长等校领导支持阅读并亲自带头参加阅读，才有教师的阅读、学生的阅读，才能最终建成学校阅读文化。

教师是学校阅读的关键主体。教师是学校阅读文化建设的直接参与者和负责者。教师负责学校阅读文化建设的具体操作，对学校阅读文化起着关键性的作用。教师的读书不仅是学生读书的前提，而且是整个教育的前提[①]。教师阅读能为教学增添活力，是教学的需要；教师阅读能不断丰富自己的知识，这也是教师专业化发展和其个人成长的需要。教师的阅读直接关系到学生的阅读，老师爱阅读，必然支持和鼓励学生去阅读，老师的阅读经验和方法也会对学生的阅读产生重要的影响。因此，教师喜欢阅读并参与学校阅读对学校阅读文化的形成起着关键性的作用。

学生是学校阅读文化的主体，是学校教育的对象，是学习的主体。阅读是最基本的学习方式，学生理所当然是学校阅读文化的主体。从数量来看，学生是学校最大的群体，如果每个学生都投入阅读中，那校园基本上也就是阅读型校园。如果学生不阅读，即便是老师和领导都参加阅读，也形成不了阅读的氛围，更谈不上学校阅读文化。因此，学校阅读文化主要是学生的阅读文化。建设学校阅读文化，出发点在学生，落脚点也在学生，即从学生的成长需要出发，为学生建设一个良好的学校阅读文化，促进学生以后更好发展。

学校阅读文化是学校所有人员共有的文化，校长等校领导是学校阅读文化的核心主体，对整个学校阅读文化的建设起着引领和表率的作用；教师是关键主体，对学生的阅读和学校阅读文化的建设起着直接的指导和帮助的作用；学生是主要主体，学生的参与直接关系到学校阅读文化的形成。只有学校所有人员共同参与，学校阅读文化才会建立起来，真正的学校阅读文化才会建立起来。

第二，阅读什么——多种阅读内容的广泛包含。

"阅读什么"指的是阅读内容的问题。学校阅读文化中所包括的阅读内容也突破了传统的限制，不限于文学作品，还包括各种体裁

---

① 茅卫东.让阅读成为教师的一种基本生活方式[N].中国教师报，2005-04-20.

的作品；不限于图书，还包括各种报纸杂志；不限于文本作品，还包括网络作品和声像读物等。

从文体看，阅读内容主要包括文学作品和文章。文学作品是用艺术化的方式来反映生活、表达感情的文体。文学作品主要包括诗歌、散文、小说、戏曲文学、影视文学等。文学作品一般具有典型的形象、丰富的感情、深刻的思想、浓厚的审美情趣等。阅读这类作品有利于帮助学生丰富思想内涵、提高审美情趣和培育人文精神等。文章在这里指非文学的作品，主要有记叙文、说明文、议论文和各种应用文等。这类作品是真实地反映客观事物、表达主观情致、用于社会交际的书面语言。这类知识能促进学生沟通与交往能力的形成。学校阅读文化的建设需要阅读主体大量阅读文学作品，以提高整体的人文素养，也要注重非文学作品的阅读，以增强语言的实际应用能力。

从内容看，阅读内容主要包括人文读物与自然读物。人文读物主要包括哲学、逻辑学、美学、伦理学、心理学、政治、经济、军事、文化、教育等各个方面的读物。人文读物对开阔学生的眼界、拓宽知识面、培养人文素养和人文精神具有不可替代的作用，平常绝大部分人所接触到的读物都是人文读物。人文读物是学校阅读内容的重要部分。自然科学是研究自然界各种物质和现象的科学，包括数学、物理学、生物学、化学、天文学、海洋学、地质学、气象学等基础科学和各种新兴科学。反映这些领域知识的读物就是自然读物。自然读物是学校阅读中与人文科学读物同样重要的组成部分，自然读物对增加学生的自然科学知识、培养学生的科学素养具有重要的意义。在学校阅读文化建设中，人文读物和自然读物都不可偏废，应该借助这两种读物来培养学生健全的文化素养。

从符号看，阅读内容主要有文字读物和图画。文字读物是主体符号，一般说的阅读对象就是文字读物，学校阅读文化中所包括的绝大部分都是文字读物，阅读的重点也是文字读物，文字阅读能培养学生的逻辑思维能力。学校阅读文化主要是通过文字阅读来加强学生的文字阅读兴趣和文字阅读能力。图画是非主体符号，它主要是画家用以表情达意的重要工具，图画包含着无穷的内容。图画传递的内容既有直观性又有隐含性，对图画的阅读能力是人的一种重要的阅读能力，阅读图画对发展人的形象思维能力和想象能力具有独到的作用。

从载体看，阅读内容可以分无声读物和有声读物。无声读物是指将文字、图画等信息符号固化在无声的物质材料上的读物，主要指的是印在纸张上的出版物，如书籍、报纸杂志等，也包括各种不发声的荧幕读物和缩微读物。我们通常所说的读物都是无声读物，学校阅读的主要内容是无声读物。有声读物是后来发展起来的将信息保存在能发声的物质材料上的读物，是"耳治"和"目治"的紧密结合。与广播、唱片这一类纯粹让人听的资源不同，有声读物是声音和文字分别制作在不同的物质载体上，阅读是边听录音边看文字[1]。这种阅读内容能训练学生的多种感官能力。

学校阅读文化所包含的阅读内容非常广泛，但在阅读过程中要注意把握好选择的尺度：既要全面阅读（特别是对自然科学和社会科学内容的全面兼顾，对书籍、报纸杂志、网络文学等全面涉及），又要重点阅读和有针对性地阅读；既要强调传统内容的阅读，又要注意新内容的阅读。

第三，怎么阅读——多种阅读形式和方法的灵活使用。

阅读形式丰富多彩。学校阅读文化以校园为主要依托，但并不仅限于校园之内；学校阅读文化以师生读书活动为根本，但也不仅指师生的读书活动。学校阅读文化指的是以校园为中心并包括家庭，以师生读书为主要内容并包括阅读交流、阅读实践等多种阅读形式的有机统一。具体来说，学校阅读文化所要求的阅读形式既有课堂阅读，也有课外阅读；既有校内阅读，也有校外阅读。课堂阅读分为语文阅读课和其他阅读课，课外阅读指的是除课堂阅读之外学生自由选择阅读对象、阅读方法的自主阅读。校内阅读主要是学校师生一起开展的阅读，校外阅读主要包括家庭亲子阅读。此外，还有

---

[1] 王继坤. 现代阅读学教程［M］. 青岛：青岛海洋大学出版社，1999：80.

很多丰富的阅读形式，如既有学生阅读也有教师阅读，既有孩子阅读也有家长阅读，既有师生共读也有亲子共读，既有读书活动也有实践活动，等等。这些不同的阅读方式交错在一起，一方面提高了学生的阅读兴趣，另一方面丰富了学校的阅读文化。

阅读方法的灵活使用，除了要求学生掌握最基本的朗读、默读、精读、略读、速读、猜读外，还要培养他们的读-思、读-记、读-写的方法。这里不再一一赘述。

三、学校阅读文化的基本功能

学校阅读文化的功能有很多，从不同的角度来看，功能的种类大不相同。从学校阅读文化对个人发展作用的角度来看，这些功能主要有唤醒功能、认知功能、陶冶功能、发展功能等。

（一）唤醒功能

唤醒的本意是"叫醒"，这里是一个形象的说法，是指唤醒师生那尘封而未开启的阅读意识、阅读兴趣，使师生从一个隐性的读者转变为一个真正的读者。严格说来，并不是每个老师和学生都是读者，只有那些具有阅读意识、阅读兴趣与爱好并从事阅读活动的师生才是读者，其他人最多只能算隐性的读者。特别是当前正处在读图时代，阅读的快餐化、图像化、通俗化的倾向异常明显，阅读主要是追求感官的刺激或实用的目的，而不是心灵的感悟。这也就是陈业奎所说的"功利性读书"[①]。出生并长于这样一个时代的小学生，几乎整日被声像所包围。在学校课堂上，无论是课本，还是其他教育材料，都在呈现各种彩色图片，文字内容比图片少得多。在课外，卡通书籍、卡通电视电影展现在他们的面前，向他们讲述着一个个"生动有趣"的故事。久而久之，学生认为阅读就是读图，不知道更为根本的阅读为何物，更谈不上阅读意识、阅读兴趣等。不仅仅是学生，很多老师也受到这些负面因素的影响。这就是当前读图时代所导致的读者的沉睡与缺失。

---

① 陈业奎. 功利性读书的文化报复 [J]. 图书与情报，2002（3）：64-67.

学校阅读文化具有强大的唤醒功能，主要表现在：

一是激活阅读意识。阅读意识是人们对阅读的一种基本感知和认知。阅读意识是开展阅读活动的首要条件，具备了阅读意识，阅读才能进入人们视野，人们才能开展阅读活动。在建设阅读文化的校园中，人们想的是阅读，谈的是阅读，开展的活动是阅读活动，时时处处都是阅读的气息。通过阅读意识和阅读观念的教育、大量阅读活动的开展、阅读氛围的营造等，师生的阅读欲望得以激发，阅读意识得到启蒙，开始跃跃欲试开展阅读活动，这是对阅读意识的一种激活。此外，校正错误的阅读意识，树立正确的阅读意识是对阅读意识的另一种激活。学校阅读文化所倡导的阅读不仅仅是读图，从上面的论述中可以知道阅读是一个比读图更广泛的范围，其中对经典作品的阅读占据十分重要的位置。学校阅读文化通过打造一个与读图完全不同的空间，向师生展示与他们平时感受完全不同的阅读，久而久之，正确的阅读意识逐渐树立起来，错误的阅读意识得以改变，新的正确的阅读意识最终被唤醒。广大师生会认识到除了教学课本之外，还有更为丰富的阅读活动；除了电视网络之外，还有更为丰富的书本阅读。

二是唤醒阅读兴趣。阅读兴趣是激发阅读动机、开展阅读活动的直接动力。阅读兴趣分为直接阅读兴趣和间接阅读兴趣，直接阅读兴趣指读者自发地对阅读产生的兴趣，间接阅读兴趣则是由于阅读作用或阅读任务而产生的兴趣。阅读兴趣不是天然生成的，也需要唤醒和培养。学校阅读文化对师生阅读兴趣的激发都有无法取代的作用。在唤醒直接阅读兴趣方面，当阅读意识被激活以后，学校便会引导一部分师生尝试性地开展各种阅读活动，如阅读指导活动、阅读竞赛活动、阅读交流活动等。在这些活动中，部分师生收获了快乐、增长了知识、拓宽了眼界，从而以书本为友，以阅读为伴，直接阅读兴趣渐渐地也就被发现了。另外一部分师生并不能很快地进入阅读的角色，不能从读书中收获欢乐。但在具体阅读任务的要求下，在周围师生分享阅读快乐的氛围中，阅读兴趣也会慢慢地被发现。在唤醒间接阅读兴趣方面，通过向全校师生讲解阅读的意义，让师生认识到阅读是人成才与发展的重要途径，从而投身阅读。在此基础上，学校再安排具体的阅读目标和任务，让师生的阅读兴趣得到激发。学校阅读文化是激活师生阅读兴趣最好的平台。

三是唤醒学生的阅读主体意识。学生的阅读主体意识指的是学生能意识到自己主体地位的存在，并有自主选择、自主判断的权力，能以主人公的态度来审视自身的文化素质，意识到哪些是自己欠缺的，并主动地追求文化，积极地调整自身[①]。学校阅读文化不仅能唤醒学生的阅读意识、阅读兴趣，更能唤醒学生的阅读主体意识。在学校阅读文化建设中，学生自主选择阅读作品、自主阅读、自主交流，将从根本上改变教师作为作品意思最终解释者的地位。在"师生共读一本书"的活动中，教师和学生平等地坐在一起，共同探讨自己对作品的理解，畅所欲言、各抒己见，通过这样的活动，学生的主体意识、主体阅读意识肯定能得到培养。

（二）认知功能

人们认知世界主要依靠两种途径：直接认知和间接认知。直接认知是人们通过亲身实践而获得的认知，间接认知则是依靠他人的经验而获得的认知，主要通过阅读书籍。由于个体生命的有限性，人们主要依靠间接认知的方式来把握这个世界。因此，阅读便成了人类借鉴前人成果、获取知识、认识世界的主要方式。阅读具有强大的认知功能，学校阅读文化的认知功能正是通过阅读的认知功能来实现的。

首先，学校阅读文化应选择科学合理的认知内容，以促进师生认知结构的合理建构。建立起科学的、合理的阅读内容结构是学校建设阅读文化的前提性要求。阅读内容并不是单一的、某一方面的，而应是多种阅读内容按照一定比例的综合。阅读内容既要包括人文社科，也要包括自然科学；既有文艺作品，也有非文艺作品；既有文字书籍，也有音像作品；等等。只有为师生准备结构合理的阅读

---

① 曹海明，陈秀春．语文教育文化学［M］．济南：山东教育出版社，2005：41．

内容，才能帮助其形成合理的认知结构。阅读内容本身的科学性也是增强阅读认知功能的重要条件。当前社会处于一个知识爆炸的时代，知识繁多且良莠不齐。面对铺天盖地的知识，学生很难明辨是非，教师就要发挥自身的作用，采撷那璀璨的知识明珠，才能增强自身以及学生的认知功能。

其次，学校阅读文化应选择多种阅读方式，以增强阅读的认知功能。在学校阅读文化建设中，阅读并不是单纯的读书，而是以读书为根本的多种阅读形式的综合使用，如阅读比赛、阅读交流以及阅读实践等。学校可以根据不同的需要，选择最佳的阅读方式，以求取得最佳的阅读效果。例如，要学生形成对某个时代的认识，就可以在学生阅读相关资料的基础上，组织学生参观历史博物馆，从历史文物中获取对那个时代的直观认识；要学生形成对历史上某个著名战争的认识，可以组织学生观看相关影片。学校阅读文化为了追求阅读认知的最佳效果，能够根据认知的内容以及认知主体的特征而选择最佳认知方式，就能避免以读书为唯一途径的不足。

（三）陶冶功能

当今时代，建设学校阅读文化、用阅读丰富人们的情感与心灵、以阅读来陶冶情操十分重要。学校阅读文化的陶冶功能主要表现在阅读内容对人心理情感的审美陶冶作用和学校阅读文化氛围对人的陶冶作用两个方面。

1. 阅读内容对人心理情感的审美陶冶作用

一是形式美的融动。一个汉字就是一幅美的图画，一篇散文就是一篇优美的乐章。从汉字的发音上来看，汉语的元音多，元音发音清脆、响亮悦耳。在汉语中，汉字的组合多讲求音律，古文中尤盛。由于双声、叠音等声音音素，再辅以音韵、停顿、骈散交错、长短相间等手段，使汉语押韵和律、抑扬顿挫、悦耳动听[①]。再从文字的造型以及汉字的组合上来看，汉字是表意文字，在汉字六书造

---

① 曹海明，陈秀春. 语文教育文化学［M］. 济南：山东教育出版社，2005：41.

字法中，象形是一种主要的造字方法。因此，许多汉字都来自对具体事物的描摹，如"日"字、"山"字等，对具体事物的描摹使汉字具备了它所指向的事物之美。汉字书法作品将这种美发挥得淋漓尽致，书法本身就是一幅幅美丽的图画。汉字的排列组合使汉字的形式美发挥得更加充分。在唐诗中，每句字数相等，整齐美观；在宋词中，字数长短相间，错落有致；在对联中，不仅字数相等，而且句意相对、字音相押。这些文体，将汉字的音与形有机地结合了起来，充分地展示了汉字的形式之美。当读者的心灵在这些灵动的文字之中漫步时，又怎能不被这美的尤物所触动。

二是内容美的领略。阅读读物中包含着大量美的内容，让人情致盎然、流连忘返。《沁园春·雪》展现的是壮丽的北国风光，《望庐山瀑布》写的是瀑布的雄伟，《春》描摹的是春天的生机盎然，《绿》描写的是水的柔情。同是描摹大自然，时而雄姿英发，时而柔情万种，时而壮丽雄浑，时而娇柔百态，让读者心旷神怡。

三是精神美的熏陶。语文离不开生活，更离不开对人内心世界的描摹。阅读作品中包含着大量的人类美好情感。《孔雀东南飞》歌颂的是坚贞的爱情，《背影》展示的是父子亲情，《藤野先生》讲述的是师生情，《赠汪伦》赞颂的是友情，如此等等。这些情感都是人间至真、至纯、至善、至美的普遍情感，折射出人和人之间的友好与关爱。除此之外，阅读读物中还包括了许多超越儿女情谊的爱国主义、英雄主义等高尚精神。董存瑞舍身炸碉堡、白求恩献身共产主义事业，一大批优秀的青年为了世界的和平、祖国的发展，孜孜不倦地工作，甚至献出自己宝贵的生命。在阅读这些作品的过程中我们会不由得被人世间这种真情和伟大的奉献精神所感染，被这种美所熏陶。

2. 学校阅读文化氛围对人的陶冶作用

浓郁的学校阅读文化氛围能够对学校师生产生强烈的感染力，它比一般的说教更具力量。学校阅读文化犹如和煦的春风，又好比涓涓细流，容易流到心灵的深处，让人悄悄地发生转变。宽敞明亮而又充满书香的图书馆，校园中美丽的环境，那捧书品读的身影，当你漫步其间，沉浸其中，怎能不被这浓浓的阅读氛围所打动，尘封的阅读心灵怎能不被这美好的景致所折服，为之而开启。即便是那些不识字或不会阅读的人也会有种莫名的想要读书的冲动，这便是学校阅读文化的力量。

课间或课后时分，夹一本书，携一杯清茶，漫步校园，或思考问题，或在某个角落找个石椅，坐下来，读几页书，品几口茶，茶香满口，书香满腹。这是美好的景致，也是个人阅读的一种氛围，是人生的一种独特的体验和享受。如此虽没有挑灯夜读之苦，却能够独得书中闲庭漫步之乐，这就是学校阅读氛围对个人的陶冶作用。陶冶功能是学校阅读文化最显著、最重要的功能之一。

（四）发展功能

学校阅读文化的发展功能，是指向未来的功能，是指学校阅读文化不仅对师生今天的工作和学习有很大的作用，而且对师生未来人生的发展和进步同样具有重大的作用。学校阅读文化具有很强的发展功能，它的这种功能主要通过以下三个方面来实现：

第一，学校阅读文化丰富了知识、培育了情感，为人的未来发展打下了精神的底子、奠定了坚实的基础。陶行知认为：人生需多读几本垫底的书。人的发展离不开这个底子和基础，千里之行，始于足下，合抱之木，生于毫末。前面的每一点积累都是后续发展的基础，尤其是一些基础知识、基本概念的积累对以后的发展具有更为重要的意义。郭开平说："人的发展就像'发面'的过程，基础就像是那块面团，面团越大，发胀的空间就越大。"学校阅读文化要求学生进行大量的阅读，除了课堂阅读外，还有课前课后阅读、家庭阅读，在这些阅读活动中，既有指定阅读书目、规定阅读数量和阅读内容，也有完全自主自由的阅读。有了大量的阅读、大量的积累，精神的底子就会变得更加厚实。

第二，学校阅读文化使人养成了良好的阅读习惯，掌握了不断获取知识的方法，这是未来不断发展的保障。随着知识更新换代不断加快，今天在学校所学的知识可能在毕业后的几年时间里将全部被新知识所替代，所以在未来社会，只有养成了良好的阅读习惯，掌握了科学的阅读方法，才能保证自己知识的不断更新，以适应社会的发展。

第三，学校阅读文化锻炼了人良好的思维品质，为未来的发展插上了一对腾飞的翅膀。有人说读书、获取知识并不是最终目的，目的是发展思维，是点燃人头脑中创造思维的火把。语言是思维的物质外壳，思维主要以语言为凭借，阅读是锻炼思维最有效的途径。在学校阅读文化中，通过阅读大量的经典作品，师生的思维会在精练、周密的语言中不断地被训练，久而久之，思维能力得到了提升，也就为未来的发展奠定了基础。

以上学校阅读文化的四种功能不是彼此完全分离的，而是一个密切联系的整体：唤醒过程中必然会获得一定的认知，获得认知和受到陶冶必然都为以后的发展打下基础。本来，学校阅读文化的这四种功能，语文阅读教学也应该具有，但是现行语文阅读教学中存在种种问题，使部分功能被过度强化，如认知功能等，部分功能被过度弱化，如发展功能，而另外的功能则完全丧失，如唤醒功能和陶冶功能等。而学校阅读文化通过强调科学的阅读，最终实现了四种功能的"复活"，并使这些功能在一定程度上得到了强化。

第三节　农村学校特色文化发展实践案例

一、三所小学学校阅读文化建设概况

实验外国语小学、北街小学、西南小学均位于四川省成都市蒲江县，三所学校均已在几年前开始进行学校阅读文化建设，由于每所学校有不同的历史特色、建设方案、建设进度以及生源类型等，目前所呈现出来的建设成果和困难也不相同。其中，实验外国语小学是一所以外语学习为办学特色的学校，其生源大多来自县城内较富裕的家庭，甚至有外籍学生在此读书。实验外国语小学在进行阅读文化建设之前，就常年举办各种有特色的学校文化活动，教师和家长的阅读意识强、配合程度高，学生素质较好，有着良好的建设

基础，因此学校阅读文化建设推进效果理想。北街小学的学生大多来自县城内的普通家庭，学校多年来以经典诵读活动为办学特色之一，又有着家校共建的项目基础，学校阅读文化建设也收获了一定的成果。西南小学是一所寄宿制农村学校，生源大多来自周边的农村，学生的家庭条件总体上较差。该校住宿的学生中有许多学生家长常年在外打工，家中只有祖父母等老人照顾，留守儿童看护人对学校阅读文化建设的配合度较低，农村学校教师的阅读意识也相对较弱，诸多因素成为该校学校阅读文化建设的阻碍。但是，由于该校校长等负责人对学校阅读文化的高度重视和规范管理，西南小学的学校阅读文化建设也取得了一些成果。总体上，三所学校的小学学校阅读文化建设现状呈现出以下四个特点：

（一）县教育局领导及学校领导高度重视学校阅读文化建设

四川省成都市蒲江县教育局的局长及其他领导非常重视蒲江县各所学校的学校文化建设，多年来他们以全面实施素质教育、培养人文精神和提高综合素质为宗旨，在全县范围内逐步构建起各具特色、与传统文化底蕴相交融的学校文化体系，并在学校文化建设的各个方面给予了大力的支持。随着近年来教育局对学校文化建设的全方位推进，以"阅读"特色作为学校文化的实验外国语小学、北街小学、西南小学均已取得了不同程度的阶段性成果，逐步构建出各自的学校阅读文化体系。

三所小学立足于自身的传统特色，进一步探索出小学学校阅读文化的建设策略。实验外国语小学向来以外语教学作为学校品牌，所以在学校阅读文化的建设过程中，以外文图书的阅读作为本校阅读文化的建设特色。北街小学的"经典诵读"活动在过去获得了一定的成果，在当前的学校阅读文化建设过程中，校领导也积极拓展"经典诵读"活动的阅读内容与阅读方式，形成自身的学校文化品牌。西南小学的文学社从1999年创建以来一直深受校领导的重视，取得了良好的成果。在学校阅读文化建设的过程中，学校将学生阅读的成果以写作的形式展现出来，并将优秀的文章通过文学社在校刊上发表。为了激励学生的阅读热情，校领导还积极联系外界的报社，让学生的作品在更大的平台上展示。三所小学在学校文化的建设过程中，均积极地将阅读文化与自身传统特色结合起来，逐步形成了自身的学校阅读文化建设的工作规范和长效机制。

（二）物质建设方面资源充足，硬件设施建设较完备

小学学校阅读文化的物质建设是小学校园中一切阅读活动的硬件载体。学校阅读文化的物质建设包含了设施建设、校本课程的开发、学校阅读组织等三个层面，但是在这三所小学中，物质建设仅仅体现在设施建设一个维度。由于蒲江县教育局的大力支持和校领导的高度重视，三所小学学校阅读文化物质建设中的设施建设资源非常充足，硬件设施比较完备。

1. 图书馆

在小学校园一切与阅读有关的活动中，图书馆无疑发挥着重要的作用。图书馆的书籍及设备配备齐全也是小学学校阅读文化建设的基础。三所学校的图书馆建设水平均在《中小学图书馆（室）规程（修订）》（简称《规程》）的规定标准之上。《规程》规定：小学人均藏书量至少25册，报刊60种，工具书、教学参考书种类120种。蒲江县每所小学图书馆的书籍均来源于四川省教育厅每年的小学图书馆建设经费，书目的数量及种类均超过《规程》的标准。三所小学的图书馆中均配备书架、阅览桌椅、报刊架等必要的设备。另外，图书馆均配有电子阅览室，其中根据不同用途，还配置了声像、计算机、扫描仪、打印机等设备。

2. 班级图书角

班级图书角是小学学校阅读文化建设过程中产生的新生事物，即在每个班级内开辟出一个空间放置图书，供班内的学生取阅。相对于图书馆，班级内的图书角扩大了学生与图书的接触面。同时，班级图书角的借阅制度更加自由，也使学生更加方便地取阅书籍。

三所小学均建有班级图书角。西南小学的班级图书角的图书一部分来源于社会组织的捐赠，一部分来源于图书馆中更换下来的图书，剩下的部分是每位学生从家里带来的旧书。班级图书角中图书

摆放比较随意,没有按照图书馆的分类规则分门别类地摆放。在对班级内学生进行访谈的过程中,学生表示取阅过程很方便。

实验外国语小学的班级图书角建设采用家校共建的办法,实行"图书漂移"制度。"图书漂移"是实验外国语小学的一大创新,学校根据新课标的课外阅读推荐书目制定了1~6年级详细的书目单。每个学生要按照学校要求买一本图书,同一种书要4本,这样每个班级40名学生就有10种、40本书。每个年级有6个班,就有60种、共240本书。6个年级总共有360种(共1 440本)书。每个年级组成一个年级图书库,等学生升了一个年级后,留给原来年级的学生继续使用。这样每位小学生每年可以读60本书,小学期间就可以读完360本书。实验外国语小学制定的这360本书的总字数远远超过新课标要求的小学生阅读量,并且全校范围内的、遍布每个班级的图书漂移库一次建成,可供多届学生轮流使用。

(三)精神建设方面小学教师及家长阅读意识强、配合度高

在小学阅读文化建设中,阅读的主体并不是只有学生,而是包括学校领导、全校师生,并且延伸到学生的家庭。建立起全校师生、家长正确的阅读意识是学校阅读文化建设的首要条件。只有先建立起教师群体积极、健康的阅读意识,才能引领全校范围内广大学生群体的阅读意识。除此之外,还需要学生家长阅读意识强烈,配合学校共同打造学生健康的阅读精神,家校共建阅读文化。

在对实验外国语小学的一位语文老师的访谈中,该老师谈道:"我们小学要打造学校阅读文化建设,其实是增加了我们语文老师的工作量,跟其他学科的老师没有什么关系,就是一个负责阅读建设的副校长领着我们各年级的语文老师在做这个事情。此外,家校共建阅读文化由班主任负责,而班主任大多数都是语文老师。但是,我很理解学校的用心,我也愿意去支持、去配合学校把这个事情做好。学生的阅读习惯需要从小培养,一旦养成了阅读的好习惯,学生在之后的学习中就可以大大地获益,对读书、对作文比赛、对语文课程都产生浓厚的兴趣,我相信,这样的孩子在未来也一定会在从小培养出的阅读习惯上获益。那是我们最想看到的事情,也是学校搞学校阅读文化的初衷。老师的职责所在就是教书育人，现在有这么好的一个事情（学校阅读文化建设），作为一名教师我当然愿意全力去支持、去配合，而不是计较个人工作量上的小得失。当然，要引导孩子们培养出好的阅读习惯，我们做老师的需要率先培养自己读书习惯，除了工作，这对我自身也是有很大好处的。我觉得这就不仅仅是我们语文老师的事情了，全体老师都需要培养读书的习惯。"

在接小学生放学的时候，一位五年级学生的家长接受了访谈，该家长谈道："孩子晚上睡前会看半个小时左右的书，有时候是学校给布置的课外阅读任务，也有时候会挑一些她自己喜欢的书看。""班级里有图书角，需要每个学生都从家里拿书放到图书角让大家一起看。我们家里书比较多，从家里拿也可以，或者我周末带她去书店，她喜欢看的书我一般都会给她买。我们支持她多看书，看完书我就让她给我讲讲。有时候讲到我都不知道的知识，我就夸奖她，她高兴我也高兴。我想这能促进她多读书，我们做家长的要多鼓励她。""前几年她读一年级到三年级的时候我晚上会陪她一起读书，现在她五年级了，我觉得不需要我们陪着她读书了，我们在物质上多提供一些书给她看，在精神上多鼓励她读书就可以了。"

（四）制度建设方面主要以丰富多彩的校园阅读活动的方式呈现

学校阅读文化的制度建设应包含设施制度、组织制度和活动制度。但在实地调研的过程中我们发现，在三所小学的阅读文化建设过程中阅读文化制度方面的建设力度比较薄弱，他们所谓的制度建设，主要是每年、每学期定期开展丰富多彩的读书交流活动、征文比赛，以及比较僵化的图书馆借阅制度。制度呈现出散乱、随意的状态。

西南小学文学社的创建已有20多年，每个月出版校刊。校刊文章的来源多是本校学生的优秀作品。负责文学社工作的副校长积极联系文学刊物，鼓励本校学生投稿。被优秀的刊物收录后，学校会给予学生一定的精神以及物质奖励。这一举动大大提高了学生阅读的兴趣，让学生不仅着眼于校刊，而且将视野拓展得更为广阔，阅读到优秀的文学作品的机会也大大增加。学校每年寒假前举办图书跳蚤市场，买方与卖方都是本校的学生。学生们在这里可以售卖自己看过的图书或低价购买旧图书，也可以与同学交换图书。买卖、交换图书的过程也是学生们交流读书心得的过程，可谓一举两得。

北街小学每学期举办两次读书墙好书分享活动。在楼梯、走廊的墙壁上开辟出一个个海报宣传栏，海报由学生亲自制作，内容是学生本人向同学们推荐一本自己读过的好书，主要包括书籍名字、推荐理由、阅读心得以及书中的经典语录。首先，相对于作文征文活动，好书分享活动中学生的参与度高，除了成绩优异、作文水平突出的学生，成绩较差、文笔不佳的学生也可以在这样的活动中展示自己喜欢的图书，与同学们分享心得体会。其次，相对于老师推荐的图书，由同阶段学生推荐的图书类型可能更符合同年龄阶段学生的阅读偏好。最后，同学们课间在楼梯、走廊休息散步的同时，就可以交流读书心得，过程简单、直接。

二、三所小学学校阅读文化发展过程中存在的问题

（一）阅读场所建设中存在的问题

1. 图书馆使用情况不理想

（1）图书馆藏书存在大量资源浪费，部分图书陈旧的问题。

西南小学图书馆藏书总量达到 7 000 册，生均藏书量达到 18 册，超过了《规程》中对小学图书馆建设标准的要求。但是，在调研过程中我们发现，省教育厅给配发的图书有很大一部分是小学生不喜欢阅读的，这就造成了大量的资源浪费，如"教学参考书"分类中的物理、化学、生物等书籍、严肃的政治军事类书籍、古典文学著作类书籍等。

下文展示了绍兴市小学生课外读物类型偏好统计[1]，如表 5-2 所示。

---

[1] 周岚岚. 绍兴市区小学生课外阅读调查问卷 [J]. 图书馆学研究，2012（23）：95.

表 5-2　绍兴市小学生课外读物类型偏好统计　　　　　　　　　　（%）

喜欢课外读物的类型	童话	小说	动漫	科普	政治军事	人物传记	历史地理	教学参考书
低阶段	77	12	26	15	5	12	9	8
中阶段	61	31	42	19	8	20	20	8
高阶段	49	69	46	36	15	33	30	21

我们对西南小学的小学生进行了分层抽样群访，群访地点就在学校的图书馆。在群访过程中，我们分别让低、中、高阶段的小学生自由进入图书馆，找到自己喜欢阅读的书籍。观察及访谈结果基本符合上述图表中的调查情况，图书馆里各个种类的藏书比例却与小学生的阅读偏好严重不匹配。普遍受小学生欢迎的童话、小说、动漫类书籍只占了很少部分，政治军事、历史地理、教学参考书类的藏书量却占了相当大的比重。这种藏书量分布情况尤其不适应低阶段小学生阅读偏好，这就对培养低阶段小学生的阅读兴趣产生了不利影响。

而广泛受到小学生欢迎的"童话""小说""动漫"类书籍，图书馆的库存量又明显不足。在群访中听到很多学生反映说："我想看的《洋葱头奇遇记》被借走了，不知道要等到什么时候。"

另外，图书室中有部分陈旧书籍，在群访中小学生都表示，"不喜欢去那几个角落（陈旧图书摆放位置）"，"看着样子就觉得不喜欢读"。

（2）图书馆缺乏有效管理、秩序散乱。

在对三所小学的观察中我们发现，除了学校规定的以班级为单位统一进入图书馆进行每周一次的图书借阅活动外，平时休息时间图书馆管理得并不严格，甚至时有出现无人管理的状态。图书馆里秩序散乱，偶尔还会出现学生打闹现象，非常影响来这里读书的学生。

实验外国语小学的一名五年级女生在单访中说道："有时候我想中午去图书馆看书，可是有低年级的男同学在打闹，我就看不进去书……中午有的时候图书馆的门锁着，我就不能进去看书了。有时候门开着，但是没有老师管……体育课的时候也想去看书，有时候里面在开会，我就不能进去了。"

(3) 学生借阅图书处于无人指导状态。

很多时候小学生在图书馆借阅图书是迷茫的，他们或者是被图书的封皮吸引，或者是参照其他同学的喜好。小学阶段，尤其是小学低、中阶段，学生在借阅图书的过程中需要老师的指导和介绍。

在对西南小学低阶段学生的群访中，有学生反映"我喜欢封皮好看的书，封皮的图案好里面的东西肯定会好看"。我们把低阶段的小学生带到图书馆让大家自由地去找自己喜欢的图书时，发现10名小学生全都聚在童话故事书所在的书架前，一部分学生在翻阅童话故事书，另一部分在其周围走动，时而看看同学翻阅的图书，时而在书架上瞄几眼，却不会走到其他书架边去。在我们问"为什么不去那边（没有人去的书架）"时，他们说"平时我们班来借书从没人去那边""没人去看的肯定不好看"。在一名小学生说"我不喜欢那边的书"后，我们追问"你知道那边的书里面讲的是什么吗"，他说"不知道"。

(4) 图书馆的实际利用率很低。

在对三所学校的学生群访中发现：每周都会来图书馆3次以上的学生平均只占38.6%。而低年级小学生最低，只占33%，中年级稍有增加占40%，高年级也只能占到43%。而除班级统一每周一次的来图书馆的借阅活动外，从不来图书馆看书的，低年级占到14%，中年级稍有减少占10%，高年级占7%，如图5-1所示。可见图书馆大多数时间都被闲置，实际利用率很低。我们在观察中发现，学校图书馆经常被当作会议室占用。

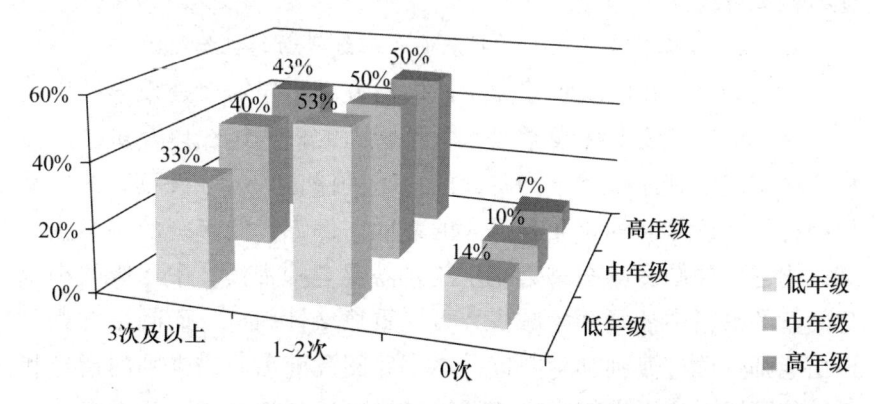

图5-1　三所小学高中低年级学生每周到学校图书馆阅读的次数比例

2. 班级图书角使用率低

（1）班级图书角的图书大多是学生家庭旧书。

班级图书角建设的首要任务是确保图书来源，而在对西南小学和北街小学班级图书角的考察中我们发现，其图书来源基本都是学生从家里带来的旧书，在班级后方的架子上共同"拼凑"成班级图书角。图书的内容、类型并没有得到班主任老师的指导和把关，很多图书并不适合小学生阅读。

（2）班级图书角处于无管理状态，借阅秩序混乱。

在观察过程中我们发现，西南小学和北街小学的很多班级的图书角缺乏有效管理，图书角中的图书被学生随意地"借阅"，并无对借阅记录、归还日期、图书损坏程度、赔偿条款等方面的监管。少部分能吸引班级学生阅读的图书损坏严重。

（3）缺少围绕着班级图书角图书阅读的交流活动。

班级图书角的图书大部分来自学生家庭，若想得到有效利用，班主任需要组织学生进行班级范围内的图书推荐、心得交流活动。图书的小主人在图书推荐会上分享读书心得，则更能有效激发其他学生的阅读兴趣。然而在观察和访谈过程中，我们没有获得关于这方面的信息，并无班级范围内的图书推荐或交流活动。

（二）阅读组织建设中存在的问题

阅读文化组织也是物质要素的组成部分，主要包括校园阅读文化机构和社团两个部分。

1. 机构方面缺少学段、学年层面和班级层面的机构组织

学校阅读文化的组织建设中，机构方面不仅需要建设学校层面的领导小组，还需要建设学段、学年层面的机构组织以及班级层面的机构组织。其原因是不同阶段的孩子的阅读内容、阅读方式、阅读精神、阅读习惯等方面有很大的不同。例如：低年级的小学生的阅读内容以插画多的图书为主，还是需要老师带读；中年级的小学生阅读的书籍中插画开始减少，更注重故事性内容，而阅读方式可以由老师带读过渡到师生共读一本书，阅读前后只需老师的指导和总结就可以；到了高年级，小学生已经可以阅读名人传记、名著类

书籍，在阅读方式上也可以渐渐脱离老师，进行独立阅读。因此，学校需要设置以学年或学段为单位、以班级为单位的阅读文化建设机构。

然而在调研的过程中我们发现，三所学校无一例外都只是设置了由副校长牵头的学校领导层面的阅读文化建设机构，这就使学校的阅读文化建设难以从基层得到真正有效的贯彻落实，容易造成阅读文化根基不稳的局面。

2. 社团方面缺少教师阅读文化社团，学生的社团多采用文学社的组织形式

学校的阅读文化不单单是学生的阅读文化，而是学校整体成员的阅读文化，是师生共同参与的阅读文化。然而在对三所小学的采访中我们发现，三所小学均无教师阅读文化组织，教师的阅读处于完全放任、全凭自觉的状态，这就难以保障教师阅读文化的建设。

学生的阅读文化社团则多以文学社的形式出现，我们认为这种形式过于单一。学生阅读情况的优劣决不能仅仅通过作文水平的高低来评判。对于文笔好的学生来讲，通过文学社发表文章确实对其阅读兴趣的提高有所帮助。但是对那些文笔不好的学生来讲，整个学校没有一个课外学生组织能够帮助他们激发阅读兴趣，这对他们来说是一种对阅读兴趣的打压。因此，学生阅读社团的举办形式一定要多元化，要满足不同类型学生的参与需求。

3. 阅读课程建设中产生的问题

在三所小学中，除了实验外国语小学的阅读校本课程正在开发建设过程中，其余两所小学均无具体的阅读课程体系。其中一所小学无阅读课教学大纲、教案等课程体系应该具备的内容，另一所小学的阅读课教学大纲上仅仅有不同阶段的阅读课程所读的书目名录，缺少具体教学方法、进度等内容。

（三）阅读价值取向方面存在的问题

1. 师生均有功利性阅读倾向、轻视学生自主阅读

近些年，阅读越来越明显地呈现了实用性、工具化的倾向，这种功利性阅读，面向的是现实生活而不是超越生活，停留于身体表

层而不深入灵魂，突出生命存在中的现实-物质-经济-技术维度，不突出理想-精神-人文维度。林语堂在演讲"论读书"时说道："说破读书本质，'心灵'而已。"他倡导"自由地看书读书"，认为"这种的读书，所以开茅塞，除鄙见，得新知，增学问，广识见，养性灵"。我们所谈的学校阅读文化，指的是阅读课以及课外的阅读，这种阅读应当摆脱功利目的，让孩子们自由地阅读。这种阅读，目的不是考试拿高分，不是让作文有素材，不是为了得到老师、家长的表扬。它应当是深入灵魂的深度思考、深度对话，它应当是指向超越的生活，指向理想、精神、人文的维度。

在对一个小学五年级的学生进行单访时，当我们问"你觉得你课外阅读的目的是什么"时，她非常干脆肯定地说："读书可以摘录好词佳句，能够帮助提高我的语文成绩，也能在写作文的时候用上。"我们追问"课外阅读就没有其他的目的吗"，她迟疑地想了一下，说"可以丰富知识"。

在群访中，我们也问了同样的问题，得到的结果是：90%以上的学生课外阅读的目的是提高语文成绩和写作水平；高年级学生相对于低、中两级学生来说，阅读的功利性更强；女生相对于男生，阅读的功利性更强。

2. 学校阅读文化被窄化为学生阅读文化

学校阅读文化作为学校文化的一部分，主体是学校的全体人员，包括校领导、全体教师、学生，甚至可以外延至学生家长。但是在实地调研中我们发现，在学校阅读文化建设的实际操作过程中，校领导牵头指导，语文老师进行运作，组织学生参与各种阅读活动，组织学生上阅读指导课，而其他科目的教师参与度很低。普通教师的阅读文化则无社团组织带动，也无计划、制度约束，完全处于放任状态。

3. 部分语文教师不重视阅读导致阅读课被占用

阅读课是教师对学生课内及课外阅读进行指导的宝贵机会，学生的阅读内容、阅读方法、阅读习惯、阅读心理等方面，都需要老师的指导。三所小学每周都有一节阅读课。在西南小学，除了每周一节阅读课外,每个班级每天还另安排了两段自由阅读时间,分别是早上课前的半小时和午休后的半小时。在对三所学校学生的群访中,我们发现:在阅读课时间的保障上,实验外国语小学做得最好,只有很少的学生反映阅读课偶尔被占用的情况;而西南小学和北街小学有大量的学生反映阅读课被占用的情况,其阅读课基本都被其他学科的老师占用。西南小学安排的每天两段的自由阅读时间,也经常被占用。一些低年级的小学生在被问到阅读课的时候,甚至摇头表示不知道有阅读课这回事。

4. 农村家长阅读意识薄弱、父亲阅读意识相对更弱

学校在进行阅读文化建设的过程中,其中一个层面的建设就是家校共建学校阅读文化。这就需要学校搭建好家校共建的平台,与家长勤沟通、共成长,家长可以在孩子校外阅读的陪读、对孩子阅读心理进行疏导、培养孩子良好的阅读习惯等方面配合学校进行建设。

在蒲江县城的这三所小学里,北街小学和实验外国语小学的生源是来自县城,西南小学的生源大多数来自周边农村,一部分来自县城。西南小学是一所半寄宿制小学,农村学生在学校寄宿,县城学生不寄宿。在对家长的访谈中我们发现,县城家长的阅读意识强于农村家长,母亲的阅读意识强于父亲。

北街小学的家校共建平台搭建得较为完善,学校定期开家长会,及时沟通亲子阅读的开展情况、共同商讨对孩子阅读的指导策略。学校和家长产生良性互动,亲子阅读活动的效果显著。学校还在校刊上设置了亲子阅读专栏,由家长撰稿讲述亲子阅读过程中遇到的困难或者陪读心得,彼此借鉴。实验外国语小学的图书漂移活动得到家长的广泛支持,在对实验外国语小学专门负责阅读文化的副校长的访谈中,她也谈道:"家长的配合度很高,家长对孩子的阅读重视程度很高。"在西南小学,周一到周四放学时间来接孩子的都是县城生源的家长,在被问及"您的孩子每天晚上写完作业还会做什么"时,一位家长说:"我要陪孩子睡前阅读的,我从小培养孩子爱读书的习惯。"在被追问"每天都会陪孩子进行睡前阅读吗"时,她说:"作业多的时候偶尔也不读。"我们随机选了10位接孩子放学的家

长，其中5位母亲都表示会主动陪孩子读书，而5位父亲中有4位表示家里的母亲负责陪孩子读书，自己则偶尔陪读，仅有1位父亲表示自己会经常陪读。

但是在周末放学时，对西南小学农村孩子家长进行采访时发现，家长对孩子阅读的关注度不高。在被问及"您的孩子周末在家写完作业还会做什么"时，一位家长说："做完作业除了玩还会看书。"在被追问"都会看什么类的书"时，她说："看课本，复习课本上的知识。"在被问及"您会陪着孩子看课外书吗"，这位家长笑着说："我太忙了，家里外面很多活儿要忙的。孩子在学校每周学习5天，周末完成作业了就可以出去玩玩。"在被问及"您会带孩子去买一些课外书吗"，她说："学校会给他书看的。"在对西南小学随机选择的10位农村家长进行的访谈中，大多数家长都表示出对孩子课外阅读的不关心，仅有两位家长表示每个学期会带孩子去书店买一次课外书。

（四）阅读制度建设方面存在的问题

1. 图书馆借阅制度僵化

三所小学的图书馆借阅制度均规定每位学生每周只能借阅一本书，每周班级统一安排一节课到图书馆借阅书籍，下周同一时间还书后才能借其他书。在访谈中，有学生反映："如果我这次借的书我不喜欢读，这一周我就不能看其他的书了。"

2. 班级图书角缺少管理制度

图书角的配置是学校提升阅读文化、推进阅读行为的有效手段。但是，图书角的管理情况直接关系到图书的使用和流动。学校各年级的图书角、各班的图书角，普遍缺乏专业性的管理，图书没有按门类放置，图书上也没有特别的识别标志，借阅和归还也没有人登记。这表明学校还没有针对班级图书角进行整体性的规划和管理，图书角处于放任无序的状态。

（五）活动制度方面存在的问题

1. 缺乏以年级、班级为单位的阅读活动及校级阅读活动，低年级学生参与度低

在三所小学中，阅读活动开展得丰富多彩、如火如荼，然而三

所小学的阅读活动在开展中存在着同样的问题，那就是只有校级层面的阅读活动，缺乏以阶段或年级、班级为单位的阅读活动。例如全校的作文竞赛、全校的读书心得分享会，为追求活动质量，这些阅读活动的实际参与者多为高、中年级的学生，其中以高年级的学生为主，低年级的学生只有极少部分作为代表参与这样的校级活动。

综合来看，低年级学生对班级层面的阅读活动，参与度最高，其次是年级、阶段层面的阅读活动，参与度最低的是学校层面的阅读活动。低年级小学生阅读书籍的种类和数量都有限，作文水平还没有发展到一定的程度，极难参与到全校范围内的征文比赛、读书心得交流会等活动中去。学校也没有为各阶段小学生分别设立活动专区。

在对三所小学的学生（共 30 人）进行的群访中，表示参加过（参与过，并不一定在活动中获奖）学校征文活动、阅读交流活动的低年级学生只有 2 人，而中年级学生参加过这些活动的有 6 人，高年级学生参加过这些活动的有 14 人。

2. 阅读活动多以作文比赛的形式开展

尽管三所小学举办过的与阅读有关的活动丰富多彩，但是作文竞赛、校刊征文这类写作活动有成果易外显（每次都可以评选出优秀的文章）、开办成本低廉、操作过程简单等特点，因此深受三所小学的欢迎，从而三所学校陷入了阅读只有写作这一种外显方法的误区。教师通过学生的写作水平来评价学生的阅读水平，学生的阅读目的也被影响为仅仅是为了提高作文水平。实际上，学生更需要的是与同龄孩子分享读书心得、经验交流之类的活动，同龄孩子喜欢读的书籍类型相似，他们之间的交流更容易达到彼此分享读书乐趣、互相促进读书兴趣的目的。

一位在西南小学任教多年的语文老师在访谈中说："学校的阅读活动主要是以校刊征文的方式开展。"在被问到是否还有其他阅读活动的时候，她想了想说："没有了。"虽然在对副校长的访谈中，副校长提到还有一些其他阅读活动，可是在对下面语文老师的访谈中可以发现：在实际操作中，阅读活动还是主要体现为校刊征文等写作类活动，缺少学生之间的读书心得交流活动。

3. 阅读活动参与对象局限于成绩优秀的同学

在对三所小学低、中、高三阶段各30人共90人的群访中，参加过学校举办的阅读活动的共有22人。群访过后，我们从年级教研组中拿到了这些学生的班级名次。在这22人中，有17人是班级排名前30%的学生，占到77%。在对语文老师的访谈中，她也谈到了这一现象："班级里参加学校阅读活动的主要还是成绩好的学生，尤其是语文成绩好的学生，他们的积极性高，参加了也容易获奖，就产生了良性循环。慢慢的成绩不好的学生的积极性也被打消了……不管什么活动班级参加活动的就那么几个人，都是成绩好的那几个学生，老师为了班级有成果也愿意选拔这几个好学生参加。"

4. 阅读活动中男生参与度相对较低

在群访中，一个非常明显的现象就是，在被问到关于阅读的情况时，女生的积极性比男生高。在我们问"谁参加过学校里的阅读活动或者征文竞赛"时，举手的绝大部分是女生。只有零星一两个男生举手表示也参加过。在对语文老师的访谈中，我们问："参加阅读活动的学生中，男女比例如何？"这位语文老师说："女生占了大部分，男孩子在小学阶段比较顽皮，不爱看书，自然也不喜欢参加阅读活动。但这也受家庭影响很大，有的男同学家长从小培养他们爱看书的习惯，这些男同学也会愿意主动参加。"在北街小学的校园中，我们观察了其"读书墙——好书分享"活动的作品，从小海报上的头像照片中我们也发现，这些读书海报的作者大部分是女同学。

三、对三所小学阅读文化发展中的问题进行原因分析

（一）功利性的应试教育的影响

长年来推行应试教育的浓重阴影，使教师、家长、学生都被应试教育严重束缚了思想。教师以本为本、守本固本，考什么教什么。指导学生阅读的目的也是提高其语文成绩。学生即使有课外阅读，也是在应考模式里兜圈子。指导学生进行阅读的任务被视为可有可无而被置之一边，从而让学生丧失了阅读那片肥沃的土地。学生家

长或者不重视培养孩子从小阅读的兴趣和习惯，或者限制孩子阅读书籍的范围，即便是课外阅读选用的书也紧紧围绕着作文书、名人传记等种类，目的也是考试。孩子受到家长和老师应试思维的影响，阅读就变成了以考试为风向标的功利性阅读。而这就导致教师不重视阅读，阅读课被占用；家长不重视阅读，不能进行良好的亲子阅读；学生从小没有培养起良好的阅读兴趣和阅读习惯等诸多弊端。

（二）影视、多媒体等声像作品的冲击

书籍与充满神奇、幻想的影视、多媒体作品形成了强烈的反差，以互联网为主的现代信息媒体以其传播信息的形象性、生动性、快捷性和丰富性，成为人们获取信息、获取快乐的主要途径，很多学生被深深地吸引，没时间更没兴趣去读那"白纸黑字"的书。另外，小学生长期过分依赖声像材料，也削弱了他们感受语言文字的能力，对阅读也产生一定的排斥情绪。

（三）注重硬件投入，疏于管理利用

前些年，许多小学大都程度不同地存在着底子薄、投入少、教育资源相对短缺等问题和困难。近年来，随着国家对教育的重视，政府对教育的投入，各地小学以最快的速度加大对教学资源的投入，特别是加强硬件资源的建设与完善。在外因的带动下，再加上社会各界的关注与支持，目前大部分小学的硬件资源得到了很大的改善，特别是县城、市区的一些小学，在学校硬件、软件建设方面投入了大量资金，建起了电脑房、多媒体教室、图书馆、阅览室等，但这些教学资源在实际使用中的效果与当初的设计蓝图相去甚远。

究其原因，主要在于有些设备华而不实，管理制度不切合实际。就学校图书馆来说，学校所购图书很大一部分与小学生的阅读兴趣相去甚远，可读性不强，加上应试的压力，许多学生办了借书卡却没有多少自由时间借阅图书，阅览室实际上是"藏书室"，图书馆只是为应付督导、检查，以及作为日常开会场所使用。而且由于人事编制和教学工作量的影响，图书馆缺少专门的管理人员，图书管理员现在多是兼职的任课老师，图书馆经常出现大门紧闭或者无人管理、秩序混乱的情况。就班级图书角来说，也是类似的情况，班级

为了建设图书角，让学生从家里带来指定本数的书，但对这些书籍不进行筛选，直接将其堆放到班级图书架上。实际上，由于书籍内容不合适、缺乏管理等原因，这些书的流动性很低。

（四）阅读活动注重形式，忽视内容和过程

学校的阅读活动是学校阅读文化的一个重要方面，是学校文化的动态表现。通过各种阅读文化活动，寓教于美、寓教于乐，可以让学生增长知识、陶冶情操、健全体魄、培养集体主义精神、完善人格、促进学生的全面发展，如此有益于学校阅读文化建设。然而，阅读文化活动只是一种载体，通过活动，强化的应该是一种阅读价值观。学校阅读文化建设的核心问题是学校群体阅读价值观的树立，这种群体阅读价值观是全校师生认同的，它存在于全校师生每一个具体的行为和相互关系之中，体现在师生处理事物的一般准则、态度、意志、表现和行为习惯当中。有人把阅读文化活动单单看成文化娱乐活动，这是对学校阅读文化的一种狭隘的理解。现在，我们经常在有关报刊上看到某学校阅读文化建设搞得轰轰烈烈，"成立了一些社团，建立了一些活动室，开展了一些活动"等。但其实这种理解很不全面。一次成功的活动至少应有两方面的收获：一是活动直接效果，二是对积极分子的锻炼。从长远看，后者对人才的成长更为重要。

（五）注重对学生的阅读建设，忽视对教师、家长的阅读建设

学生是学校阅读文化的主体，教师是学校阅读文化的主导者。在学校阅读文化建设活动中，教师肩负着重要的职责和义务，家长肩负着配合学校共同建设的职责和义务，参与小学文化建设与活动是教师的天职，也是家长的职责所在，只有发挥了教师的主导作用、家长的辅助作用，才能提高学校阅读文化建设的质量，将学校阅读文化贯彻落实到实处。有人认为，学校文化就是学生的学风。其实，学校文化是整个学校精神面貌的综合反映，它包括干部职工的工作作风、教师的教风、学生的学风。如果我们把学校文化等同于学风那就不确切了。

第四节 农村学校阅读特色发展策略

小学阅读文化是一个有机整体,这个整体由阅读物质基础、阅读制度和阅读精神三个方面的要素构成。这里分别从每一个要素的角度来探讨小学阅读文化建设的具体策略。

一、阅读文化的物质基础建设

阅读物质要素主要是小学阅读文化的显性组成部分,是小学阅读文化得以形成的重要物质基础和主要依托。物质要素主要包括阅读文化场所、阅读文化组织、阅读文化课程等三个方面。

(一)阅读文化场所建设

学校阅读文化场所主要包括图书馆和阅览室、阅读教室、班级图书角、室外阅读场所等。要建设学校阅读文化,首先离不开这些阅读场所的建设。

1. 图书馆和阅览室

图书馆和阅览室的建设要以《规程》的规定为基本标准,有条件的实验学校可以高于这个标准。在建设学校阅读文化的小学,图书馆和阅览室应成为最主要的设施之一,发挥重要的作用。图书馆和阅览室的建设可从以下几个方面进行:

(1)采购和收藏丰富的、适合小学师生阅读的书刊。书籍是阅读的前提,充足的书籍是开展学校阅读文化建设的重要基础和保证。《规程》规定:小学人均藏书量至少25册,报刊60种,工具书、教学参考书种类120种等。这是最为基本的要求,在没有开展学校阅读文化建设的小学,这么多的书籍可能足够或者"过剩"。然而,在开展了学校阅读文化建设的小学,更多的书刊成为必需。书刊的选择要符合小学师生阅读的特点,要内容丰富,既要有图书,也要有期刊报纸,既要有传统的纸质书刊,也要有电子书籍等。

需特别注意图书馆和阅览室的藏书要适合小学师生阅读,切忌为了藏书量而进行大量且无效的陈旧、不适宜的图书的堆砌。学校可将图书馆、阅览室的图书按照年级或阶段、学生用书和教师用书来分类，分门别类地摆放，甚至每周可在图书馆及阅览室悬挂好书推荐海报，在书架上标出本周推荐图书，这些措施能吸引师生有注意力，激发师生阅读兴趣，也能让师生更有针对性地选阅，提高师生的借阅效率。

（2）配备齐全的馆舍。学校图书馆不仅仅是藏书、借书的地方，也是开展阅读学习和进行教育的重要场所。图书馆要配备除了藏书室和借书室以外的更多的读书学习场所。教师阅览室、学生阅览室、期刊阅览室、电子阅览室、音像阅览室等都应该是现代化图书馆的必要组成部分，甚至可以建设一些更为休闲的阅读场所，如阅读吧，可以边阅读边喝咖啡、听轻音乐，以吸引师生在课余时间经常前来阅读书籍。教师阅览室要以教师的自主化发展为本，建设成为教学、科研、休闲的重要场所；学生阅览室既是学生课外阅读和学习的场所，也是学生交流读书体验、探讨读书经验的有益平台。期刊、电子、音像阅览室都要在学校阅读文化中发挥积极的作用。学校要重视这些馆室的建设，既要为学校的阅读文化场所配备书架、阅览桌椅、报刊架、书柜、办公桌椅等必要的设施、设备，又要根据不同的用途，配置声像、计算机（网络设备）、扫描仪、刻录机、打印机等不同的设备，以保证这些馆室的投入使用，支持小学阅读文化建设的开展。

（3）打造和谐的阅读环境。阅读环境可以分为阅读的自然环境和人文环境两个方面。美好的自然环境悦人耳目，良好的人文环境悦人心性。图书馆要在自然环境和人文环境两个方面和谐发展，成为吸引全校师生前来阅读的重要因素。图书馆的外观建设不仅要求桌椅等基本设施美观大方、摆放合理，环境布置和谐自然，还要具有浓浓的书香气息。例如，在阅览室的墙壁上张贴一些关于阅读的名人、名言，桌子上放置美丽的小盆景，让整个环境和谐、令人陶醉。身处其中，师生会感到阅读学习是一种生命的体验，是一种美好的享受。

2. 阅读教室

班级授课制建立以来，班级成为教学的基本单位，课堂成为教师对学生进行教育的主阵地，教室成了教师唱"独角戏"的舞台。在学校阅读文化建设中，传统的秧田式座位排列的教室不能再满足阅读教学的需要。在阅读教室中，圆桌形和马蹄形的座位排列更加适用。圆桌形座位排列更能拉近老师与学生的距离，使老师与学生处于平等的位置进行读书心得的交流与探讨，而马蹄形的座位布局可以让学生分组进行讨论，提高学生的参与度。这种专属的阅读教室更加适合阅读教学和阅读活动的开展，在一些不具备物质条件的农村学校，也可在本班教室中做此布置来开展阅读课及阅读活动。

3. 班级图书角

班级图书角完全采用学生自主建立、自主管理的方式。每个班级可以根据不同的阅读需要建设不同风格的班级图书角。图书角的资料大致有这样几个来源：其一，学校图书馆。学校图书馆根据班级阅读的需要，为班级选书、送书或者新购置相应的书籍，这是班级图书角图书的重要来源。其二，学生自己用于交流的图书。根据学校的要求，每个学生每学期必须将自己的一本书放在班级图书角一段时间供班级同学交流阅读。这些图书也是班级图书角图书的重要来源之一。其三，班级购买。学校每学期都要给每个班级一定数量的图书经费，用于班级图书角的建设。这些经费可以添置一定数量的图书。

蒲江县实验外国语小学组织了全校范围内的以年级、班级为单位的图书漂移活动，每个班级图书角里的图书由全校统一规划，每个学生买一本图书，同一本书最多由四名学生购买。在班级图书角内构成班级小书库，同学们可以自由借阅图书角里的图书；在年级内建设适合本年级学生阅读的年级书库，年级内各班的图书巡回漂移，让每个学生都有机会借阅本年级图书库中的各类图书；当学生升了年级还可继续使用上一年级的书库，这样就形成了全校范围内的大书库，一批学生传给下一批学生，如此漂移下去，图书也得以多次有效地使用。

4. 室外阅读场所

阅读不仅仅是室内的行为，更是一种随时可见、随地可见的普遍行为。"校园处处有阅读，处处校园皆'书室'"，正是这一美丽读书风景的写照。设置一些室外阅读场所，开展室外阅读，成为一种必要。但室外是一个较大的校园环境，它是一所学校整个校容校貌的重要组成部分。因此，室外阅读场所的建设，要依据这个特点，保证整个校园环境的美化与和谐。

如果将整个室外空间视为一个大的阅读场所，那么室外阅读环境的建设和室内环境的布置一样具有不可忽视的重要作用。好的室外阅读环境可以激发人、吸引人来到这个环境中开展各种阅读活动。室外阅读环境的建设可以将自然环境和人文环境有机地结合起来，让自然环境吐露出浓浓的文化气息和读书氛围，让人文环境渗透或掩映在自然环境的怀抱当中，二者交相辉映。有些学校将草坪和花草栽成字的形状，将关于读书的名人名言等以花草的形式展现出来，这给了花草以灵气、精神。有的学校为花草树木挂上"名片"，标示名称，并将历代关于该花草的诗句、散文写在上面，让学生在不经意间开展阅读、增长知识。有的校园中镌刻有一些碑文，供师生阅读学习。更多的学校在校园内悬挂横幅、张贴海报等，所有这些都在致力于打造一个和谐的校园阅读环境。

这些室外阅读场所的建设，对拓宽校园阅读空间，丰富校园阅读活动，建设"里应外合、内外交错"的学校阅读文化，具有重要的作用。

此外，学校阅读文化的建设离不开家庭的支持，因此，家庭为配合学校而进行家庭阅读场所的建设也同样具有重要的意义。以上这些场所的建设是保证学校阅读文化建设顺利开展的基础条件。

（二）阅读文化组织建设

学校阅读文化的物质要素并不仅仅指阅读文化场所，阅读文化组织也是物质要素的组成部分，它主要包括学校阅读文化机构和社团两个部分。

1. 阅读文化机构建设

简单来说，学校阅读文化机构自上而下包括学校阅读文化建设领导小组、年级或阶段指导教师小组和阅读文化建设班级。

学校阅读文化建设领导小组是学校阅读文化建设的领导机构，负责决定学校阅读文化建设中的重大事务，把握建设方向，并监督建设的具体实施过程，在学校阅读文化建设中起着十分关键的作用。该组织一般下设组长、副组长和成员。组长一般由校长亲自担任，副组长由分管教学的副校长或教务主任担任，组员一般由年级负责人和优秀的阅读指导老师担任，也可以吸收部分优秀学生担任组员。有的学校还聘请著名阅读专家或作家担任顾问，他们为学校阅读文化建设提供咨询指导，增加了建设的科学性，提高了建设的效率。

年级或阶段指导教师小组是学校阅读文化建设的组织机构，是学校阅读文化建设的核心力量。该小组一方面负责贯彻领导机构的各项决定，另一方面负责各项具体建设工作的安排与指导。指导教师小组一般由一名组长和数名组员组成。组长一般由领导小组的组员担任，组员大多由该班班主任担任。年级指导教师小组的组员选择需要注意多个学科老师的整合，既要体现语文教师的主体力量，又要兼顾其他学科。这对于学校阅读文化建设的重要组成部分——阅读内容的选择，具有一定的综合平衡作用。

阅读文化建设班级是学校阅读文化建设的直接参与单位。学校阅读文化建设的每一项工作最终都要通过班级这个以教师和学生共同组成的集体予以落实。班级集体包括指导老师、学生小组长和学生三个部分。指导老师由班主任担任，负责班级阅读文化建设的具体指导工作；学生小组长由班级阅读比较好或热爱阅读的同学担任，负责协助指导老师开展工作；学生是学校阅读文化建设的个体主体，按照学校和指导老师的要求，开展阅读活动。

2. 学校阅读文化社团建设

学校阅读文化社团主要包括学校阅读文化协会、学校阅读文化兴趣小组。这些社团对丰富校园生活、繁荣学校阅读文化、提升学生各个方面的素质都具有不可替代的作用。

学校阅读文化协会是教师和学生自主建立、自主管理的阅读组织。根据主体的不同，分为教师阅读文化协会和学生阅读文化协会；

根据阅读对象的不同，分为书籍阅读文化协会、网络阅读文化协会等。这里主要讨论教师阅读文化协会和学生阅读文化协会的建设。教师阅读文化协会是学校阅读文化建设的重要组织。学校阅读文化不仅仅是学生的阅读文化，也是教师的阅读文化。教师阅读文化协会为全校教师搭建了一个阅读交流的平台，有利于推动学校阅读文化的建设。要建设好教师阅读文化协会，需要注意几个问题：首先，协会的主要负责人应该由在阅读方面有所建树的老师担当，可以直接由图书馆馆长担任协会主席。其次，协会的成员要注意各个学科的平衡。只有这样，才能兴起全校教师阅读的高潮，从而更好地指导学生阅读的开展。学生阅读文化协会是在教师指导下建立起来的全校范围内的阅读文化组织。它最大的特点就是打破了班级和年级的限制来组织开展全校范围内的活动。建设学生阅读文化协会，对在全校学生中广泛地开展阅读活动、推动学校阅读文化建设具有十分重要的作用。

学生阅读文化兴趣小组和学生阅读文化协会有所不同。学生阅读文化协会具有完整的组织机构、完善的规章制度，并规范地开展活动；而学生阅读文化兴趣小组大多数是学生自主自发的行为，学生根据自己的共同兴趣自由地组合到一起，具有很大的随意性和自由性。虽然学生阅读文化兴趣小组具有很大的随意性和自主性，但丰富多彩的学生阅读文化兴趣小组的建设对加深学生某个方面的阅读能力具有其他组织无法取代的作用。指导学生阅读文化兴趣小组建设，首先要加强引导多种阅读文化兴趣小组的设立，如诗歌小组、散文小组、小说小组、漫画小组等，让全校的每个学生都能找到自己的组织。其次是对兴趣小组的指导干预不必太多，小组可以自由开展读书、交流活动，老师的指导更多的是为兴趣小组的活动提供有利的条件。

（三）阅读文化课程建设

阅读文化课程是学校阅读文化物质要素的重要内容，是学校阅读文化建设深入推进的成果和结晶。学校阅读文化课程的建设，对总结学校阅读文化建设的成果，使学校阅读文化形成一定的科学理论体系,具有十分重要的作用。学校阅读文化课程的建设是一项系统而又复杂的工作,主要包括三个方面:学校阅读文化课程标准的制定、学校阅读文化读本的编写、学校阅读文化课的开设。

1. 学校阅读文化课程标准的制定

学校阅读文化课程标准的制定是一项重要且难度很大的工作。课程标准对课程性质、课程目标、课程内容、课程实施步骤、课程评价等各个方面都要做出具体规定和详细要求。课程标准是读本编写和开展教学的基本准则,直接关系到学校阅读文化课程建设的整体质量。为了保证学校阅读文化课程的质量,在制定标准的过程中,必须认真参照《基础教育课程改革纲要》《全日制义务教育语文课程标准(实验稿)》以及学校阅读文化的要求,结合学生的实际,召集语文教师以及其他各科老师,一起交流探讨,最终形成学校阅读文化课程标准。

2. 学校阅读文化读本的编写

组建学校阅读文化读本编写组,读本编写组的核心成员可以是课程标准研制组的成员,但必须发动更多的成员,特别是教师和学生加入读本编写组。读本编写组必须依据学校阅读文化课程标准,拟定读本编写方案,并将其细化为具体的读本提纲。按照提纲要求,广泛收集和阅读各个学科的大量资料,然后加以整理、筛选、汇编,形成定稿后,交付印刷出版。四川省蒲江县实验外国语小学编写的《小学生阅读文化素养读本》是一个很好的范例。学校阅读文化读本的编写是学校阅读文化课程建设的关键环节,为阅读课的开设提供了文本资料和保障。

3. 学校阅读文化课的开设

学校阅读文化课不同于语文阅读课。学校阅读文化课是以阅读文化读本为主要材料,属于校本课程;而语文阅读课则是国家统一规定的基础课程。因此,学校阅读文化课的开设不是无用之举。目前进行学校阅读文化建设的小学,普遍开设了学校阅读文化课。只是课程内容各异、形式多样。西南小学利用每天早晨第一节课上课前的 20 分钟开设读报课,让学生自主选读报纸,午休后的 20 分钟开设每日阅读课,让学生自由阅读图书;利用晚自习的时间,辅导学生阅读;每周开设 1 节阅读文化课,由阅读指导老师指导、带领学生阅读,教授学生掌握阅读的方法。

阅读文化场所、阅读文化组织和阅读文化课程共同构成了学校阅读文化的物质要素,为学校阅读文化建设提供了全面的物质支持。

二、阅读文化的制度建设

阅读制度要素是校园阅读文化建设的重要方面。这些制度大致包括图书借阅制度、班级图书角建设和使用制度、家校阅读制度、阅读文化活动制度、阅读奖励制度等。按照制度规范对象的不同,我将这些不同的制度分为设施制度、活动制度两大类。以下从这两大类分别论述之。

(一) 设施制度

设施制度是指在人与基础设施的关系中以"基础设施"为主要规范的制度,旨在从规范基础设施这个"物"的方面出发来达到规范"人"行为的目的。设施制度包括设施建设制度和设施使用管理制度两大方面。

1. 设施建设制度

设施建设制度是对基础设施建设的一种限制和规范,旨在使设施的建设更加科学合理。设施建设制度包括图书馆图书建设制度、班级图书角建设制度、阅读文化组织建设制度、学校阅读文化课程建设制度等多个方面,哪里有阅读文化设施的建设,哪里就需要相关的制度加以规范。下面我主要以班级图书角建设制度为例谈设施建设制度。

班级图书角已经成为小学阅读文化建设的一个必不可少的部分,几乎所有展开阅读文化建设的小学都力图通过班级图书角来拉近图书与学生的距离,促进学生阅读。为了规范建设,这些学校制定了一定的建设制度。归纳起来,这些制度大致包括以下内容:

第一,建设单位。建设单位主要是指要明确班级图书角的建设主体。一般来说,班级图书角应该由学校、班级、家庭共同建设,也接受社会的支援和帮助。学校是图书角建设最重要的主体，其通过政策支持、经费支持、图书支持等保证图书角的正常建设；班级是图书角建设的重要主体，负责图书角的具体建设工作；家庭配合班级图书角的建设，提供书籍等方面的支持。有些社会单位如新华书店、出版社、报社等主动为班级图书角捐书赠书，也成了图书角建设的活跃主体之一。这些主体共同建设班级图书角。

第二，建设内容。建设内容主要包括书报放置设备和书报两个方面。书报放置设备主要有图书架、图书柜、报架、报夹等；书报主要有书籍、杂志以及报纸等。此外还要对其进行一定的规范和限制。

第三，书报来源。书报来源主要是指对班级图书角书报来源的规范和限制。班级图书角的书报主要来源有学校图书馆的图书、学校为班级图书角添置的书报、家庭对图书角的义务捐书、社会赠阅的书报以及每个学生用于阅读交流的书报等。

第四，经费来源。经费来源主要是指对班级图书角建设配置经费的规定，如建设的启动经费，以后每个学期陆续下发的新书添置费等。此外，也可以将一部分班费用于图书角的建设。

第五，其他内容。其他内容主要包括对班级图书角建设的重要作用以及制度制定和执行的一些说明等。

2. 设施使用管理制度

设施使用管理制度是为了规范设备使用，提高设备运用效率而由设备管理部门制定的制度，主要包括图书馆图书借阅制度、班级图书角借阅制度、阅读文化宣传栏管理制度等，在进行这些制度建设的时候，大致都要考虑借用范围、借用时间、借用时限、借用程序、借用者的权利和义务等内容。

借用范围主要是明确借用的对象。如某班的班级图书角借阅制度的第一条规定：本班图书角的借阅对象为本班的所有师生。按此规定，其他师生都不在本班图书角借阅范围之内。

借用时间是对什么时候可以借用的限制。例如，学校图书馆，一般都明确规定借阅时间，大致为周一至周五上午 8:00—11:30,

下午13:30—17:00，节假日借阅时间另行通知。

借用时限是对借用时间长短的限定。通过时限保证设施最大限度地为更多人服务。例如，某阅读文化宣传栏使用管理制度规定，任何海报的张贴时间不得超过一周。

借用程序是对借用流程的规定。任何设施都有专门的管理人员，借用也必须履行一定的手续。例如，某班级图书角借阅制度规定：借阅本图书角的书报必须拿本人学生卡到班长处登记方能借阅；还书时带上书报在班长处登记还书记录。

借用者的权利和义务是对借用者权利和义务的限定。这项规定一方面保证了借用者享有的权利，另一方面义务的强制执行也有效保护了设施。

以上这些制度的建设，无论是设施建设制度还是设施使用管理制度都是为了保证更多、更好的设施的存在，更大程度地为使用者提供更优质的服务。

（二）活动制度

任何制度都是为了达到规范人、制约人的行为的目的，阅读活动制度主要是通过对活动的规范来达到限制人的行为的目的。

1. 阅读活动

阅读活动可分为阅读交流活动和阅读实践活动。

首先，阅读交流活动主要包括阅读讲座、阅读沙龙、学生阅读报告等。阅读交流活动在推动读书成果的巩固与深化、推广与共享方面具有十分积极的作用。

（1）阅读讲座。

邀请校内外阅读方面的专家或作家，举办多种形式的阅读讲座。这对师生阅读具有很大的指导意义。

阅读讲座是一种很好的阅读培训方式，师生可以从中直接吸取许多有益的经验。在校园阅读文化建设中，一定要力争举办多种阅读讲座，尤其是面向学校领导和教师的讲座，应优先开展。通过这些阅读讲座的开展，可以建立起强大的教师阅读队伍，为校园阅读文化的建设打下坚实的基础。

(2) 阅读沙龙。

阅读沙龙是一个交流的平台。通过阅读沙龙，不同阅读兴趣的人聚在一起，进行自由探讨和思想的碰撞，在小范围内交流和分享各自的阅读经验和阅读成果。阅读沙龙可以在全校不同范围内开展。

在举办阅读沙龙时，应注意几个问题：一是阅读沙龙的举办可以依托阅读协会以及不同的阅读兴趣小组，种类要多样、内容要丰富。例如，举办教师阅读沙龙、学生阅读沙龙以满足不同阅读主体的需要；举办诗歌阅读沙龙、散文阅读沙龙、小说阅读沙龙等吸引有不同阅读兴趣的学生参与。二是沙龙的形式可以多样，可以完全是学生间的自由交流，也可以是学生交流、老师点评，还可以是学生和老师一起参与交流。

真正办好阅读沙龙能营造一个很好的集体阅读氛围，促进集体阅读，有效弥补个体阅读的缺陷，推动校园阅读文化整体的和谐发展。

(3) 学生阅读报告。

学生阅读报告，是指邀请在阅读方面有突出成绩的学生向其他同学传授阅读经验、展示阅读成果的一种阅读交流形式。在阅读交流行为建设中，举办学生阅读报告，挖掘学生阅读榜样，总结阅读经验，对其他学生的阅读行为更具有激励作用。

其次，阅读实践活动是指以阅读为中心的一系列实践活动，或者是直接为阅读服务的实践活动。阅读实践活动包括阅读比赛、阅读表演、阅读参观、报刊编写和校台广播等。

(1) 阅读比赛。

阅读比赛有利于活跃阅读的气氛，形成你追我赶的良好的阅读文化氛围，激励师生更为出色地进行校园阅读文化建设。阅读比赛多种多样，常见的阅读比赛主要有校园阅读大赛、校园诗歌散文朗诵大赛、辩论赛、读书知识大赛等。

(2) 阅读表演。

阅读表演是将阅读的内容经过加工以形体和口头语言的形式表

现出来，它将文学和艺术有机地结合起来，能加深阅读人员对阅读内容的理解，是一种高难度的阅读行为。常见的校园阅读表演有剧本演出、朗诵表演等。在这些阅读表演中，可以邀请学生家长扮演其中的某个角色，让其和自己的孩子一起登台演出，共同分享阅读的乐趣。

（3）阅读参观。

阅读参观主要是让师生在观看实物时接受教育的阅读行为。阅读参观一方面能增长师生的知识，另一方面也能对师生的思想起到一定的教育作用。在校园阅读文化建设中，组织师生参观的可以是文化名人的故居、书斋、手稿以及出版社、印刷厂、书店等。

（4）报刊编写和校台广播。

报刊和校台广播都是校园阅读文化的宣传阵地，也是阅读成果交流和展示的平台。在建设阅读文化的学校，大多设有"阅读小报"和校台广播。"阅读小报"主要通过文字的方式展现阅读成果。这不仅能展示学生阅读的成果，而且能让学生锻炼选择信息、处理信息的能力。而校台广播则通过音像的方式展现阅读成果。

2. 阅读活动制度

在学校阅读文化制度中，阅读活动制度主要包括两个方面：阅读活动开展制度和阅读活动评价制度。

（1）阅读活动开展制度。

阅读活动开展制度是对各种不同学校阅读文化活动开展的规范和限制的总称。小学阅读文化建设中包含着丰富多彩的校园阅读活动，因此，需要建设多种小学阅读文化制度予以保障。这些制度主要包括：读书活动制度、讲座活动制度、实践活动制度以及学校阅读文化节等综合性活动制度。以上这些活动制度大致都包括对活动目的、活动主体、活动内容、活动时间、活动地点、活动频率、活动数量等多个方面的规范和限制。

（2）阅读活动评价制度。

阅读活动评价制度是对小学阅读文化活动进行评价的规范和限

制。活动评价制度可分为读书活动评价制度、阅读讲座活动评价制度、阅读实践活动评价制度以及综合性阅读活动评价制度等。这些活动评价制度基本的要求大致相同。

评价维度。在活动评价制度的制定中，必须体现知识能力、过程方法、情感态度价值观三个评价维度，也要从三个方面进行全面评价。

评价标准。评价标准是确定学生发展状况和发展水平的衡量尺度，也是进行价值判断的逻辑前提和实施依据。评价标准分为绝对标准、相对标准和个体差异标准，活动评价制度要对这三种标准的综合使用做出明确的规定。

评价主体。活动评价制度还必须对评价主体做出明确的限定，保证家长、教师、学生自己、同学等多元评价主体的参与，实现评价的民主化、多元化。

评价方法。对评价方法的要求也要体现新课改的要求，根据活动的具体内容，采取与之相适应的多种评价方法。例如，课外阅读评价方法可以为检查读书笔记、知识竞赛等。

此外，在建设活动评价制度时，也需要对诸如评价目的、评价功能等方面做出规范，以求达到最好的评价效果。

总之，本节所探讨的小学阅读文化制度建设主要在于建成一系列的制度，形成制度体系，为学校阅读文化建设的各个方面提供一定的操作规范和制度保障。

三、阅读文化的精神建设

精神，指人的意识、思维活动和一般心理状态。那么，学校阅读文化的精神要素包括阅读价值观、阅读心理两个方面的内容。阅读价值观是最关键最核心的因素，阅读心理受阅读价值观的影响。在学校阅读文化的阅读物质、阅读制度以及阅读精神三个要素中，阅读精神是学校阅读文化的核心和灵魂，决定着学校阅读文化的性质，统摄着学校阅读文化的发展方向，阅读精神至关重要。然而，从目前的形势来看，大多数学校过分注重对阅读认知的追求，过分注重对阅读技能和方法的培养,而普遍忽视了对师生阅读价值观和阅读心理的教育和培养,这种急功近利的做法直接导致阅读精神的错位或缺失。在小学阅读文化建设中,应通过多种途径进行阅读精神的建设。应立足本校,提炼出科学的阅读精神,并在此基础上,将这种阅读精神进行宣传推广,使之为全校师生所共享的精神。有了科学的阅读精神,学校阅读文化便有了强大的精神引导力,从而朝着更健康的方向发展。

(一) 阅读价值观

阅读价值观就是关于阅读价值的观念,它是指人们关于阅读基本价值的信念和理想系统,表明的是人们对阅读的一种相信、坚持和追求。一般来说,阅读价值观由阅读信念和阅读理想两个方面构成。

1. 阅读信念

信念,是人对某种现实或观念抱有深刻信任感的精神状态。阅读信念是人们对阅读的一种坚定不移的信任,深信阅读会对人的一生产生某些无法取代的重要作用。"阅读,让全民族精神起来"是新时期的阅读信念。阅读信念是人们在生活实践中体验了怎样看待阅读和怎样开展阅读才有益、有效的基础上,自然形成的一些关于阅读的思考和行动的模式。它是人的整个阅读精神的核心,导向性很强,对阅读的各种精神心理因素具有决定作用。

小学阅读文化应包含全校师生对阅读的某些共同的基本信念。例如,阅读是一个人学习成才的基本途径,是获得知识、开发智力、培养品德、陶冶情操、提高修养的重要手段,是人类汲取知识、认识世界的重要途径,还是一个人心灵自我关照的重要过程。阅读能提高社会的整体素质、丰富人们的生活方式、增进公众的福祉、推进社会的进步和发展。这些阅读信念中包含着阅读对自己当前的学习、以后人生的发展,乃至对整个社会的文明进步等方面的信念,具有一定的完整性。

2. 阅读理想

阅读理想是以阅读信念为基础的价值目标体系,是阅读知识、阅读情感、阅读愿望、阅读目的等的统一。它以个人的或社会的未来阅读发展形象为标志，为人的阅读价值追求提供典范或"样板"。通过努力与奋斗，阅读理想能够转化为现实。

人生活在现实中，也生活在理想中，现实给人生存和发展的基础，理想却给人一个美好的奋斗目标，激励着人不断地取得进步。在小学阅读文化建设中，全校师生同样离不开阅读理想的激励与支持。虽然并不要求每位老师和学生都将成为作家或文学家定为自己的阅读理想，但至少可将一些最基本的阅读理想作为自己的阅读追求。在设置阅读理想时应注意避免功利性的阅读理想，而应树立高远的阅读理想。例如，通过阅读，使自己成为一个知识面广、视界开阔、感情丰富、境界高远的人；通过阅读，和其他师生一起共同推进学校阅读文化的发展；通过阅读，提高自己的素养，为将来人生和社会文化事业的发展做出努力；等等。这些阅读理想中既有近期理想，也有长远理想；既有个人理想，也有集体理想；既有微小理想，也有宏大理想；既有教师理想，也有学生理想。树立这样的阅读理想是小学阅读文化建设的基本需要。

阅读理想的树立，和阅读信念一样，不是短时间内可以完成的过程。对一个人来说，阅读理想的树立至少要经历理想的初次接触、磨炼定型两个阶段。在小学阅读文化建设过程中，可将阅读信念和阅读理想写入校训、校歌等，使其在学校阅读精神中得以体现。首先，学校从全校师生中归纳提炼出几种合理的阅读理想，并将这些理想传输给每一位师生，使他们了解每个人应该具有的基本阅读理想。其次，将这些理论意义上的理想通过校风校训、庆典仪式等方式内化为个人自身的理想。在主流阅读理想的引导和阅读榜样的示范下，再经过多次阅读实践的打磨，科学的阅读理想才能最终定型，并烙在精神的深处。

（二）阅读心理

阅读心理，是指阅读展开过程中的一系列心理活动现象的总称，是人的一般心理过程和个性心理特征在阅读过程中的体现。阅读心理由阅读智力因素和阅读非智力因素两个部分组成。阅读智力因素由阅读注意、记忆、思维、想象等一系列心智活动和行为构成；阅读非智力因素主要包括阅读动机、阅读兴趣、阅读态度、阅读意志等。两者在阅读的过程中共同协调发挥着作用。而阅读非智力因素虽然不直接参与阅读的认知活动，但对阅读的认知具有重要的调节作用。由于小学的阅读文化主要影响学生的阅读非智力因素，本书只探讨阅读非智力因素及其作用。

1. 阅读动机

阅读动机，就是直接促使人开展阅读活动的动因，一般在阅读需要的基础上产生。阅读动机多种多样，有外在阅读动机、内在阅读动机、深层次阅读动机、浅层次阅读动机、长远阅读动机、短期阅读动机等。阅读动机对于增强阅读自觉性、激发阅读兴趣、唤起阅读意志都具有重要意义。小学阅读文化建设，离不开正确阅读动机的建立，特别是要注重全体共享的、内在的、深层次的、长远的阅读动机培养。阅读动机的培养和激发：一是要注意对全校师生进行学校阅读信念、阅读理想的教育，二是要加强阅读兴趣的培养，三是要注重阅读环境和条件的改善，四是要加强对阅读结果的奖励和反馈等。

2. 阅读兴趣

阅读兴趣，是指对读物内容和从事阅读活动这件事的兴趣。这是对自身从事阅读活动的主动性心理倾向和积极探究阅读材料的内容与意义的心理倾向。一般将阅读兴趣分为直接阅读兴趣和间接阅读兴趣两种。前者是由读物或阅读活动本身所引发的兴趣，后者是由阅读活动的目的或任务引发的兴趣。阅读兴趣是阅读活动中最活跃的因素，对保持阅读注意、增强阅读记忆、唤醒阅读情感等都具有积极的作用。培育阅读兴趣可从两个方面入手：一是外部条件方面，学校向师生推荐有益的读物，教给师生阅读的方法，开展丰富多彩的阅读活动，评价和反馈阅读的结果等；二是内部条件方面，树立阅读的理想，强化阅读的需要，激活阅读的欲望，端正阅读的态度等。通过内外两方面条件的创设，阅读兴趣可在更大的程度上得到激发。

3. 阅读态度

阅读态度，是读者对阅读活动本身持有好恶看法的心理倾向。阅读态度与人的立场、认识、需要有关，是由以前某个具体的阅读情境性情感体验造成的，当这种情感和一定的阅读理性认识相结合，便形成了某种阅读态度。阅读态度一旦产生，就暗含一定的行为倾向并影响具体的阅读行为。积极的阅读态度，能使阅读注意力集中。心情舒畅、思维活跃，有利于阅读的理解。相反，则会导致阅读效率的低下。正确的阅读态度的形成是一个长期的过程，和良好的阅读环境、个人对阅读的积极追求等有关。因此，在进行阅读态度培养时，要通过阅读环境的布置、阅读活动的开展等竭力打造一个良好的校园阅读氛围，使师生在阅读的过程中形成良好的情感体验，与此同时，要对他们进行阅读信念、阅读目的、阅读重要性的教育，使他们形成对阅读的理性认识，并在以后多次的阅读活动中，使这种情感体验和理性认识的一致性得到证实。这样，良好的阅读态度才能形成。

4. 阅读意志

阅读意志，是指在阅读过程中表现出来的对阅读目的的自觉坚持，以及克服阅读困难的意志行动等心理过程。阅读是一种高级的心智活动，经常会遇到不认识字词、不理解文意等诸多阅读困难，如果没有明确的阅读目的和坚强的阅读意志，阅读活动常会半途而废。因此，阅读意志就成为阅读活动的一个重要的激发、维持和调节因素。培养师生坚强的阅读意志，可以从制定明确的阅读目标、对阅读过程严格监督、强化对阅读结果的评价与反馈等方面进行，尤其应注意严格要求与表扬鼓励、热情帮助与独立完成等多种方法的配合使用。

除了以上这些因素外，阅读非智力因素还有阅读情绪、阅读心境、阅读需要、阅读意向等相关因素，它们也是阅读精神要素的重要组成部分。

在小学阅读文化建设过程中，阅读精神要素的建设被提高到了前所未有的高度，这有效地弥补了当前阅读教学中忽视阅读精神建设的缺陷和不足，从而提高了阅读的质量。

　　上文分开论述了学校阅读文化各个要素的建设，但学校阅读文化是一个有机整体，因此在具体的建设过程中，要做到通盘考虑，注意各个要素间的协调发展。

第六章 农村学校特色发展的实践案例及推进策略

由于历史上长期存在的城乡二元结构，农村小学作为提供农村教育的载体与城市学校在诸多方面都存在着较大差距。在城乡教育一体化的背景下，农村学校进行特色建设是从学校发展战略层面提升学校竞争实力，促进农村教育改革发展的创新举措。随着2010年《教育部关于贯彻落实科学发展观-进一步推进义务教育均衡发展的意见》和2012年《国务院办公厅关于规范农村义务教育学校布局调整的意见》这两项政策的实施，农村学校布局调整走上禁止盲目大规模撤并纠偏之路。经过几年的变化调整，虽然农村小学的数量与之前相比有所减少，但农村小学的布局在不断调整中逐渐趋于合理化和规范化。随着《义务教育学校管理标准》的出台和实施，农村小学办学条件得到了改善，学校发展的内涵正在逐步丰富。在农村小学数量基本稳定、学生生源基本得到保障的前提下，为响应扩大学校办学自主权的号召，充分调动农村学校自我发展的积极性，鼓励学校自主探索适合于自身的管理与教学模式，农村小学开展特色建设成为大势所趋。

第一节 农村学校特色发展的实践案例

在国家政策的导向作用下，各地学校都纷纷基于自身实际发掘学校特色,并将其作为学校发展规划中的一部分进行重点发展,力图突出学校特色,提高学校知名度,增强学校的吸引力。国家教育发展研究中心与蒲江县政府于2012年正式签订共建蒲江县为"农村基础教育改革试验区"的协议,由众多知名学者组成的专家团队定期赶赴蒲江开展教育调研,加强蒲江农村教育改革的顶层设计,为蒲江农村教育发展提供人才保证和智力支持。基于国家农村教育改革的大背景和蒲江县的教育发展实际,以笔者深入实地调研所获的材料为支撑,本章以蒲江县S小学为研究案例,力图真实全面地呈现以蒲江县为代表的农村教育现状及以S小学为代表的农村小学学校特色建设的状况,主要通过对S小学特色建设的阶段和策略分析,提取可供参考的学校特色发展经验,并进一步分析S小学在特色建设过程中存在的问题,从而提出完善学校特色建设的策略。

一、蒲江县教育的基本情况

蒲江县隶属于四川省成都市,根据调研所获的教育统计数据可知,近年来蒲江县学生和教师的数量趋于稳定,2014年有中小学23所,其中高中、完全中学和职业高中共3所,单设初中2所,九年一贯制学校11所,中心小学7所,幼儿园27所。在校学生23 753人,其中义务教育段16 646人。在职教职工共2 253人。

蒲江县主导现代田园教育思想,以"自然、绿色、开放、融合"为核心理念,教育思想表现为"回归自然,回归农村,回归书院"这三个典型特征。2012年《县教育局关于区域整体推进特色学校建设的实施意见》提出力争在5年内形成"一校一品"的特色发展格局,要求各校根据创建方案,创新办学行为,不断凝练学校核心价值观和学校文化精神。县教育局实行跟踪管理和年度专项工作评估,并视年度工作成效予以一定的经费补助。

从学校特色发展现状来看,一些学校的特色已初步显现并逐渐走上了快速发展的道路,如蒲江中学的"幸福教育"。西南小学在全面分析学校基本情况后提出"德润果红,智源书香"的办学理念,以让学生健康快乐地成长为有德、有智、有能的"三有少年"的育人目标,开发了"润德""启智""淬能"三个板块的校本课程:润德课程下设"习惯养成、传统弘扬、品格培育"三个系列,启智课程下设"学科拓展、探究学习、智慧舞台"三个系列,淬能课程下设"劳动活动、综合实践、兴趣社团"三个系列。成佳学校的"茶人教育",以学校茶人教育特色为主线,以必修加选修为学习形式,拓展课程,将课程分为茶道文化养正、"茶·人"主题活动、"茶·人"社团活动、"茶·人"实践活动四个板块,"以茶育人、以德树人",将茶道文化的精髓贯穿学校育人活动,通过活动培养学生良好的兴趣爱好,提高动手实践能力,达到怡情冶性的效果。寿安中学的"信任教育"是在信任教育课程中相应地设置"博学胜任""厚德立信""友善待人"三个模块,此外还增设了"健康筑基"模块,以"提高值得信任度"为核心,在组织实施方面信任教师,实行项目负责、民主管理,在学生管理方面信任学生,倡导学生自主管理,让学生在体育、艺术、学科倾向以及生活技能上自主发展、差异成才。甘溪学校的"竹品人生",以竹文化为依托,以"竹品"之"虚心正直、质朴善群、卓尔奋进、奉献担当"为校训,确立"建书香校园、育竹品人才、促竹乡发展"的建设思路,打造"竹品人生"特色校园。

各个农村学校都在各自的办学理念和理论体系的支撑下开发课堂、校园文化等学校建设的各个方面,努力朝着"一校一品"的方向前进,实现学校多样化发展,促进学生的个性和全面发展,整体提升基础教育质量,实现基础教育全面发展、均衡发展、优质发展。

S小学建于1940年,1982年被列为省重点小学。S小学位于鹤山镇,占地面积12 052平方米,建筑面积达7 501平方米。2011年之前,学校以"快乐教育"为办学理念,因课题研究需要在学校发展过程中逐步显现出思想和课堂教学上的特色,后期又抓住农村教育改革发展的契机,引入先进的办学思想,将教育理念提升为"童心同乐",实行开放创新的办学模式、激发潜能的教育策略、高效精细的育人管理,且突出课程文化建设,致力于创办高水平的素质教育窗口学校，探索出以"童心同乐"为核心理念、以快乐活动为主导、以快乐课堂为主体、以特色课程建设为主阵地、以家校同心为主线的"五位一体"的素质教育办学模式和学校特色建设策略，着力于培养童心飞扬、快乐成长的阳光少年。经过几十年的发展，学校受到学生、家长和社会各界的高度赞誉。学校先后被评为"中国学生营养与健康示范学校""全国青少年科学实验活动示范基地""四川省推行《国家体育锻炼标准施行办法》先进单位""成都市义务教育示范校""成都市艺术教育特色学校"等。

二、S 小学特色建设的阶段及策略

笔者通过对实地调研获取的第一手资料分析得出，S 小学的特色建设可以分为四个阶段：第一阶段，2003 年以前，特色建设探索阶段；第二阶段，2003 年至 2010 年，特色建设起步阶段；第三阶段，2010 年至 2012 年，特色建设发展阶段；第四阶段，2012 年至今，特色建设成熟阶段。经过多年的系统化特色建设，S 小学在办学理念、课程建设、课堂教学、活动校本课程等各方面的建设都初具规模、彰显特色，已形成较好的示范效应。

（一）探索阶段

S 小学自 1982 年被列为省重点小学以来，一直是蒲江乃至成都市重点扶持的学校，教育质量不断提高。然而在应试教育的导向下，课堂气氛沉闷，教师一味地注重知识点的教学而忽视了学生的主体参与性，学生在课堂上消极被动，课堂效率较为低下。而素质教育对学校提出了更高的要求，在此阶段，S 小学的发展目标就是以规范化制度将学校办学经验进行总结提炼，在保持高教学质量的前提下活跃课堂气氛、重视学生参与，探索学校特色建设，以促进学生的全面发展，吸引更优秀的生源，进一步提高升学率。该校在此阶段主要采取历史传承和问题解决策略，从特色建设的外部影响因素出发，根据现行的国家政策和教育管理体制，维持学生教学方面的高质量，保持良好的家校共育关系，针对应试教育背景下学生素质欠缺等问题，设置了多种类型的活动促进素质教育。

"刚刚建校的时候我们只有 4 个班,每个班大概 40 名学生,一共约有 160 名学生,教师有 12 名。为了拓展学校规模,我们采取了很多措施,现在已经发展到 40 个班了,这和学校特色建设有很大的关系。"(H 老师,2015 年 12 月 28 日 15:00—17:00,S 小学副校长办公室)

策略一:历史传承

第一,以制度规范课堂教学。教育部对课堂教学设置了严格的制度约束,因而该校在外部约束下,适时制定教师集中备课制度和月度检查制度,对教师备课的格式、课时安排、课后反思情况、单元反思情况设置了一定的标准,通过量化评分标准规范月度检查的考核结果,以规范化的制度将课堂教学流程固定化。在保持该校高效有序的课堂教学的基础上,学校对教师提出了教学创新点和课前带入活动等更高的要求,激励教师在完成教学任务的基础上创新教学模式和方法,调动学生参与的积极性,提升课堂教学效率。以同组同内容教师集体备课、交流讨论的形式,让新老教师、不同授课风格的教师互通有无和相互学习,最大程度地激发教师的工作热情和积极性,将原有的教学实践经验进行总结和提炼,在课堂特色建设方面集思广益,在保持教学成绩稳步提升的基础上发挥教师参与建设的能动性。

第二,开设家长开放日。延续学校发展历史上家校共育的良好传统,将家长这个外部因素考虑到学校特色的建设中来,除原有的期中、期末考试后的家长会外,还以设置家长开放日的形式,提供更多的机会让学生家长在平时也能接触到学校教育,让家长走进课堂现场听课,了解教师讲课、学生听课状态,了解学生的真实表现,与学生共同感受学校环境和氛围,这既是对教师的无形督促,也有助于获得家长对学校工作的理解与支持。此外,还要继续将家校共育细化分解到促进学生素质发展的各个方面,如在课后作业的布置中加入一些如生活能力、道德品质、身体素质等方面的内容,邀请家长和学生共同完成这些作业,陪伴学生走过春夏秋冬,体会学生成长的点点滴滴。

策略二：问题解决

在传统的应试教育下，该校对学生的评价标准较为单一，均以考试成绩来评价学生的综合素质。而学生素质不仅体现在学习能力上，还有德、体、美等其他方面，促进学生的全面发展才是教育应有之义。1999年中共中央、国务院颁布的《关于深化教育改革全面推进素质教育的决定》提出要全面推进素质教育。该校针对当前学生中普遍出现的素质问题，从学生发展的制约因素入手，强调课程要素，在课程体系上进行了改革，除全国普及的课间操、课间眼保健操、儿童节文艺演出、运动会等常规文体活动外，该校还开设了各类兴趣活动课程，如篮球、足球、乒乓球、羽毛球、棋类、毽子、跳绳等多种类型的课程，注重学生的全面发展和素质教育，给学生更多自主选择活动课程的权利，该校学生的文体竞技水平也在县、市等各级别比赛中得到了充分体现。

总体而言，该阶段S小学在传承学校传统强势项目的基础上，促进了课堂教学和家校共育优势特色的发展，并采取一定的措施改善了现存学生素质不高的问题，但仍处于特色建设探索阶段，并未明确学校特色建设的目标、内容及方法等具体事宜，学校特色发展的成效并未凸显，未引起社会广泛关注。

（二）起步阶段

2003年至2010年的特色建设起步阶段的主要任务是筹划和选择学校特色，学校特色建设需要有明确的目标方向为指引，学校特色的选择需要考虑学校所在的地理位置、场地面积和可获取的资源等外部因素，但要从学校自身的师资力量、管理水平和生源质量等内部因素着手。该校在挖掘学校特色的时候遇到了困难，虽然该校教学质量一直位于全县前列，但在学校发展上无法挖掘出显著的特色，故该阶段学校着重考虑学校内部因素，通过对学校发展的战略分析，了解学校的优势和劣势，抓住教育发展的契机，学习其他学校的发展经验，将优势内化至学校发展的各个方面，使学校在课程设置、课堂教学等方面具备明显的特色，并通过后期的经验梳理和总结逐步明确和深化学校特色。

策略一：积极引进

2001年1月印发的《教育部关于积极推进小学开设英语课程的指导意见》，决定"把小学开设英语课程作为21世纪初基础教育课程改革的重要内容"。该校考虑到其处于内陆地区交通不便，缺乏对外交流的机会，而该县人民群众对外语有着强烈的学习需求等，做出了更改校名的决定，以凸显外语的重要性，率先尝试将外语教学作为学校发展特色来抓，在学校发展的内容上填补空缺，重点围绕课堂教学来彰显学校特色。

当时成都地区已经有部分学校积累了丰富外语教学经验，所以S小校专门成立了一支考察队，赴成都市各学校进行考察，学习其他学校的外语教学经验。同时，该校还从国外引进外籍教师，尝试在小学阶段的外语教学中采取由外籍教师和本校外语教师配合教学的方式，保证每个班级每周都有一节外教课，在课堂教学中融入西方的教育思想和先进的教学方式，丰富课堂体验、增加课堂活力。在教学方式上，考虑到小学阶段学生的学习特点，以及小学生在适应不同氛围课堂上存在一定困难，本校教师引进实物替代的方式耐心地配合外教教学，以直观感受和真实体验让学生明白教学内容，帮助学生尽快地适应不同的教学方式，提高学生听说读写的能力，辅以课后练习和复习来强化课堂知识。通过外教和本校外语教师的共同努力，该校学生的外语成绩不断提升，还带动了各科教学质量的全面提高，使该校在全社会享有良好的声誉。

"上外教课的时候我们本校英语老师也要在场，因为有时要和外教沟通，有针对性地开展外语教学，我们每个年级都有不同的英语手绘本，配合我们开展课堂教学活动，以培养孩子的兴趣，并且校本教材都配有课件模板，但是通过我的观察，学生们还是更喜欢每个老师结合各自教学特色单独做的课件。"（C老师，2015年12月29日9:30—10:30，S小学多媒体听课室）

"下课跟学生用英语进行简单的会话，如学生在用中文的时候我们故意用英语，像good morning、thank you等简单的语句，有的孩子就会想一想英语的意思。我记得当时我教图形，当时那些孩子是二年级的学生，课间他们在画画，我就听到学生说这个不是'circle'，我就觉得特别欣慰，学生们能在生活中运用英语了，那种成就感很好。"（C老师，2015年12月29日9:30—10:30，S小学多媒体听课室）

策略二：迅速内化

在引进了先进的教学经验和优秀的师资人才后，该校将外语教学作为课堂特色建设的实验基地，以全员赛课的方式将外语特色内化于课堂教学，重视课堂教学影响因素，将特色融入课程和教学，促进教师专业发展，提升教师教学科研水平。

第一，开展全员赛课。学校在经过几年的实践探索后，于2008年正式确立开展主题明确的教师全员赛课活动，以竞争性的方式促进教师专业提升，即每一学期从第五周开始为学校全员赛课时间。一是明确主题，以赛促教。学期初，学科组以"用教材教"为主题，在外语教学方面有针对性地进行赛课，促进教师优化外语教学方法。二是四级评课，以赛促评。在每次听课评课的过程中采用"3+1"的形式，即至少提出3条优点和1条建议，经教师个体评课、备课组评课、教研组评课和联盟评课，促进教师及时总结教学经验，根据课堂反馈和评课建议调整外语教学策略。三是回归常态，以赛促效。通过系统的主题赛课活动，各教研组对本学科的"教材再处理"问题有了比较系统的学习、实践、总结，提高了教师把握教材的能力，而教师能力的提升也必将影响其日常教学工作。四是总结提炼，以赛促研。全员赛课结束以后，教师及时对课堂进行反思、总结，提炼教学过程中值得学习借鉴的成果，促进教师教学科研活动的开展。为了增强教师的集体荣誉感，增强集体的凝聚力，学校特意采取以年级为单位进行评奖的方法，减少个人之间的竞争。经过主题赛课活动，学校教研氛围变得更浓郁，教师业务素质得到进一步提高，在课堂教学和班级管理上也逐步体现出了各自的风格和特色，课堂教学效率也得到了明显提升，班级学生的整体素质都得到了提高。

"赛课需要团队合作，不是一个人就可以完成的。每个人都会有

2～3个辅导老师，这个辅导老师和那个去上课的老师就一起研究，大家反复试讲。大家齐心协力、群策群力，在课后争得面红耳赤，讨论出一个最佳的方案，三个臭皮匠顶个诸葛亮，在这个过程中自己的能力也都得了提升，收获颇丰。并且，赛课是以团体的形式来评比，以年级为单位来评奖，年级所有老师上完以后，由评委打平均分，这个评比机制很好。"（G老师，2015年12月29日8:30—9:30，S小学多媒体听课室）

第二，着力构建"乐教乐活教师四层级培养模式"。"乐教乐活教师四层级培养模式"指以基本功形成、新教师培养为内容的基础层级，以"策略论坛""教师分享会""手拉手互助"为平台的发展层级，以"乐教乐活讲堂"为载体的提升层级，以"高端培训"为高地的强化层级，以便全面提升教师的专业水平和生活快乐指数，打造专业化、高水平的教师队伍为学校开展特色建设提供人才支撑，注重特色教学团队的培养和激励。

第三，鼓励开展课题科学研究。外语教研组设计制作了课堂评课标准、研究课设计表、课堂教学评价表、课堂实录表、研究课分析表，以便收集研究原始材料，及时记录课堂表现，分析教师、学生在课堂教学中的表现，及时总结研究成果，发现研究中存在的问题，从而完善研究成果并提炼有效经验。该校十分鼓励课题科研，推出了很多研究课，采用"提出问题、解决问题、发现问题"的方式循环进行。先是确定每一节课所要解决的重点问题，围绕这一问题设计教学目标和教学程序，课后进行分析总结，记录本节课已经解决的问题和未解决的问题、原因、解决措施。然后把未解决的问题作为下一节研究课主要解决的问题，再进行教学设计、上课、评课、总结……如此循环，在不断的研究总结中探索课堂教学中实施教育的有效途径与方法。为了保证课题研究开展的真实性，外语教研组还制定了课题研究个案记录表（包括对教师的记录和对学生的记录），要求课题组教师选定跟踪学生个体，并对学生个体的发展、变化情况进行常规化的分析和评价，为科研活动的开展提供宝贵的一手资料，针对学生个体不同的特点有针对性地采取有效的教学方式，确保课堂特色教学研究的效果。

策略三：系统梳理

该校在学校发展中坚持以英语特色教学为突破口，突出学生在课堂教学中的主体地位，注重继承与创新相结合，采取多种方法借鉴优秀经验开展学校特色建设，通过优先发展外语学科，在教学模式、教学活动、教师管理、课题科研上开发创新，建设特色课堂和教师队伍。在教学实践中，S小学利用在探索阶段中积累的课堂教学经验，通过对各项活动的梳理总结发现，无论是教师开展教学科研的结果，还是学生在课堂学习中的表现，贯穿其中的都是"快乐教育"的思想，只有学生和教师身心感到满足和快乐，各项措施才能达到最佳的效果。于是，该校逐步将"快乐教育"思想确立为各项特色建设举措的理念指引，尝试将"快乐教育"作为该校的特色思想。

在"快乐教育"思想指导下的特色建设策略较为零散，并且在引进外来经验的时候与本土传统的结合不够紧密，缺乏长期性的规划和整合，特色建设呈现暂时性和无体系化的特点，关注的多是实践层面的问题，缺乏对学校特色的深刻认识，学校管理层、教师、学生及家长之间未形成共同的价值观，参与的积极性不高，重视程度不够，学校特色发展处于起步阶段，多是自上而下的指令型发展。

（三）发展阶段

2010年至2012年，S小学进入特色快速发展期。在探索阶段和起步阶段，S小学学校特色建设虽在课堂建设方面取得了一定的成效，但由于缺乏系统规划和全方位设计，师生的特色意识还比较薄弱。该校抓住此阶段新校长上任和全国农村教育改革的契机，成立了专项课题研究小组，以课题研究成果为特色建设引领，正式确立了学校特色思想体系并一以贯之，提炼出学校特色教学模式并将课堂教学步骤化，设计学校长远特色发展规划，多措并举来建设学校特色，通过凝聚全校师生共识强化特色意识，调动师生参与特色课堂创建的积极性。此阶段该校主要采取的是优势强化和借机发挥式策略。

策略一：优势强化

在保持教学质量稳步提升的基础上，学校迎合教育多元化的发展趋势，为了全面激发学生潜能，激励和引导学生主动学习、自主学习、快乐学习，真正让学生成为课堂的主人，学校在深化课堂改革的实践中，强调教师要转变观念、融入童心，不断优化教学方法，努力建立以生为本的"童心课堂"。

"以前的课堂教学，说实话还是传统的那种，老师讲的多学生听得多，但是这几年我们的学校提倡放手，'今天放手，明天放心'，就是要把主动权放给学生，老师们在课堂上积极改进，包括我自己，也在努力。以前觉得自己的课上得挺流畅的，听起来也不错，但现在回想起来确实还是存在许多问题，只关注了自己怎么样上得更加流畅，对学生的表现和反应关注得不多，但现在课堂上，学生的活动增加了，学生有了较大的自主权，如课前预习的时候我都让他们提问题，提有价值的问题，然后我上课时就会针对他们的问题进行重点讲解，我觉得这样比较有效，学生的参与性和积极性也更高。"（G 老师，2015 年 12 月 29 日 8：30—9：30，S 小学多媒体听课室）

第一，在总结教师提炼的教学流程的基础上，把"充分发挥学生的主体作用"作为根本，提炼出快乐课堂独特的"二三五"教学模式。这种教学模式通过改革原有的课堂教学方式，遵循"先学后教，以学定教"的教学策略，充分发挥学生的主体作用，让学生学得自主、学得智慧、学得快乐。所谓"二三五"教学模式是指快乐的两个层次，课堂评价的三个维度和课程的五个关键环节相结合的教学模式。快乐的两个层次，即享受过程的快乐和享受收获的快乐。课堂评价的三个维度，即情感、动感和美感。教师引领学生充分挖掘文本中的情感因素，通过"有效的活动"这一途径，使整个教学上升到美感层面。课程的五个关键环节，具体内容如表 6-1 所示。以上的课堂教学模式通过经验总结和内涵提取的方法，将特色建设发展阶段性成果转化为课堂教学的典型模式，在教学中强化特色。

表 6-1 课程的五个关键环节的具体内容

步骤	主题	时间
第一步	乐中生情，开启快乐之门	2 分钟
第二步	乐中探究，经历快乐探索	8 分钟
第三步	乐中交流，体验快乐生成	10 分钟
第四步	乐中发展，提升快乐智慧	10 分钟
第五步	乐中反馈，享受快乐成果	10 分钟

第二，在课堂教学中配合使用导学通案，让"模式＋教案"促进精彩课堂实现，让"今天放手，明天放心"得以真正落实。该校的导学通案是教师为上课所做的准备与计划，便于教师对某一课时的教学活动做好充分的准备和设计，以该课的教学主题为依据，深入把握教学内容，弄清学生的学习准备情况，在此基础上进行具体的教学设计，包括教学目标、教学进程、教学难点、教学方法、教学用具、提问设计、板书设计等。导学通案由教师教案与学生学案组成。教师教案是从教师的角度按教学过程中的每一个步骤详细编写出教学计划，将教学经验用规范的结构和简练的语言表达出来，形成一定的通用模板，如表 6-2 所示。学生学案是从学生的角度出发将学习目标、学习内容、学习活动等要素都编制在册，引导学生进行问题探究、知识整理、阅读思考和巩固练习。导学通案由该校各科教研组长分别带领教师集中统一编写，并由教师、学生在教学实践中不断检验并提交修改建议，经年级组长、教研组长、行政分管校长层级审批，逐年臻于完善，形成每年的一个固定模板，以此来保障教学活动的有效开展和特色活动在课堂教学中的有机融入，并在有限的课堂时间里提升课堂教学效率。

表 6-2 蒲江县 S 小学"快乐课堂"×年级×册第×单元教师教案

学习内容：《×××》第×课时		教材：第×～×页	
班级：×年级	主备人：×××		审核人：×××
学习目标	1. ××× 2. ××× 3. ×××		

续表

学习重难点	目标 1. 目标 2.
教学具准备	多媒体……
课时安排	第×课时
快乐准备	熟读课文……
快乐课堂	

主要环节及预订时间	学生活动设计	教师活动设计
▲ 快乐启程	1. 2.	1. 2.
▲ 乐中探究 乐中交流	1. 2. 3.	1. 2. 3.
▲ 乐中提升	想象……	引导学生想象……

快乐反馈	一、仿写句子（完成作业×某） 例句： (1) _____，_____。 (2) _____，_____。 二、完成作业：《×××》 (1) 在地图上找一找。 (2) 查资料。

续表

收获与反思
快乐指数：★　★★　★★★　★★★★　★★★★★
快乐链接：成长阅读 板书设计

策略二：借机发挥

新课程理论明确指出教育的首要目标是关注人的发展，这不仅体现在以"双基"为主的认知上，也应体现在情感、态度、价值观和一般能力上。学生学习成绩不再是衡量教育成功与否的唯一标准，学生在成长中的情感状态如何，学生是否学得愉快、是否生活得幸福成了现代教育关注的焦点，成为检测课程改革成果的一项指标。2011年，S小学的领导班组人员进行了周期性的调换，新校长为该校的特色发展带来了新思想和新方法。2012年"全国农村教育改革实验区"的确立给蒲江县的教育带来了巨大的发展契机，教育部发展研究中心和合作高等院校众多专家、教授的指导为学校的创新办学理念提供了理论依据和智力支持。根据学校在起步阶段实施的各项特色建设措施，结合新课程改革的理念和教育改革发展的契机，在新校长的带领下，该校通过自下而上民主决策的方式创新办学理念，在"快乐教育"的思想基础上凝练出"童心同乐"的办学理念，强调以学生愉快发展为本的教育，注重每一位学生在学校课堂和课外活动中获得全面发展、主动发展和可持续发展。

"以前的教育培养出来的学生非常单薄，是不丰满的。我们的社会、家长的理念在发生变化，老的那一批家长只关注学生的成绩，回家拿出试卷来一看，勾勾叉叉有多少，现在的家长不一样了，很多家长都表示，孩子的学习成绩只要中等就可以了，更看重孩子的快乐，关注学生的成长。家长的理念在变，我们学校的办学理念肯定也要跟着变，否则这个学校就不符合社会和家长的需求，就无法办下去。"（H老师，2015年12月28日15:00—17:00，S小学副校长办公室）

"童心同乐"的办学理念可具体理解为：保持一颗本心，回归教育的本真，在教育生活中引导孩子的天性、舒展孩子的天性、发展孩子的天性，用对生命的热爱和对生活的激情构建师生同乐、怡然自由的精神家园。这一办学理念包括三个维度：学生维度、教师维度、家长维度，追求三个层面的快乐：学生的快乐、教师的快乐、家长的快乐，如图6-1所示。学生的快乐来源于天性的舒展、自由的获得、心灵的愉悦。教师的快乐强调的是教师通过萌发童心，加强与具有童心的儿童的心灵的沟通，从而萌发出像儿童一样的纯真的快乐，并在专业成长的过程中获得教师这个职业所带来的快乐。家长的快乐来源于亲眼见证孩子快乐的成长，来源于跟回归童心的学校、老师快乐的交往，来源于在学校的引导下学会教育孩子、与孩子快乐相处的方法，来源于家长在这个过程中获得的童心回归。

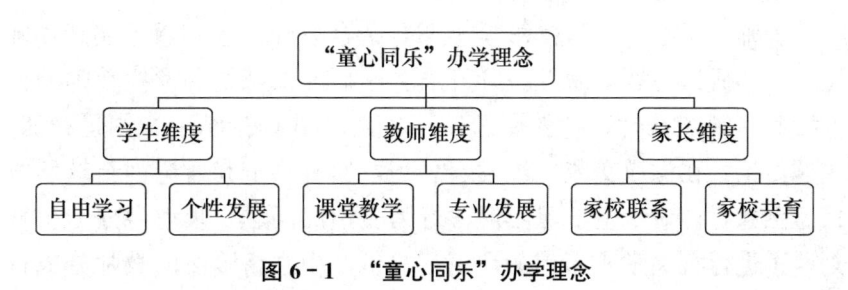

图6-1 "童心同乐"办学理念

"童心同乐"既是学校的办学理念,也是一种教育理念,其核心是尊重儿童的身心发展规律。"童心"关注了受教育主体特殊的成长阶段,同时又主张"快乐教育"的教育思想,主张儿童时期的学生不应该有太多的学业负担,要让学生有更多的体验,包括学业和活动的体验,让学生因为快乐体验而产生学习的主动性和自信心。"同乐"集合了学生、教师、家长这三个群体,特别是对教师和家长的强调体现出对教师作为自然人的尊重,旨在让教师也获得快乐和成就感,而不仅仅认为教师是具有工具人倾向的教书匠;也体现了现代学校治理过程中家校合作的重要性,在当前社会上普遍认为家长只是学校管理的辅助者,很少有学校能将家长的快乐纳入学校管理目标的大环境下,该校的理念把家长变成了重要的参与者,支持家长参与学校众多决策和活动,主张三者同乐,这一理念颇具特色。在"童心同乐"理念的支撑下,学校积极探索课程设计和课堂教学。

学生快乐活动。校内活动包括寓教于乐的德育活动、其乐无穷的艺体活动和创新活动,这些活动不仅丰富多样,还讲究特色差异,学生能够自主选择符合各自兴趣爱好的活动。在学校特色活动建设中,该校以传统节日为契机,丰富德育活动;开展各类实践活动,丰富学生的阅历;创造性地加入"快乐十分钟"的内容,增加课堂的乐趣;创建多样的社团,满足学生个性发展的需求;等等。这些活动不仅能锻炼学生的身体素质,而且能在愉快的氛围中缓解学生的学习压力,还能丰富学生的想象力,激发学生的创造力,培养学生团结合作的意识,增强集体的凝聚力和向心力。每一次活动都是一次创新,都是一次快乐教育的载体。

教师快乐教学。学校每学年都会结合教师需求和教学实践,确定不同的研讨主题,激发教师开展教学研究的热情,发挥教师的创造力和主观能动性,各教研组围绕主题开展理论学习、主题赛课、主题讨论,在沟通交流中迸发新思想,通过争辩和讨论创新教学方式。例如,针对学生学习习惯、行为习惯的问题,校教导处与德育处联手进行有关学生习惯的研讨,将低、中、高阶段的教师分成行为习惯组与学习习惯组,根据学生年龄特点整理该阶段学生需养成的良好习惯,各学科大教研组长结合各学段学生的特点,共同探讨小学阶段学生需养成的行为习惯与学习习惯,再由各学段教师制订各学段学生良好习惯养成的详细准则,并在全校学生中予以实施,这整个过程都由校德育处与教导处共同督促、评价,主题教研目的明确,针对性强,成效明显,教师也在参与研讨的过程中得到了专业水平的提升和发展。

家长快乐参与。根据不同年龄段学生的特点,S小学有针对性地设计开发了特色的家校共育活动,并为每一次家校活动设立鲜明的主题(具体活动如表6-3所示)以提供更多的机会促进教师与家长、学生与家长之间的沟通,以活动的方式提高家长参与教育的积极性,在活动中让家长感受学校教育的一点一滴,促进相互理解和信任,建立学校与家庭共同教育学生的良性机制。

表6-3 六大家校共育活动一览表

年级	家校共育活动		
	主题	内容	时间
1	家校同心 快乐起航 ——让信任成为沟通的桥梁	第一次家长会	8月
2	阅读经典 润泽童心 ——让阅读成为生活的习惯	亲子阅读推广会	9—11月
3	幸福童年 牵手同行 ——让友谊成为成长的风景	亲子手拉手	9月
4	融入童心 理解包容 ——让体谅成为理解的催化剂	亲子角色互换	军训后
5	沟通心灵 携手成长 ——让沟通成为心灵的驿站	亲子沟通	11月
6	感恩母校 扬帆远航 ——让感恩成为品格的阶梯	毕业典礼	6月

"一年级有家长开放周,家长来了都会有一个入队仪式,让我们的家长见证自己孩子加入少先队的过程,家长是特别认同这个

活动的，他们特别感动。这个活动先是请班长念入队倡议书，然后孩子们对着红旗宣誓，有背景音乐，有一个很正式的场合，然后请孩子给家长佩戴红领巾，让家长回味自己的童年，然后家长也为自己的孩子佩戴上鲜艳的红领巾，那场面看起来非常感人，家长也会很欣慰，觉得把孩子送到我们学校很放心。"（C老师，2015年12月29日9:30—10:30，S小学多媒体听课室）

该校在发展阶段为促进特色发展采取了很多措施，以特色思想为建设重点，统领学校特色发展，但各方面的举措尚处于发展阶段，有措施而无内涵，有思想而无理论支撑，有创新而无体系，因而学校的特色建设虽有一定成效，但在特色课程体系建设和学校特色文化建设上还缺乏整体筹划，仍有较大的提升空间。

（四）成熟阶段

学校文化和课程建设作为学校发展战略的重要组成部分，具有战略制高点的重要意义，成熟阶段的学校特色体现在学校特色与文化发展的整体性上，以课程的形式将学校特色建设措施规范化，使之真正落实到与师生密切相关的课堂和文化中，在学校发展的各个方面融会贯通。2012年至今的特色建设成熟阶段，S小学面临学校发展的重要机遇期，主要采用理想验证、整体推进的策略，将教育多元化发展和尊重学生自主选择权的思想应用于学校特色建设，将学校特色内化为学校文化，在课程中将学校特色潜移默化为师生的行动指南，致力于学校整体和内涵发展，使学校发展独具个性，走出自己独特的发展道路。

策略一：理想验证

在新校长的带领下，S小校管理层怀着强烈的创新意识和机遇意识，充分利用时代条件，从自身的发展定位出发，采取了一系列特色发展措施，使学校的特色建设由发展期进入成熟期，并在"童心同乐"理念的指导下形成了特色办学发展规划，创造性地提出了一整套思想理论体系，重新设计了校训等学校文化标语，在学校特色建设的各个方面都形成了自己的特色，取得了一系列成果，并用具有可操作性的文字，将学校特色的内容和建设方案以书面形式规范下来，并将其作为长期的指导性制度和意见，提高了特色建设工作的针对性和实效性，强化了特色建设成果的影响力，巩固了特色建设成果，提升了学校的综合实力和吸引力。

例如，早晨的课间活动，由于操场面积有限，该校设计了"绕圈跑"阳光晨跑活动，以班级为单位，在各自划定的区域内绕圈跑，选取两位学生作为圆圈的中心两点，剩下的学生都围绕着这两位被选学生有秩序地做圆周跑动，每跑两圈就依次轮换那两位做中心点的学生，使每位学生都能享受晨跑的乐趣，这培养了学生的奉献和团结合作的精神，并且在有限的空间内提升了场地的利用率。该校正是在这样创新理念的验证过程中将学校特色内化为学校独特的文化。

策略二：整体推进

"围绕'童心同乐'的办学理念，我们探索出了一套五位一体的素质教育办学模式，具体就是以'童心同乐'为核心理念，以快乐活动为主导，以快乐课堂为主体，以特色课程建设为主阵地，以家校同心为主线的'五位一体'的素质教育办学模式。"（H老师，2015年12月28日15:00—17:00，S小学副校长办公室）

该校强调课程设置要归于童心，整合了学生童年时期多元的成长需求，包括身体、智力、情感、劳动技能等，用以张扬学生个性，不断拓展、提升学生的基础性学力、发展性学力和创造性学力，为学生一生的成长奠定坚实的基础，这符合教育多元化的发展趋势和尊重学生自主选择权的需要。结合学校"童心同乐"的办学理念，该校将童心课程定位为符合小学基础教育的本质特点、满足儿童现实的学习与发展需要的途径。

第一，课程设置注重需求调研和学生特点。学校的课程设置既要符合国家、地方课程标准，又要尊重学生身心发展规律，保证课程顶层设计科学合理，保证课程实施掷地有声。故该校在课程设计前先采取问卷调查的方式，在全校1 468名在校生中开展以"生活中，你怎样才会快乐"为主题的问卷调查，调查结果如表6-4所示。结果显示，学生快乐的因素集中表现为学习进步、同伴友好、活动丰富和获得表扬等，这恰恰契合了学校的四大培养目标，即身心健康、学习快乐、自主活动和自由发展。

表6-4　问卷调查报告结果

	学习进步	同伴友好	活动丰富	获得表扬	身体健康	同学文明	家庭和睦
选择人数占总人数的比例	84%	78.8%	74.7%	68.8%	60.3%	48.8%	45.9%

在课程设置上，依据学生特点和个体差异，学校灵活调整了课程时间、内容和形式。一是时间方面，根据不同课程的要求，学校设计灵活多变的课堂时间，长短课、连排课、大小课交错编排，充分考虑学生的知识承受能力和持续学习能力，尊重教师教学内容的连续性和科学性，打造高效课堂，长短课是指1个小时的长课和30分钟的短课，连排课是指相同的课程连续安排两节短课，大小课是指两个班一起上的大课和普通的按班教学。二是内容方面，学校通过主题整合将相近的课程内容进行合并，按照知识的逻辑顺序进行教学，系统地学习专题知识，由浅入深、由易到难、由表及里、由简到繁，减少知识的分割和学科间的隔离，把学生缺乏的知识体系统一整合，避免重复学习，减轻课业负担，逐步拓展学习深度。三是形式方面，学校给学生提供兴趣选修及社团活动等自主选择的课程内容，发挥教师专业特长，因材施教，深入细致地了解学生的个别差异，对于基础相对较好的学生，给予难度较大的内容，对于基础薄弱的学生，给予难度较小的内容，分层教学，实时关注学生的动态变化，调整教学内容。学校通过调整课程时间、内容和形式，充分发挥教师教学的自主性、学生学习的自主性，实现"童心同乐"的目标。

第二，将社团和活动以课程的形式规范化。近年来，该校不仅开足上齐了国家规定的常规课程，而且把校本课程建设作为学校特色发展的重点工作，结合学校"童心同乐"的办学理念，把"以习惯养成为第一任务，以活动贯穿始终为第一抓手，以学生健康快乐成长作为第一目标"作为校本课程建设的指导思想，创建特色校本课程来落实学校特色理念，使特色活动逐渐成为特色课程的重要内容。以"年年有特色活动、月月有主题节日、周周有活动课程、天天有快乐体验"为目标，构建童心成长、童趣拓展、品格同行、阳光同乐课程四大板块的校本课程，如图6-2所示，通过主题活动渲染特色课程建设成果，完善课程执行方式。该校强调活动课程要尊重"童心"，呵护"童真"，激发"童趣"，还以"童乐"，致力于建立多元化的课程体系，通过活动的形式寓教于乐，以不同的活动主题培养学生的多种品格，为学生的个性成长构建多维的活动空间。

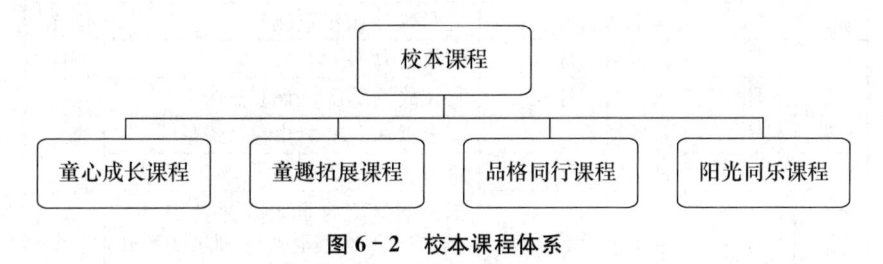

图6-2 校本课程体系

童心成长课程——年年有特色活动，即社会实践课程注重培养学生的生活本领。在"童心同乐"办学理念的指导下，该校注重学生社会参与能力的培养，通过开展符合各年级学生年龄特点的社会实践活动（如表6-5所示），使学生具有健康的身体、积极的心理，具备良好的社会参与能力，提高学生动手能力、生活技能搭建多个平台。

表6-5 特色活动

年级	学生活动		依据
	主题	内容	
1	热爱学校 喜欢学习	少先队入队仪式（5月家长访校周）	我与学校
2	心灵手巧 童心飞扬	生活技能大赛（4月30日）	我与群体
3	融入社会 传递爱心	社会秩序文明劝导员（3月4日）	我与同伴
4	养好习惯 成就人生	军训（国庆节后第二个星期）	我与个性
5	拓宽视野 放飞理想	国际交流（6—7月）	我与社会
6	读万卷书 行万里路	毕业行（6—7月）	我与品格

童趣拓展课程——月月有主题节日，即学校拓展课程，注重培养学生的学习品质。学科活动是学生有效掌握知识、培养能力的重要途径。学校通过开设十大主题活动课程，开展学科拓展活动，为学生搭建展示的平台，满足学生表现的需求。十大主题活动课程学校精心设计的十项学生喜爱的学科活动，如表6-6所示，目的是让学生在活动中受到教育，在实践中得到锻炼，在感悟中得到提高。

表6-6 十大主题活动课程

编号	月份	内容	主题	品德
1	1—2月	年俗文化活动月	童心迎春 传承民俗	尊重
2	3月	美术活动月	五彩童心 缤纷童趣	阳光
3	4月	体育活动月	绽放活力 悦动童心	健康
4	5月	科技活动月	科技放飞童心 知识装点未来	责任
5	6月	音乐活动月	唱出童真童趣 舞出精彩纷呈	感恩
6	7—8月	社会实践活动月	读万卷书 行万里路	文明
7	9月	家政展示活动月	锅碗瓢盆交响曲 心灵手巧实小人（学校对所有实验小学师生的特殊简称）	关爱
8	10月	魅力语文活动月	感受语文魅力 领悟书香神韵	真诚
9	11月	智趣数学活动月	玩生活智趣数学 做实数学小少年	合作
10	12月	暴风英语活动月	与英语同乐 与世界同行	宽容

品格同行课程——周周有活动课程，即品德修养课程，注重提升学生的道德品质。该校将品格教育融入丰富多彩的活动，如表6-7所示，把"礼仪课程""习惯课程""安全课程"具体分解到每一周，深入细化落实课程内容。同时，学校结合各种节假日、纪念日，开展相关活动，培养学生端正的品行、良好的习惯、强烈的责任感，使学生在快乐成长之路上与品格同行。

表6-7 习惯成就品格系列活动

周次	礼仪课程	习惯课程	安全课程	活动主题	
				节日名称	品格目标
1	进校门礼仪	上学细则	晨检安全知识	中秋节	培养热爱中华优秀传统文化的品格

续表

周次	礼仪课程	习惯课程	安全课程	活动主题	
				节日名称	品格目标
2	校园里的礼仪	行走细则	运动安全知识	教师节	培养尊敬师长的品格
3	上下课礼仪	课前习惯	楼道安全知识	"九一八"事变纪念日	培养奋发图强的品格
4	走廊上的礼仪	上课习惯	游戏安全知识	国际爱牙日	培养爱惜身体的品格
5	进办公室礼仪	下课习惯	文明排队上厕所	国庆节	培养爱国爱家的品格
6	假日做客礼仪	作业习惯	用电安全	重阳节	培养尊老爱幼的品格
7	值日礼仪	阅读习惯	野外活动安全知识	中国少年先锋队建队纪念日	培养积极向上的品格
8	排队礼仪	做操细则	平安上下学	世界粮食日	培养珍惜劳动成果的品格
9	课堂上的礼仪	活动细则	常见传染病（一）	世界传统医药日	培养健康乐观的品格
10	午餐礼仪	用餐细则	就餐安全知识	世界勤俭日	培养勤劳节俭的品格
11	考试礼仪	升旗细则	安全逃生演练	记者节	培养探求真相的品格
12	图书馆礼仪	卫生细则	常见传染病（二）	世界糖尿病日	培养健康生活的品格
13	打电话礼仪	爱护公物	防火安全	世界问候日	培养谦敬礼让的品格
14	观赛礼仪	友谊细则	保护安全灵活防御法	国际宽容日	培养宽容大度的品格
15	领奖礼仪	尊敬师长	游泳安全知识	国际残疾人日	培养自强不息的品格

续表

周次	礼仪课程	习惯课程	安全课程	活动主题	
				节日名称	品格目标
16	放学礼仪	意志品质	排队放学安全知识	世界足球日	培养拼搏奋进的品格
17	家庭用餐礼仪	家庭生活	家庭用电安全知识	南京大屠杀死难者国家公祭日	培养热爱祖国的品格
18	家庭问候礼仪	家庭交往	家庭防火安全知识	元旦	培养胸怀世界的品格

阳光同乐课程——天天有快乐体验，即激励评价课程，注重建立学生全面发展综合评价体系。让学生天天有快乐，是S小学对学生最贴心的人文关怀，对此，S小学开发了五种核心快乐体验活动（如表6-8所示），培养学生的兴趣爱好，发展学生个性特长，陶冶学生情操，增进学生身心健康，使学生活泼开朗、热爱生活，在快乐成长之路上与阳光同乐。

表6-8 五种核心快乐体验活动

时间	内容	快乐体验
周一	国旗展示	自信
周二	年级图书漂流	自主
周三	无书面家庭作业	自立
周四	"快乐自主餐"兴趣活动	自由
周五	"童心竞妍"总结评比	自豪

在特色建设的成熟阶段，S小学结合学校特色建设与学校文化建设，从制度、组织、行为文化上深化学校特色，将学校特色内化为全体师生的日常行为，强化了学校发展的软实力，并从整体上对学校课程体系进行系统规划，使学校特色成为学校长期生存与发展的优势，把握了学校教育的本质和内涵，形成了独具风格的学校环境和氛围，彰显了学校的内涵和魅力。

第二节 农村学校特色发展的效果和问题分析

一、特色发展效果分析

实践是检验真理的唯一标准，S 小学所采取的各项特色建设措施需通过实践效果分析来检验其举措的科学性和合理性，在此采用蒲江县教育局的特色学校评估标准和各方主体的评价结果来衡量学校的特色建设实践效果。

（一）学校评估

由于学校特色涵盖内容丰富，体现形式多样，所以很难用统一量化的指标来评估，并且，某些特色项目的建设和特色活动的开展可能具有临时性和短期性，不足以全面真实地体现学校特色。只有在经历较长时间的历史积淀和丰富完善后，才可通过特色学校评估标准全面衡量学校特色建设的效果，而科学的评估体系为学校积极创建特色提供了制度保障，从而实现了学校内涵式发展，提高了学校核心竞争力。

蒲江县在"农村基础教育改革试验区"的建设过程中，主动响应素质教育呼唤，积极深化教育改革，大力实施内涵发展，竭力倡导特色办学，区域内各校纷纷结合自身实际，合理定位，有意识、有目的、有计划地开展创建活动，目前，已建成一批具有独特、稳定的办学风格和优秀办学成果的学校，所以实施特色学校评估是学校发展的现实需要。在深入贯彻《成都市义务教育阶段"新优质学校"评估标准（试行）》精神的基础上，蒲江县教育局研究制定了《蒲江县特色学校评估验收标准（试行）》[①]，评估指标包括 5 个 A 级指标、12 个 B 级指标和 22 个 C 级指标，共 100 分，逐级细分并逐条具体化。A 级指标在成都市评估学校精神文化、办学行为创新、特色活动项目、特色环境文化这四部分的基础上，根据蒲江县的教育实际将特色发展概括为思想、规划、科研、过程、成效五个方面。

---

① 此为内部文件，作者于 2013 年参与制定了该文件。

根据学校特色发展的情况，蒲江县教育局在评估分数上做了特色发展的等级区分，规定总分在 95 分以上为"××特色学校"，85～94 分为"××学校特色"，75～84 分为"××特色项目"。

评估方式主要是自评和县教育局评。自评主要是由学校领导小组对学校发展的实际情况做出客观合理的评价，县教育局评主要是由县教育局特色建设工作小组通过查阅资料、听取汇报、随机抽测、问卷访谈、随堂听课等方式对学校做出全面公正的评价，评价结果以分数量化的形式呈现。《蒲江县特色学校评估验收标准（试行）》主要是为县区域内的学校在进行学校特色建设时提供具体的方向指导和内容规划。

在思想上，S 小学领导层积极引进现代学校管理思想，学习应用教育多元化和尊重学生选择权的思想，调整更新学校发展战略，在校长的带领下形成了"童心同乐"的办学理念和"童心童趣，同乐同行"的校训，以及一整套在此办学理念指导下由校风、教风、学风等为支撑的理念体系。同时，S 小学致力于转变全体教职工的思想观念，着力提升领导班组、教师队伍的素质水平，通过新老教师交流评课等方式引导教师确立相应的教学理念。S 小学在该理念指导下在课堂教学、课程设置、活动开展等方面采取了许多措施，且初具成效。

在规划上，S 小学按照蒲江现代田园教育理念的要求，结合学校实际，制定了"童心悟自然之真，快乐行天下大道"的特色办学规划，通过分析发展现状和学校实际，确保固定的经费来源，合理使用办学经费，完善校园各项基本设施和教学设备的配置，发挥各类资源的最大效益，对学校发展的优劣势进行 SWOT 分析并分别研究制定应对策略，细化规划期内每一个阶段的发展目标，制定发展战略，明确学校办学、课堂教学、课程建设、活动课程等方面的重点工作，将年度工作任务具体列项并分配到人，采用组织机构、运行机制、信息化制度、评价监督制度来保障学校特色建设，分步落实特色建设计划。

在科研上，S 小学大力倡导教育科研课题的申请和实施，鼓励教师结合学科特点发现、设计特色建设科研课题,并在实践过程中通过教研小组讨论、试听、评课等方式解决重难点问题,提取有效的解决方法和经验。

在过程上,S小学建立和完善了各项学校管理规章制度,着力构建"显性课程＋隐性课程"的"童心同乐"学校课程结构,简称"1＋1"课程体系,给学生自由选择兴趣课程的机会。S小学开设的各项活动、家政、体育等校本课程深受教师、学生和家长的喜爱,且以"童心同乐"为基调,将学校的教学楼分别命名为童心楼、乐学楼、乐思楼、乐知楼、乐趣楼,打造学校环境文化,建设师生喜欢的快乐校园,为学生创造良好的学习生活环境。

在成效上,S小学提升了学校特色品牌形象,促进了教师专业发展,实现了学生的个性发展。在教育改革风潮的引领下,该校脚踏实地地开展学校特色建设,多次受邀在成都市特色学校建设论坛上做特色展示和汇报。云南等地的学校领导纷纷至此实地考察,试图借鉴其特色办学的经验,该校特色办学的成效在全国范围内产生了一定的影响。同时,该校还与新加坡等地的学校建立了合作关系,与国际教育接轨,获得了社会和家长的广泛赞誉,县教育局对学校给予了高度评价。

综合以上五个方面的评价,县教育局认为该校办学特色显著。该校自2011年至2015年连续五年被评为全面工作优秀等级单位,也被评为常规管理即学校管理标准推进、实施素质教育提高教育质量、全国农村基础教育改革试验区建设、教育信息化应用等单项工作优秀单位,并于2012年被评为特色学校建设先进单位。

(二)各方主体的评价

S小学的学校特色成果辐射全县小学,受到社会各界和广大家长的一致好评。通过对教师、学生、家长和附近居民的访谈发现,大多数访谈对象均给予该校较高的评价。

第一,活动课程丰富。"我们有'快乐自主'学习,摄影、影视、书法、手工、印染等兴趣活动课,足球、排球、篮球等体育活动,还有家政作业、游园活动、图书义卖等活动,这个月是暴风英语月，我们参加的是才艺展示和英语书写比赛，上个月是冬季运动会，每个月都有很多我们喜欢的活动课。"（W老师，2015年12月29日15:00—16:00，S小学阶梯实验室）谈起学校的活动，学生们都争先恐后地发表自己的观点，他们都认为学校的兴趣活动课特别丰富，如摄影、书法、球类、绘画等，他们最期待的是一年一度的游园活动。教师们也认为活动课程种类很多，每个学科都有主题活动月，在主题活动月期间，学校通过丰富多彩的活动广泛吸引学生参与，提高学生学习的热情和积极性，以寓教于乐的方式达到学习目标。"活动开展前后变化挺大的，大家就觉得要比以前更忙一些，因为毕竟有那么多的活动，但是感觉还是比较充实的，认识到这些活动对学生来讲很有意义。"（Z老师，2015年12月29日10:30—11:30，S小学多媒体听课室）家长们也普遍认为学校最大的特色就体现在学校的活动课程上，家长们对学校的活动也非常了解，也参与过学校组织的各类家校活动，认为这些活动对孩子的行为能力及其他方面能力的提升都起到了很大的作用，而自己也在活动中获益良多。"针对每个年级的小朋友都有比较有特色的活动，每个月、每个年级都有特色活动，家长也特别期待这类活动，这对孩子改变特别大。"（Z老师，2015年12月29日16:00—17:00，S小学阶梯实验室）

第二，课堂教学特色显著。参与访谈的每位教师都能准确无误地说出该校课堂教学的模式和方法，由此可见，该校课堂教学的特色已内化于每位教师的心中，成为该校教师开展教学工作的指南。在新老教师的交流和沟通方面，教师们都是通过讨论研究达到共同提升的目的，在发挥个人主观能动性的基础上注重团队合作。在"二三五"课堂教学模式的指导下，教师把课堂重心也慢慢地转向以学生为中心，更关注学生的个性需求，把学习的主动权交还给学生，在课前预习时收集学生的问题，然后有针对性地在课堂上对那些问题进行讨论和讲解，促使学生自主地去发现问题、解决问题，更好地提升学习效果。在教学备课方面，在学校导学通案的指引下，教师们的备课压力骤减，有了更加广阔的空间进行自主创新，能够灵活地对课堂内容进行调整,根据自己的风格制定有针对性的课堂教学方式。"我们现在是给学生时间让他们自主去发现问题,一般都是预习课的时候,把现有的问题梳理一遍,然后有需要查找资料的问题我就会让他们放学回去之后找资料,第二天来补充,学生的兴趣也很浓。课堂上的小组活动也很能体现学生的参与性,即让学生先进行小组讨论,然后选取一个发言人,代表小组发言,其他人进行补充和评价,我觉得这种方式会提高学生参与课堂的积极性,学生的口头表达能力也得到了提高,如此并不只是传授给学生知识,而是让学生参与,让学生成为主人。"(G老师,2015年12月29日8:30—9:30,S小学多媒体听课室)学生们在课堂上也都非常活跃,能够积极参与课堂讨论,成为课堂的小主人,无论是个性活跃的学生,还是文静内向的学生,都能在课堂上获得表达观点的机会,在课堂上展示自己的风采。"在设计问题时要分层次,如第一课时有些问题比较简单,像梳理内容、分析字词一类的,就把这些回答的机会给那些比较内向的孩子,鼓励他们积极参与,并表扬他们的回答。稍微难一点的问题就让那些比较活跃的同学回答。"(C老师,2015年12月29日9:30—10:30,S小学多媒体听课室)

第三,学生全面发展。学校注重学生多方面的发展,在课程和活动上为学生提供更多的选择权。例如,体育方面,学生在军训前后变化很大,家长们认为军训等特色活动,在学生体质锻炼和能力提升等方面起到了很大的作用,学生的生活自理能力得到了快速提升,能完成一些简单的家务活,如叠被子、扫地等。在课间体操活动方面,学校不断地创新形式和内容,注重孩子各方面的协调发展。"学校每个上午都有近一个小时的课间操,一个学期换一次动作,小孩都能快速接受和学会,之前还把太极拳编进去,现在又采用《爸爸去哪儿》的音乐,挺与时俱进的。"(Z老师,2015年12月29日16:00—17:00,S小学阶梯实验室)在关乎真理的辩论上,学生不输教师,具有极强的自主思考能力和探索精神,能够积极参与课堂讨论,与老师进行观点论辩。"例如,有位同学自己觉得他说的道理很对,但无法说服别人,老师也没有办法,就和年级组长讨论,如果还是没有办法解决，就会请教教育局的老师，以获取正确答案。例如，今天妈妈买了一个红苹果，这个'了'字能不能去掉，教研组的回复是初中阶段要保留但小学阶段可以去掉。"（H老师，2015年12月29日15：00—16．：00，S小学阶梯实验室）在访谈家长时，家长们纷纷表示将孩子送入这所学校看重的是学校教育的高质量，该校注重学生各方面能力的培养，而不仅仅以考试成绩来评价学生，学生在该校学习一段时间后，各方面的能力都得到了提升，该校的家政作业、体育作业等很好地培养了学生的综合能力。

第四，氛围融洽。无论是拥有20多年教龄的老教师，还是只有3年教龄的年轻教师，都对学校非常满意，教师之间、师生之间、教师与领导之间、教师与家长之间的关系都非常融洽，上传下达的沟通机制非常畅通，学校制度宽松，对教师的激励性强。"组内很多老师，都有各自的想法，年级组长会收集相关建议和意见，找学科分管领导反映情况，之后学校领导就会开会讨论，针对问题提出解决措施，整个处理流程是很顺畅的。例如，我们现在设置那个长短课，老师在上课的过程中就有一些不同的感受和建议，然后我们就收集起来，向学校领导反映，学校就针对长短课的设置做出了一些调整。"（Z老师，2015年12月29日10：30—11：30，S小学多媒体听课室）"校长从来不直接批评哪个老师，他对老师都是鼓励的话语，即使工作上有什么失误，也都是很委婉很平等的话语。"（C老师，2015年12月29日9：30—10：30，S小学多媒体听课室）学生们认为"压力不如其他学校大，并且学校的校本教材编得很好"。对于同学之间的关系，有学生说："遇到不开心的时候，老师和同学都会来关心我，学生之间的竞赛评比也是很公平公正的，老师会对学生进行全方位的评价。"（W老师，2015年12月29日15：00—16：00，S小学阶梯实验室）学生之间团结友爱、互帮互助，共同成长。对于同学和老师之间的关系，有学生说："最喜欢杨老师啦，幽默又严格，也不会让我们太放松，要求我们必须完成作业，不完成就会给予一定的惩罚，但不会太重。积累学习成果后还可以换取奖品和零食。"（Z老师，2015年12月29日15：00—16：00，S小学阶梯实验室）师生之间平等友爱、相互尊重和信任，为学校的特色建设创立了良好的氛围。

从各方主体对该校的综合评价中我们可以认为S小学的特色鲜明，发展成果深受肯定，在学校特色建设方面成果突出，在社会上形成了良好的口碑和较大的影响力。

二、农村学校特色发展问题分析

（一）空间狭小制约特色目标达成

校园基础设施建设是学校基本办学机制的一个重要组成部分，校园的基础设施数量与质量、分布的合理程度这些构成了校园特色建设的硬件基础，决定了学校办学的基本概况。S小学的基础设施建设受多方面因素的影响，存在较大的不足，学校的教学楼、运动场，以及其他一些功能性建筑在规范与标准上均存在一定的不足之处，虽然在一定程度上能够满足现有的办学环境，但就学校的发展需求而言仍然需要得到进一步的提升。

"我们只有一个小操场，我得赶紧去上课占场地了，要不然一会儿我们就没有踢足球的地方了，其他篮球班、体操班等都得在操场活动。"（C老师，2015年12月29日15:00—16:00，S小学阶梯实验室）"学校的面积特别小，加之学生又多，很多学科和班级想找一个单独的地方展示学生作品，我们要做一个语文展示和陈列，都没有找到合适的地方。"（Y老师，2015年12月29日11:30—12:15，S小学多媒体听课室）

就学校的空间现状而言，该校被一大片居民楼包围，附近街道环绕，随着学生数量的增加，学校现有的硬件设施、所占空间等远远不能满足学校特色发展的需求。该校校园面积狭小、建筑物密集，除了200米操场跑道外基本无剩余空间，校本课程实施、特色活动开展以及发展空间受限，校园内拐角较多，阶梯高低不平，学生安全受到影响。部分教学楼修建已久，设施设备没有得到及时更换，影响特色课程的正常进行。这些条件都制约着S小学特色活动的开展及各项特色建设措施的推进。

就未来发展而言，随着学校的进一步发展、教育多元化的需求以及我国基础教育的改革要求，学校将进一步推进学生课堂学习之外的其他方面的教育，学校集体教育、学生个人教育、家庭教育将更加紧密融合，相应的教育内容的变化则需要更为完善的基础设施建设，因此S小学当前的校园空间规模与基础设施水平仍有较大的改进空间。

(二) 轻视特色文化内涵发展

真正的学校特色必定是学校在发展过程中，通过不断的学习、实践、总结、提炼而逐渐形成的，蕴藏在办学理念、课堂教学之中，经过长期的历史积淀后才成为学校的文化。校园特色文化建设并不能简单地停留于纸面维度，而需要将其真正贯彻到学校的各项机制之中，并内化为学校管理团队与学生的行为，进而通过不断凝聚理念、更新认知、予以实践，使校园文化成为校园整体发展的一部分，"文化即在满足人类的需要当中，创造了新的需要"[①]。作为文化主体的学校成员可以将学校文化作为一种教育资源加以主动开发和利用，而不只是单向接受其影响。校园特色文化应该立足于本校实际情况，通过挖掘历史、分析现状找到在教师和学生心中区别于其他学校的、符合学校发展实际的文化内涵，既不是盲目跟风，也不是为了特色而特色。学校特色建设的价值取向应以学生为中心，回归教育育人的本质，为学生提供多样化的教育选择，最终促进学生的个性发展和全面发展。目前S小学的校园文化建设虽然具备了一定的基础，但是仍然存在校园文化建设基础不牢固、规划较为零散的问题，作为校园文化建设的形象支撑的校园文化项目并没有形成一个完整的体系，这导致了一定程度的低效率。

"以课题'快乐教育'为主线，学校搞活动，建设童心课堂、网站等，但我觉得这个课题开始的时间不长，是新校长来之后才开始的，大概也就4年多一点，我觉得文化方面还是有所欠缺，需要再深入地发展。"（Y老师，2015年12月29日11:30—12:15，S小学

---

① 马凌诺斯. 文化论[M]. 北京：华夏出版社，2002：100.

多媒体听课室）

  S小学校园文化的核心并不明确，缺乏一定的历史延续性与具有教育意义的内涵，现行的校园文化建设主要由口号标语与较多的课外活动项目设计构成，导致了全体成员认同程度上的不足。对学生调研的结果显示：S小学开设了各类活动课程，活动主题丰富多彩、形式多样，然而活动并不等于学校文化，各式各样的活动反而会掩盖特色文化建设的实情，纵然有突出的外显形式，迎合了上级主管部门检查的需求，获取了更丰富的教育资源，博得了社会的关注度，但缺乏内涵支持的特色建设对学校长期的特色发展来说效果并不好。只有让学校全体成员真正成为这些教育活动的主体，真正理解学校特色理念，将学校特色建设的理念内化为自己的思维方式和行为方式，学校特色才能在师生的言行举止间得到贯彻落实，取得真正的建设实效。

（三）缺乏开设特色课程的师资

  S小学当前的校园管理团队以校长、各个部门的管理人员为核心，以各个学科的专任教师为基础，以后勤人员为补充。S小学校园管理团队符合传统的中小学校园运行人员配备的基本要求，但是在人员质量与结构的前瞻性上存在不足，导致特色校园建设缺乏充足的人力储备，因此特色校园建设的稳定性与长期性也存在隐患。

  "年龄结构偏老化，'60后'和'70后'是主力军，'70后'和'80后'出现断层，'90后'的年轻教师也很少，年轻教师队伍不稳定，问题也很大，人员流失很严重。随着这些年学生数量的不断增加，教师队伍远远满足不了学生个性化发展的需求，没保证特色教学活动的开展，没有足够的专业教师支撑学校特色的建设。"（H老师，2015年12月28日15:00—17:00，S小学副校长办公室）"例如，我们的美术学科，之前是因为师资不够，整体实力就慢慢地弱了下来，要发展起来还需要一段时间。音乐老师的人数比较多，师资比较强，在我们学校还算是比较好的。"（Z老师，2015年12月29日10:30—11:30，S小学多媒体听课室）

  教师是保障学校特色活动得以顺利开展的重要力量，但S小学的师资结构与学校特色建设所需的人才结构不匹配。第一，在年龄结构上，教师队伍平均年龄偏大，以中年教师为主，青年教师较少，近几年新聘的教师由于教学经验不足，新老接替出现断层，而特色课程的开设需要有一定教学经验和敢于创新精神的青年教师，因此该校缺少展开特色教学课程的中坚力量。第二，在学历结构上，本科及以上学历的教师占比较少，教师以专科学历为主，而且拥有小学高级职称的教师较少，教师的理论知识和专业水平有待进一步提升，这些都会制约特色教学理念的贯彻和执行，在开展特色课题研究时也会形成掣肘，大多数教师缺乏利用专业知识拓宽特色研究思路的能力。第三，在学科结构上，语文、数学这两门主学科的师资较丰富，而美术、体育等学科的教师较少，所以这些学科教师的压力较大，连基本的课堂教学都疲于应对，对学生的个性化需求开展更富针对性的教学指导也就无从谈起了，这在一定程度上制约了学生的自主选择权，不利于学校的多样化发展，在各科教学中无法有效渗透特色教育的相关内容。第四，在教师编制上，自聘教师较多致使人员流动性增强，在长期贯彻落实学校特色办学理念上存在一定的困难，特色课程教学也无法持续，对学生的学习产生了不利影响。

（四）特色活动缺乏整合和凝练

"活动特别多，对一线教师来说，既要搞教学又要搞活动，平时就忙得团团转了，难以形成一个较好的平衡点。每个月都有大型活动，老师实在忙不过来，10月语文大型活动，要求老师全员参与，11月又有。"（Y老师，2015年12月29日11：30—12：15，S小学多媒体听课室）

在学校特色快速发展过程中，由于发展惯性，各种类型的活动日益增加，学校在短时间内又难以辨别这些活动的成效，无法对活动做出取舍，所以在活动课程化的过程中就涌现出纷繁复杂的各类活动课程。而课堂教学不仅包含特色教学的目标还包含知识教学的目标，但课堂时间有限，如果一堂课过多地开展各类调动学生参与积极性的活动，必将减少课堂蕴含的知识量，那么课堂内容就会变得单薄和浅显，无法完成规定的教学目标，这将降低课堂效率，与创建特色课堂的目标相悖。该校以"年年、月月、周周、日日"活动为主打特色，让学生在校的每一天都有不同的期待和体验，但其中一部分活动在主题上有交叉重叠之处，在内容上有重复累赘之嫌，不仅加重了教师工作的压力、浪费师资，而且增加了学校管理的难度，对学校特色的普及和推广造成了一定影响，在一定程度上阻碍了学校特色建设的进程，致使学校在特色课题实施过程中出现了低效率的问题。

第三节 农村学校特色发展的推进策略

在学校同质化问题突出的情况下，学校特色建设是去同质化现象的良药，对促进学校多样化发展和满足学生个性化发展需求起到了较大的作用。在保障学校生源和农村基础教育设施建设的前提下，农村小学需要更有特色的学校发展策略来突出学校发展优势，提升学校吸引力，增强综合实力，满足社会和地区发展的需要。蒲江县的基础教育以学校特色建设为契机，走出了一条以教育先行、教育反哺地区，为地区发展服务的道路，逐渐形成了县域内"一校一品"的格局，注重教育价值的回归和学校特色的建设，提升了农村整体教育质量，在全国享有盛誉。围绕学校特色建设策略，本书结合案例学校的特色发展经验，通过反思其建设过程中存在的问题，更加深刻地认识到学校特色建设的重点和难点，在此基础上有针对性地提出了该校后续的发展策略和农村学校特色发展的策略。

一、立足实际，明确特色思想内涵

独特鲜明的特色意识是学校特色的核心识别要素，能够彰显学校的个性特征。作为学校发展的总体指导思想，学校特色思想应当突出自己独特的风格。培育学校特色思想是学校特色建设中最重要的一环，也是开展特色建设前首先应该明确的内容。学校特色思想体现的是学校的核心价值观，不仅反映了学校领导层对教育的理想和追求，也回答了"培养什么样的人"这一根本问题，以及"把学校办成什么样"等问题。学校特色思想的确定必须结合学校所处的环境，结合地区风土人情和独特的物质文化遗产，从学校的历史传统中深入挖掘特色内涵，整合现代教育思想，在校长和学校领导层的带领下确立并坚定特色思想，并且学校特色思想需要整合教育发展思想、战略管理思想和特色办学理念等内容。

（一）教育发展思想

在当前教育改革的浪潮中，教育逐渐走向多元化，学校要想实现多样化发展必须具备特色意识，紧密结合时代背景，应用教育新思想和新理念，只有在思想上做到与时俱进，才能顺应社会发展的潮流，构建学校个性化和多样化的格局，更好地满足学生全面发展的需求。学校管理层必须时刻注重理论学习，了解世界教育发展现状，关注教育动态，正确认识教育思想并形成自身的观点。如果学校没有意识到特色建设的必要性和重要性，即使是在硬件设施非常完备、社会关注度非常高的情况下，也有可能由于理念平凡在各方面与其他学校趋于同质化，最终阻碍学校现代化发展。反之，一所普通农村学校，即使其硬件设施配备不足、师资力量贫乏，但只要学校管理层和教职工都具有特色建设意识，能在思想上认识到学校特色建设对于学校发展的重要意义，认识到学校特色建设能为学校提供巨大的发展潜力和发展空间，形成"人无我有"的发展优势，从思想上凝聚发展共识，从行动上贯彻落实特色理念，用独特创新的理念引领学校开展各方面的特色建设，就终将建成特色鲜明的学校，使学校立于发展的高地。

（二）战略管理思想

从战略管理的角度来说，将思想定位于学校的发展方向和教育教学活动，就会产生强大的内驱力，指导学校完成育人的目标。在了解历史、现状和未来发展趋势的基础上，学校领导层应在当前教育法律法规和方针政策允许的范围内，根据因地制宜原则和由内外部条件分析得出的学校优劣势，从以下四个角度入手发掘学校特色思想：第一，从挖掘历史入手。每一所历史悠久的学校都在办学过程中积淀了文化传统，形成了独特的文化个性，所以学校在发掘学校特色、提炼办学理念时必须深入学校实际，了解学校的历史、特色传统和积淀的人文精神，综合分析学校在历史发展过程中的优势及劣势，在历史的传承过程中推陈出新、强化办学优势，将历史经验总结为学校特色思想。第二，从课题研究或特色建设项目入手。学校应积极响应国家和上级主管部门的号召，主动承办特色研究课题和项目，通过专家指导和调查研究发掘学校特色，明确学校发展现状，分析制约学校发展的因素，排查学校在硬件设施和软件配备方面存在的问题，了解与其他学校相比存在的不足，清楚地认识到一味模仿其他学校发展的弊端，学习其他优质学校在特色建设策略形成中采用的方法，基于调查研究的结论，抓住学校发展的机遇，提炼学校特色思想，明晰未来的发展方向。第三，从需求入手。学校特色思想要充分考虑学校的地理位置、培养对象和周围环境的特点，从周围环境中汲取灵感。学校管理层可以调查社会对学校特色发展的需求，了解家长对学校特色的预期，了解社会对人才多样化的需求，从而使学校特色思想符合学生和社会发展的需求，各具特色的学校也给学生提供了更多自由选择的权利。第四，从理念创新入手。学校的特色思想应符合当前教育多元化的发展趋势，所以学校可以先了解学界关于学校去同质化的思想和观点，再通过学习先进的教育理念和教育思想，将其与学校某一方面的强项相结合，并结合学校实际条件予以实施和运用，通过不断地强化理念最终将其转化为学校的特色思想和理念。

（三）特色办学理念

学校办学理念在新时代的要求是体现以人为本，关注师生成长和发展的需要。办学理念的形成是一个非常艰难的过程，不仅要邀请专家进行宏观设计，组织校长等学校领导参与，而且要自下而上凝聚共识，调动全体师生的积极性。学校领导层应当将特色办学理念的提炼、形成过程视作学校凝聚人心、增强合力的契机，促使学校形成积极向上、朝气蓬勃的校园文化。学校领导应当在深入挖掘历史传统和学校实际情况的基础上创新办学思想，全力发动全校师生头脑风暴，民主征集关于办学理念、校训等的建议，邀请各方代表进行民主决策，拟定学校的办学理念，将办学理念提交教职工代表大会审议通过后正式确立，并通过学校的各类活动向全社会进行大力宣传，促使全校师生达成共识，让学校的特色理念深入人心，成为全校师生团结奋进、积极向上的内在动力。

校长是学校的负责人，是学校管理的决策者和组织者，对学校的影响渗透在学校物质形态和精神文化的各个方面，校长的办学理念、管理行为、教育思想将直接影响学校的发展方向。建设优质的学校特色思想要求校长注重理论学习，形成并坚定自己独特鲜明的办学思想和教育理念，善于利用学校的发展条件，确信学校特色建设能为学校发展带来巨大的潜力，充分认识到学校特色建设对于学校、地区和国家的意义，具备扎实的理论基础和较强的组织管理能力，能从宏观层面思考问题、分析情况，能用先进的教育思想和战略眼光统领全局，将开拓意识和创新精神应用于学校特色建设的方方面面，以实事求是的精神和公平正直的作风为广大师生树立榜样，以海纳百川的胸怀和博采众长的态度听取各方建议，尊重并信任每一位师生，激励师生个性发展，带领全校师生推动学校发展迈入新阶段，办出自身的特色，开创学校发展的新局面。

"学校特色也是根据我们学校原有的基础而来的，不管什么特色，它的根肯定是本地的文化特点和学校特点，学校会根据当地的需要、社会的需要、家长的需要，慢慢地形成一些自身的特色。时、地、环境，决定了不同的学校有不一样的特色。我们之前就做了一个历史挖掘工作，主要是在'快乐教育'的思想基础上，专门成立了一个课题教研组，不断地讨论，不断地提炼，最后课题研究小组的成员一致认为'童心同乐'这个理念不仅能够传承'快乐教育'的理念，而且能体现我们现在的教育理念，所以我们提炼出了具有特色的办学理念。"（L老师，2015年12月25日12：00—14：00，S小学校长办公室）

"L校长是一个年轻校长，新老校长的风格不一样，所以理念这些也都不一样。可以说理念的提出和校长本人有很大的关系。"

(H老师，2015年12月28日15:00—17:00，S小学副校长办公室)

S小学在充分挖掘本校历史文化的基础上，结合当前的教育发展思想，对学校进行了战略分析，且根据地区和学校的发展现状，在校长的带领下创造性地形成了"童心同乐"的办学理念。但是在制定学校特色办学长远规划时，还需结合学校的地理条件开展特色课程和活动，充分考虑校园环境的承载力，合理规划活动用地，分时段、分班级地开展特色活动，发挥校园的最大效用，在长期规划中可以考虑适当扩大学校占地面积，使之能够更好地服务于日益增长的学生人数。

二、传承历史，完善特色文化脉络

学校特色文化能在无形之中凝聚全体师生的共识，会对师生产生潜移默化、深远持久的影响，会影响全体师生的认识活动、思维方式和实践活动，能为学校特色建设提供良好的校园氛围。具有学校个性特征、能体现学校特色建设目标的学校文化能促进学校特色建设各项工作的开展，能在无形之中强化师生对学校特色的理解和坚持。特色理念只有在成为学校发展的文化底蕴时，才能驱动学校特色建设，增强学校的核心竞争力，实现学校的特色发展。在学校特色文化的发展过程中，不仅要考虑历史传统文化，而且要结合学校未来的发展目标，将两者相结合去粗取精，形成有利于学校发展的特色文化。

(一)用物质文化强化特色意识

学校特色不仅体现在学校的办学理念和育人目标上，还体现在学校物质文化的建设中，只有与学校特色相结合，承载着学校精神的物质文化环境才具有强大的生命力和活力。在特色建设的探索阶段，学校要从历史传统中汲取特色文化思想，从而确定最具代表性的学校标志物。学校标志物不仅要具备区分性和独创性，而且要体现本校特色，符合学校整体氛围，为学校特色建设提供良好的物质文化环境。在特色建设的起步阶段，学校在设计校园建筑物、校园摆设品和宣传栏内容时要突出学校特色理念，注重历史特色的传承，从办学理念、学校历史传统、形象美观等方面综合考虑，形成与学校特色文化相统一的学校物质文化。在特色建设的发展阶段，学校要注重强化特色文化意识，将学校特色标示在刻有校训的校园建筑上，选取符合特色文化的名人雕像和名言警句，增强师生对学校特色的理解，将学校的特色思想展现在校旗、校徽、校歌等代表学校特色的物质载体上，潜移默化地影响师生和每一个走进学校的人。在特色建设的成熟阶段，学校应将深受认可的学校特色文化融入校本教材、课程教学和主题活动中，积极动员全体师生和家长共同参与学校楼道及教室墙面等地的布置活动，增强师生对学校特色文化的认同感和归属感，用物质文化强化师生特色意识。

（二）用精神文化点燃特色动力

学校的精神文化不仅包括教育观念，还包括教育理念指导下的各种教育教学活动、所形成的精神风貌和学校特色等内容，是在学校核心价值观指导下形成的一整套教育思想体系。在特色建设的探索阶段，学校首先要提炼自身的特色精神文化，在办学理念的外在表现形式——一训三风、校歌、校徽等方面，注重精神价值的一贯性和连续性。在特色建设的起步阶段，学校必须结合传统文化确立校歌，谱写体现学校精神文化内涵的词曲，将学校精神文化建设作为重点，大力宣传和弘扬学校特色精神文化，塑造学校良好的精神风貌，以特色文化的熏陶促使师生自觉约束自己的不良行为，培养良好的学习习惯和行为习惯，营造积极进取、公正平等、自由民主的文化氛围。在特色建设的发展阶段，学校要致力于维护和谐融洽的人际关系，吸收现代教育思想和理念，通过教研探讨、文体活动、师生交流等日常行为，夯实和传递学校特色精神文化，促进师生为了建设学校特色这个共同目标团结协作、努力奋斗，强化特色文化氛围。在特色建设的成熟阶段，学校特色须内化为每个师生的自觉行动，进而相互影响和渗透，发挥特色精神文化的引领效应，对外树立良好的学校形象，提高学校的辨识度，使学校特色深入人心，对内形成学校的共同价值观，将共识自觉转化为行动，形成强大的合力促进学校特色建设。

(三) 用制度文化规范特色行为

学校制度是学校为了达到特定目的所制定的行为规范，是学校不可或缺的一部分。制度文化包括学校制度、规章及价值观念等，是联结学校物质文化和精神文化的纽带。在学校特色建设的探索和起步阶段，学校要建立健全与特色建设相关的各项规章制度，筹划和设计体现学校特色的物质载体，调整、增减学校的组织结构，成立特色建设领导小组，选聘具备特色意识和教学风格的师资队伍，强化组织、机构、人员、管理等制度建设来保障学校特色规划的顺利开展与保持学校特色文化建设的一致性和延续性。在特色建设的发展阶段，学校要通过严格的制度执行和约束来规范师生行为，用制度文化促使师生自觉约束自己的行为，确保师生正常开展各项学校活动，严格遵循特色传统，为学校管理提供便利。在特色建设的成熟阶段，学校应根据发展的需要，注重制度执行的监督反馈，辨析制度价值取向，调整相关制度以更好地展现学校特色文化，使学校特色建设有章可循，使制度体现以人为本的原则，促进师生的发展，整体推进学校特色文化的建设。

"学校特色的建设过程其实也是文化积淀的过程。理念体系是由办学理念、办学目标等组成的一套理念体系。学校的章程、学校的建设就遵循这个理念。外显的东西都是基于理念的设计。例如，行为系统，老师执行力强、幸福感强、爱生如子，这就是一种独特的文化。制度系统，管理、引领、服务都需要制度保障和规范，以保证学校的稳定和可持续发展。可以说，这些都是从学校特色中积淀文化的过程，而文化反过来又促进学校特色的发展。"（L老师，2015年12月25日12:00—14:00，S小学校长办公室）

S小学在文化方面还有所欠缺，虽然在物质文化建设上已取得了一定的成效，如校园建筑、走廊楼道等设计都良好地展现了学校的特色，但还须加强学校特色精神文化的建设，挖掘丰富多样的农村特有资源，在亲近自然、体验生活的过程中加强师生道德素质的培育，重视特色文化的熏陶和内化，营造良好的校风和教风。健全学校特色建设相关的规章制度，做好纸质和电子档案留存工作，使特色建设做到有章可循，从历史积累的制度文本中学习经验，并根据学校的特色慢慢形成制度文化，以良好的制度指导学校开展特色建设。

三、激发活力，铸造管理特色

学校特色建设是学校发展战略中至关重要的一部分，须引入战略管理和学校管理的思想和技术，使学校特色建设的目标具体化，通过建立科学合理的制度将特色建设的思想和措施用制度条文予以规范化，使特色建设工作的开展有章可循，并将特色建设工作的责任落实到学校管理层的各个岗位，细化责任分工，使学校特色建设工作不因人员更迭、外在环境的变化而发生改变，保持特色建设的延续性和长期性，强化优势，激发教师潜能，提高教师参与的积极性，调动多方主体参与学校特色建设，通过科学的管理激发特色建设的活力。

（一）创新管理思想

管理思想是开展管理工作的理念指引。学校在思想上应适时创新，学习战略管理和学校管理的相关理论，了解当前教育的热点和趋势；挖掘学校独特的历史，通过优劣势的分析，确定特色建设的着力点；虚心学习，引进其他优秀学校先进的管理经验和特色建设方法；整合并更新管理思想，整合相近、相似的活动和内容，提高管理能力。尤其是在学校管理自主权日益扩大的今天，学校管理要摆脱对上级政府和教育主管部门的依赖，从自身实际出发，审时度势、因地制宜。

（二）目标管理：细化责任分工

学校领导层应当根据特色思想，逐步制定和完善学校的特色建设规划，明确学校特色建设工作的近期、中期和长期目标，成立特色建设领导小组，客观分析、准确定位，从学校自身传统优势出发，充分考虑社区及周边文化、环境特色，以促进学生个性发展为落脚点，在学校管理、师资队伍、课程设置、课堂教学等方面，分门别类地制定各项具体发展目标，使之符合学校发展的实际，并设立目标负责人,将权责落实到个人,从组织和人事上保证目标执行。深入贯彻落实特色办学目标,围绕理念构建起一套具体可行的实施策略,将办学理念落实到每一项措施中,进一步提升学校特色建设水平,健全组织领导、妥善安排经费及人员。根据每一阶段各项特色建设措施的执行情况和预期目标的对比,在特色建设的实践中不断反思调整特色目标和策略,使之更符合学校实际情况,确保各项特色建设目标的顺利达成,让学校特色建设工作取得实效。

(三)人员管理:激发个人潜能

学校的育人目标决定了学校管理的特殊性,人员管理在学校特色建设工作中尤为重要。具备良好的专业素质和教学特色的教师队伍是贯彻特色建设思想、提升课堂特色教学水平的关键,也是学校特色建设的重要保证。人员管理要能调动人员学习工作的积极性,尊重每一位师生作为教育主体的地位。

第一,要了解教师的学习需求,给教师提供学习培训的机会,积极培育教师的特色意识,通过学习先进的教育理念和教育思想提升教师的理论水平,认同、理解并支持学校特色思想。第二,在教学科研中赋予教师自主权,鼓励教师运用所学的新方法开展课堂教学和研究,在与学生的课堂互动中深化理论知识。根据教师的年级、学科、学历、职称等合理设置教学研究小组,通过教研活动,使教师们充分地展开讨论,有目的、有重点地对教学中的热点、难点问题进行研究,在思想的碰撞和激荡中产生具有特色的教学模式和教学方案,调动学生参与课堂的积极性,鼓励学生快乐成长。在学校发展规划的制定、各项制度的建设上,鼓励教师参与,增强教师的归属感和责任感,强化主体意识,这有利于凝聚学校特色共识,提高学校特色建设成效,确保达成学校特色建设的目标。第三,通过老少结对的形式帮助各层次教师快速成长,给教师提供广阔的专业发展空间,鼓励各个学科的教师制定各自的职业生涯规划,提供更多机会展示自己的特色教学方法,同样给予教师快乐的体验,提升教师参与特色建设的热情。积极引进具备特色意识、能独立开设特色课程的高素质人才,通过先进示范效应带动全体教师创建特色课堂。第四，贯彻以人为本的理念，突出教师的主体性地位，通过全方位的评价考核机制提升教师行为的有效性，强化教师的自我约束和管理，重视对教师情感力量的激发和维持，将教师个体潜在的能量激发出来，在进取心和奋斗精神的作用下使其在教学工作中展现个人风采，实现个人价值最大化。

（四）多方主体共建一方特色

学校不是独立存在的个体，处于一定的社会环境之中。学校发展既作用于外部环境，也受到外部环境的制约和影响，因此学校发展与外部主体之间密不可分。

学校全面了解学生的情况，了解家长的教育观念和思想，了解家长对学生的要求，有利于更好地开展教育工作。所以学校特色建设离不开家长的参与，只有让家长真正参与到学校管理中来，才能促进家长更好地理解学校特色理念，才能在家长与学校之间形成紧密的联系，使家长从被动的客体转变成学校工作的积极主动的参与者和支持者。在学校特色建设的过程中，学校要积极与家长沟通特色理念，尊重家长的意见和建议，鼓励家长为学校的特色发展建言献策，争取得到家长对学校特色思想的理解与认同。完善家长委员会机制，动员家长参与学校决策和班级管理工作，鼓励家长在学校特色建设的重要事项上发挥影响，协助学校做好学生教育和学校管理工作，为学校特色建设争取更多的外部资源。在学校特色课程、学生课堂表现等主题上与家长进行常态化的沟通交流，帮助家长塑造支持学生个性发展的家庭环境，为学生营造良好的成长氛围。

学校特色建设需要有良好的社区环境，因此学校要密切关注周围社区环境的变化，与社区建立良性互动机制。学校可以在校园开放日邀请社区居民参观学校的教学、管理工作，使他们对学校特色有直接的感受，并认真听取他们对学校开展特色建设的意见和建议，增进社区对学校的理解和信任。学校可以在社区招募一些志愿者，帮助和支持学校开展特色活动，让志愿者在与师生的互动过程中体验学校特色建设的成果。学校应广泛参与社区活动，积极采取多种形式参与社区建设，在走出去的过程中传播学校特色，树立良好的学校形象，为学校赢得声誉。学校还应寻找恰当的方式和时间向社区开放学校的一些特色资源，包括图书馆、运动场等，这样不仅可以满足社区居民学习、健身等方面的需要，物尽其用，服务所在社区，还可以吸引社区将更多的资金用于学校特色建设，获取更多的资源支持。

"学校很注重对教师的管理，在对教师的管理上以'童心同乐'理念为指导，采取底线管理的思想，给予教师更多的激励，在完成常规教学任务的基础上，激励老师去追求更高的目标。在教师考核方面，考核是比较细致的；在教学方面，每一个月，学校都会对各方面的工作进行抽测，并记录在平时考核成绩中，辅之以领导巡课制度，期末的时候还有根据期末成绩进行的考核，还有平时的备课、参加活动情况等，可以说是比较全面、完善的。"（G老师，2015年12月29日8：30—9：30，S小学多媒体听课室）

S小学在对教师的管理和考核上特色突出，给予教师充分的自主权，从而激发了教师参与特色建设的热情，但是特色课程的开设仍有所欠缺，虽然在语数外等传统学科方面的优秀教师较为充足，但在音体美等文体技能方面的师资匮乏，还须引进更多的专业人才，开设更多个性化的特色课程，使学生在课程上有更大的选择空间，让学生习得更加全面丰富的知识和技能，促进学生的特长发展。

四、构建特色课程载体

课程是指学生学习的学科总和及进程安排，是学校特色目标得以落实的重要载体。也是学校教育的实施载体。课程有着固定的时间、固定的教师、固定的学生和固定的体系知识。要使每位学生都能理解和认可学校特色，学校就必须将这些理念，通过文字、图片、视频、卡通人物等通俗易懂的形式，以书籍为载体生动形象地展现给学生，将学校特色建设成课程，使学生通过体系化课程的学习贯彻学校特色思想，增强自信，全力支持学校特色建设工作的开展。

（一）特色课程设置

2001年教育部颁布的《基础教育课程改革纲要（试行）》指出：

"学校在执行国家课程和地方课程的同时,应视当地社会、经济发展的具体情况,结合本校的传统和优势、学生的兴趣和需要,开发或选用适合本校的课程。"为更好地适应不同地区、学校、学生的要求,我国实行国家、地方和学校三级课程管理制度,校本课程便是学校特色的载体。校本课程是在有效实施国家和地方课程的前提下,由学校自主设计开发的,充分利用学校资源、结合本校实际、展现本校特色的课程。校本课程的开发极其重要,不仅可以弥补国家、地方课程开发的不足,而且可以根据学校的独有资源形成特色课程,满足学校、学生个性化多样化发展的需要,提升教师专业能力,促进学生全面发展。社会和家长也能够通过特色课程体系培养下学生的综合表现,对学校特色建设的成效做出公正的评价。但要注意的是,开发校本课程,必须遵循科学和适度的原则,合理设置校本课程的频率和周期,通过合理的课程体系使学校特色理念得到深化落实。

校本课程的开发可以通过总结教学经验、应用教研成果、参考学校历史传统、邀请专家设计等方式,摒弃过去以课本为单一内容来源的课程结构,综合社会资源、学校特色和学生发展等不同因素构建多元化的学校课程体系,交叉设置校本课程、基础和选修课程、显性和隐性课程、学科和活动课程等不同类型的课程。其中,选修课程和活动课程是学校特色的重要载体,须从学生的真实需求出发设置满足学生不同兴趣的选修课程,要做好前期调研工作,充分考虑教育对象的身心特点,因材施教,重视每个学生的特长,使学生在选修课的学习中展现其突出的个性,并使该个性得到进一步培养和强化。开发课程时要遵从特色办学理念的指导,从教学模式、教案设计、教学用具、教学时间等各方面体现学校特色。在活动课程和校本课程的设计安排上遵从科学、合理、适度的原则,定期适量地针对每个年级的学生设置符合学生特点和兴趣的课程。

(二)特色课程教学

学校特色建设要求教师在开展教学活动时以学生为中心,促进学生个性化发展,通过系统科学地规划课堂教学活动,形成独具特色的教学计划，通过课堂实施和课后改进，形成独具特色的教学模式，规范备课、上课、作业、辅导和测试等常规环节，通过赛课、听课、评课等方式开展教学研讨，发现问题并解决问题，探索改进教学模式的方法，达到知识与特色并重的教学结果，加强教研人员对教案、学案的研究，使教学活动趋于科学化。

教师应结合自身特点和教学经验，形成具有自身特色的教学方法，展现个性化的教学特色，因材施教。教师应尊重信任学生，引导学生的发展，重视学生的个性发展，给予学生自主选择权，使学生可以根据自己的学习能力和学习进度自主安排学习节奏，根据自己的学习目标和爱好兴趣自主选择学习课程和内容。教师应根据学生特点对学生进行分组，开展针对性教学，进而有效利用课堂时间，鼓励学生进行自主思考和推理，开展互动活动，营造开放、活跃的课堂氛围，建立良好的课堂秩序并提高课堂效率。在对学生的评价上，教师应根据学生平时、期末、课堂的表现，综合、客观、全面地评价学生，促使学生凸显个性，提高学生学习兴趣，提升课堂教学效果。

"活动很好，对教育教学很有帮助，但是希望有些主题活动可以进行合并，以加强各科的协作，如可以把相同主题的活动放在同一个月，大型活动和小型活动可以交叉进行，不同学科的活动可以相互结合等。"（Y老师，2015年12月29日11:30—12:15，S小学多媒体听课室）

S小学在特色课程化的过程中，需要加强课程鉴别和整合的能力，根据活动课程的实践效果选择有利于学生全面发展的活动，删减部分无用的活动，在固定时间内减少重复活动的数量，加强同类主题活动的合并和协作，增进不同学科之间的联系和交流，在有限的课堂时间内深化学生对理论知识的学习，缩减部分活动的时间，提升课堂教学的效率。

义务教育阶段学校的标准化建设并不等同于学校的同质化和一致化，在当今学校建设日趋相近的现状下，无论是农村学校还是城市学校，只有认识到学校特色发展的必要性和重要性，顺应教育多元化的大潮，把握发展的时机，才能在众多学校中脱颖而出，成为高质量、有特色的学校。学校特色发展是一个漫长的过程，是从初步零散到完整体系化发展的过程，具有明显的阶段性和渐进性特点，农村小学在符合国家有关标准的基础上，要自主地走学校特色发展之路，努力从地区环境和学校自身发展历程中发掘历史文化和特色，为社会发展提供优质、独特、多样化的学校资源，促进学生的个性发展，满足社会对多样化、高层次人才的需要。

参考文献

著作类

［1］达林. 理论与战略：国际视野中的学校发展［M］. 北京：教育科学出版社，2002.

［2］崔相录. 特色学校 100 例：小学卷［M］. 北京：教育科学出版社，1999.

［3］孟繁华. 学校发展论［M］. 北京：教育科学出版社，2011.

［4］任顺元. 学校特色与特色学校建设［M］. 杭州：浙江大学出版社，2010.

［5］孙绵涛. 教育管理原理［M］. 沈阳：辽宁大学出版社，2007.

［6］腾飞，马艳君. 教育品牌与学校特色［M］. 长春：东北师范大学出版社，2010.

［7］韦毅，洪涛. 学校发展规划与特色创建［M］. 长春：东北师范大学出版社，2009.

［8］张东娇. 最后的图腾：中国高中教育价值取向与学校特色发展研究［M］. 北京：教育科学出版社，2005.

［9］赵中建. 学校文化［M］. 上海：华东师范大学出版社，2004.

［10］周成平. 外国著名学校的管理特色［M］. 南京：南京大学

出版社，2009.

期刊类

［1］曹阿娟. 美国蓝带学校办学特色的探析与启示［J］. 教育科学论坛，2013（12）.

［2］陈建华. 论学校特色的内涵及其创建原则［J］. 教育科学研究，2006（8）.

［3］陈颖林，曹辉. 论学生教育选择权的内涵、原则与实施［J］. 教育探索，2013（6）.

［4］丁林兴. 论学校特色的球形结构理论［J］. 教学与管理，2014（6）.

［5］段会冬，莫丽娟. 农村特色学校发展的困境与反思［J］. 教育学术月刊，2012（3）.

［6］高鸿源. 对学校特色建设中几个问题的再认识［J］. 辽宁教育，2012（8）.

［7］拱雪. 学校特色建设的流程与环节［J］. 教育科学研究，2011（7）.

［8］张瑞海. 学校特色创建的战略管理模式［J］. 教育科学研究，2015（2）.

［9］张熙. 为学校特色发展找一条合适的路径［J］. 人民教育，2014（9）.

［10］赵宏伟，刘福乾，张国栋. 对农村特色学校创建的探索与思考［J］. 教学与管理，2015（3）.

［11］刘晴婧，于长志. 我国高等教育过度同质化产生的原因及对策［J］. 高等农业教育，2011（5）.

［12］张东娇. 论我国学校特色形成的可能性、困难性和现实性［J］. 北京师范大学学报（社会科学版），2013（4）.

［13］赵意. 对农村特色学校创建的探索与思考［J］. 教学与管理，2015（3）.

［14］马希良，李玉花. 特色学校建设中学校特色的认定与推广［J］. 教学与管理，2011（4）.

[15] 马亚宁. 试论学校特色的生成 [J]. 中学课程辅导（教学研究），2014（36）.

[16] 刘铁芳. 走向深度的特色学校建设 [J]. 教育科学研究，2011（8）.

[17] 刘文静，任顺元. 我国学校特色研究的反思性回顾与前瞻 [J]. 基础教育研究，2010（22）.

[18] 彭钢. 在学校文化建设中形成学校特色 [J]. 教育发展研究，2008（2）.

[19] 乔建中，李娜，朱敏. 我国学校特色研究的现状与问题 [J]. 江苏教育研究，2011（6）.

[20] 邱清，侯静. 磁石学校：美国的特色学校 [J]. 世界教育信息，2009（10）.

[21] 曲天立，梁惠娟. 学校特色建设相关问题的思考 [J]. 教学与管理，2014（5）.

[22] 王惠颖. 特色发展：基础教育优质均衡发展的根本 [J]. 教育科学研究，2012.

[23] 王伟. 学校特色发展的实现机制 [J]. 教育科学，2009（5）.

[24] 邬志辉. 学校特色化发展的重新认识 [J]. 教育科学研究，2011（3）.

[25] 谢志强. 传承和创新：学校特色形成的思考 [J]. 新课程，2012（7）.

[26] 熊德雅，向帮华，贾毅. 特色学校发展的要素关系及策略思维 [J]. 教育科学研究，2012（11）.

[27] 杨九俊. 学校特色建设"寻找属于自己的句子" [J]. 教育研究，2013（10）.

[28] 姚小萍. "三力"合一是学校特色发展的基石 [J]. 教书育人，2011（11）.

[29] 袁炳飞. 文化意义下的学校特色创建 [J]. 教育研究与评论，2011（11）.

学位论文类

[1] 陈君. 英国特色学校发展研究 [D]. 保定：河北大学，2012.

[2] 刘文静. 学校特色发展：探索与超越：以山东枣庄地区小学为例 [D]. 杭州：杭州师范大学，2011.

[3] 薛岩松. 基于国家创新体系理论的纺织特色高等学校发展战略研究 [D]. 天津：天津工业大学，2011.

[4] 杨宇海. 打造学校特色研究 [D]. 上海：华东师范大学，2013.

[5] 赵志国. 我国小学学校特色教育建设模式的思考 [D]. 济南：山东师范大学，2008.

图书在版编目（CIP）数据

中小学特色发展：理论基础与实践案例 / 杨海燕著.
--北京：中国人民大学出版社，2023.6
ISBN 978-7-300-31740-3

Ⅰ.①中… Ⅱ.①杨… Ⅲ.①中小学—学校管理—研究 Ⅳ.①G637

中国国家版本馆CIP数据核字（2023）第098366号

中小学特色发展
理论基础与实践案例
杨海燕　著
Zhongxiaoxue Tese Fazhan

出版发行	中国人民大学出版社		
社　　址	北京中关村大街31号	邮政编码	100080
电　　话	010-62511242（总编室）	010-62511770（质管部）	
	010-82501766（邮购部）	010-62514148（门市部）	
	010-62515195（发行公司）	010-62515275（盗版举报）	
网　　址	http://www.crup.com.cn		
经　　销	新华书店		
印　　刷	唐山玺诚印务有限公司		
开　　本	720mm×1000mm　1/16	版　次	2023年6月第1版
印　　张	16.75	印　次	2023年6月第1次印刷
字　　数	227 000	定　价	69.00元

版权所有　侵权必究　　印装差错　负责调换